事例で学ぶ
グローバル経営入門

中小企業の海外進出ガイドライン

大泉光一［監修］
大泉常長［編著］
企業危機管理研究会［著］

文眞堂

序　　文

広い国際的視野に立ち，強健な精神力と優れた人格を備え，国際ビジネスの専門知識の素養を基盤に，グローバル社会で立派に貢献できる人材育成を目指して，私は昭和 56（1981）年 4 月，静岡県三島市にキャンパスがある日本大学国際関係学部に「大泉国際経営研究室（通称，私塾『和犬塾』）」を創設した。その 3 年後に*《若いからこそ甘えを捨てる》，目的意識培って目指すは“国際企業人”，厳しい礼儀，生活態度，学問超えた人間形成*」という大きな見出しで昭和 59（1984）年 1 月 30 日付け「静岡新聞」朝刊で，初めて「和犬塾」の活動について学外で紹介された。その新聞記事によると，

「日本大学国際関係学部・大泉国際経営研究室（林嘉一代表，20 人）。同学部ができて 5 年という新しさもあって，今のところ正式なゼミにはなっていない。同研究室では演習と称して週 3 回，レクチャーを行い「国際経営論」について学ぶほか，千葉大学，東海大と姉妹ゼミ提携，年 2 回テーマを設けて研究発表の場とするなど活発な活動を行っている。指導に当たる大泉光一・助教授（当時）は「厳しい」ことで知られる先生なのだそうだが，さて，何が厳しいのかと言えば—。

教室に入るや全員が起立，姿勢を正しての一同あいさつ。発言者は僕と言わずに「自分は—」と言うなど一瞬，規律にうるさい軍隊か運動部にでも来たような雰囲気だ。

「とにかく　姿勢から　態度から，学問以外の面でも間違ったことをすれば人前であろうと怒鳴り散らす—，生き方そのものにも厳しさを求めるんです」と説明するのは生徒の一人，須藤洋介さん（3 年生）この教室では学問と同時にマナーや社会人としての実践をも教えているのだそうで，どちらかと言えば人間形成を行う道場＝私塾的要素を含んでいるようだ　無論しかるといっても手を上げることはないのだが，肉体的苦痛とは異なる“精神的締め上げ”に運動部出身の生徒も悲鳴をあげたとか。

「けどね。私は何もやれないことを生徒にやれ，と言っているんじゃないのです。日常生活の中で“当たり前のこと”が出来ないから怒るんです。そして躊躇してい

るから決断を迫るのです。これは一見学問とは関係ないように思われますが，実際に彼らは将来の国際ビジネスマンを目指してこの教室に参加しているわけです。国際化の中で改めて自分たち日本人というものの在り方を考えること，これは社会へ出て考えるのでは遅いんです」と大泉先生。学問は頭で覚えればいいが，礼儀，態度は体で覚えるものだと強調する。大学はやはり息抜きの場ではなく，人生の大切な一ステップ，学生なんだからという甘えは捨て，社会に出る一歩手前なんだという意識が必要とも語っていた。その成果あってか，卒業生は“即戦力”を大きく買われ次々に一流企業へ入社が決まっているという。昨年から入ったという林嘉一さん（四年生）「振り返ると今までアルバイトと遊びしか思い出せないような毎日だったけれど教室に入って“弛緩（しかん）から“緊張した生活”に変わって自分なりに人間性を回復したと思う」また同じく四年生の鈴木道博さんは「何につけても逃げ道をつくっていたのだけれど過去に一度つまずいた時，先生宅で正座四時間，つまずきの原因についてとことん話し合い分析した末，解決の糸口を見出した」と思い出を語っていた。最初は反発を感じた者も，今では皆全幅の信頼を寄せている様子だ。

わずか一日の取材で同教室の是非は語れないが，この教室の特徴はおう勢なチャレンジ精神に加えて，一般的な教師と生徒という枠を超えたところにあるようだ。教える側の語り口は熱っぽく，雄弁でさえある。取材の間にもポンポンと本音が出るなど，テキストにはない部分での刺激も生徒たちには魅力なのだろう。

自分たちにとって先生はもう一人の“オヤジ”。心が動いている時は的を一本に絞れと，決断を迫ったり鬼に見えることもあるけれど，いつでも腹を割って話し合え，一緒に考えてくれる―と生徒の一人，ぐんぐんと力強く引っ張っていく“強い父親像”をオーバーラップさせているのだろうか。

ちまたでは社会へ出てから自分の仕事に迷いが生じ，“目に見えぬ青い鳥”を求め苦悩する「青い鳥シンドローム（症候群）」に陥る社会人が増えているそうだが，彼らにとっては縁遠い存在なのかもしれない。」

35年前に私は当時学生だった弟子たちにこの新聞記事で紹介されたような厳しい教育を行った。今の時代であったら問答無用で「人権侵害」とか「アカデミック・ハラスメント行為」だと言われて厳しく批判されたに違いない。しかしながら，当時のこうした厳しい精神教育を乗り越えた鞏固な人材が，現在の日本の企業社会を支えているのである。

そもそも私が「和犬塾」を創設した動機は，学部創設1年後の1980年4月に専任助教授として教壇に立った際に，学生たちの授業態度に真剣さが感じられず将来を案じたためであった。そこで私は，他の教員とはまったく異なる私が留学して経験したメキシコ国立自治大学（UNAM）方式の授業を始めた。まず授業開始ベルが鳴る直前に私は講義室に入室し，出欠をとった後教室の出入口のドアに鍵をかけて遅刻者を入室させなかった。もちろん，授業中の寝食，私語（雑談），体調が悪いなど，特別な理由がある場合を除いたトイレなどをことごとく禁止した。ところが，日本のどこの大学でも授業開始後20分以内に入室すればよいという考えが当たり前であった。授業開始直後に教室に鍵をかけて遅刻者を入室させないやり方は，大学当局から「やり過ぎだ」と非難され，逆に咎められる始末であった。ちなみに，私がUNAM留学中に経験したことは，朝7時から始まる授業で教授が講義室に入室と同時にドアに鍵がかけられ，遅刻者は欠席と同等に扱われた。つまり遅刻者＝欠席者であった。「時は金なり」の典型的な事例といえる。

授業中に平気で居眠りしたり，私語が多かったので，厳しく注意すると謝るどころか逆恨みをされたり，時には脅かされたりし，私がメキシコの大学で経験したことのない授業態度であった。私は厳格さがない甘やかしの教育からは何にも期待できないし，卒業後社会に出ても役に立つはずがないという危機感を抱いた。そこで私は学生たちに呼びかけて「和犬塾」（大泉国際経営研究室）と称する私塾を創設したのである。そして妻の陽子の理解と絶大な協力を得て，二人三脚で国際ビジネスに関連した学問だけでなく，人間形成の基本ともいえる「**誠実**」「**忠実**」「**自制**」「**勇気**」の四つからなる「**和犬精神**」と“**Fortiter et Suaviter**”（**勇気と優しさをもって**）をモットーにした精神教育を始めたのである。

この「和犬会」創設の目的は，広い国際的視野に立ち，優れた人格と国際ビジネスの専門知識の素養を基盤にグローバルな競争社会で立派に貢献できる人材を育てるためと，どんなに厳しい環境に置かれても生き抜くことができる「**百折不撓**」や「**不撓不屈**」の精神を養うことであった。

「和犬塾」に最初に集まってきたのが，1期生10人であった。その後，年を重ねるごとに塾生も増えていった。私は彼らに鞏固な「忍耐力」と「自制力」を身につけさせるために，「塾生のご法度」として，毎年3月25日に行われていた卒業式まで「異性との交際禁止」と「アルコール類の飲酒禁止」の二つの規則を定めた。前者の異性との交際禁止の理由は，忍耐力を身につける教育訓練で精神的に追いつめられると自力で乗り越える前に異性に慰めを求めて逃げ道をつくってしまうからであった。また，後者のアルコール類の飲酒を禁じた理由は，自分に降りかかってくるいかなる困難な事でも酒の力を借りずに自力で乗り越えさせるための鍛錬のためであった。もちろん私自身もアルコール飲料は一滴も飲んだことがない。これらのご法度が発覚すれば，「忍耐力」と「自制力」に欠けていると判断し即刻除名処分とした。

「和犬塾」の研究テーマは国際経営論。日本企業の海外経営に伴う諸問題に，事例研究を交えて実証的にアプローチすることであった。まな板にのせるのは，静岡県東部の国際派企業。塾生には企業に足を運ばせ，ヒアリングを通して問題を把握・分析させた。卒論は3年終了時までに仕上げ，4年生はもっぱら現実的な企業の実態調査と，その分析に集中させた。5時限目の演習は19時を回ることも再三。年4回の合宿でも一日10時間以上絞った。専門以外の勉強では，英語のほか，スペイン語や中国語などの語学教育にも力を入れた。こうした教育は教室の中だけでできるものでなく，私は塾生のあらゆる相談に乗るために妻の承諾を得て24時間自宅を開放して指導にあたった。実際，真夜中に尋ねてきた学生の指導を数えきれぬほど何度も明け方まで指導した記憶がある。

教授と学生の厳格な師弟関係と信頼関係を築くための私の教育方針は，「Fortiter et Suaviter（勇気と優しさをもって）」学生と真剣に向き合うことを基本にして，口先だけの指導ではなく，何でも実践して態度で示すことであった。実際，30年前に学生に禁煙を宣言した際には，超ヘビースモーカーで一日5箱以上吸っていたタバコを止めたり，口に出して言ったことを数10年経っても忘れずに実践している。

私自身は留学（UNAM），研究（IPN），銀行勤務（Bancomer銀行駐日代表，極東地域担当部長等），現地の日系進出企業の経営責任者などを通して，メキシコに1964年から通算15年間滞在していたせいか，当時は平等主義や温情主義を重んじる日本人とは異なる，合理性を重んじる欧米的な価値観を身につけていた。そのため箸にも棒にも掛からないような極端に能力が欠ける者やヤル気のない塾生を問答無用で除名処分にした。そして厳格な教育に耐えて最後までついてきた塾生たちのために将来性のある就職先の開拓に乗り出した。しかしながら，一流上場企業への就職は目に見えない厚い学閥の壁に阻まれて思うようにいかなかった。それでも諦めないで私のバンコメル銀行勤務時代の人脈を頼って大企業の人事採用担当者と積極的に会って就職先を開拓した結果，感謝に耐えないことであるが，多くの企業の人事担当者から塾生の礼儀正しさや逆境に強い精神力などが認められ，それまで過去に日大文系学部から採用実績のなかった一流上場企業へ就職させることができた。

「和犬精神」の「和は永遠に隕ちず」をモットーに，35 年経った現在も私は妻の陽子と二人三脚で 51 名（40 歳代～60 歳）の愛弟子たちの指導を継続している。

本年 3 月で「大泉国際経営研究室（「和犬会」OB 会）を創設して 35 年目を迎えた。創設以来「海外雄飛」をモットーに，51 名の OB 会員が毎月一回の定例研究会や年 3 回の研究報告会，夏合宿などを通して国際経営学と企業危機管理学の学際的および実践的な研鑽を重ねてきた。これら 51 名の OB 会員のうち，30 名は東南アジア地域，中国，米国，カナダ，欧州地域に進出している所属企業の現地法人においてグローバル・ビジネスマンとして，経営・管理・海外営業部門などの分野で経験を積んだ「グローバル・ビジネス（国際経営)」の専門家である。

本書は，グローバル・ビジネスマンとして世界を股に掛けて活躍している私の弟子たちが自らの豊富な実務経験を基にしてまとめたものである。中小企業の読者諸氏の海外進出のガイドラインとして役に立てれば幸甚に存じます。

2020 年 3 月　　青森の八甲田山麓にある自宅マンションにて

青森中央学院大学大学院
地域マネジメント研究科教授
（元日本大学国際関係学部・大学院
国際関係研究科教授）
日本大学博士（国際関係学）

監修者　大泉光一

はしがき

近年，市場のグローバル化とアジア経済の台頭の高まりなどを背景として，国内各地域における独自の資源を活用し，主に当該地域の市場をターゲットとしていた日本の中小企業が，中国や東南アジア地域を中心とした海外市場において蓄積した技術を開発の源泉とする「技術・製品開発型」の事業を展開する動きを活発化している。中小企業が海外へ進出して成功するか，失敗して撤退を余儀なくされるかは，進出先における経営次第である。

中小企業が海外進出して失敗する主な原因は，持ち前の製品やサービスのニーズがそもそも現地になかったり，価格競争が激化し市場シェアを拡大できなかった，などの競争環境に関する問題，想像以上に人件費が高かったり，資材調達コストが高かったりなどのコストに関する問題，現地パートナーとの紛争や現地の規制や会計制度など現地経営の問題，現地経営管理者や従業員確保などヒトの問題，その他に資金調達，為替変動対策，技術流出，自然災害やテロなどの問題等が起因して発生している。これらの問題は，海外展開の開始時から撤退時までの時間軸，業種（製造業・非製造業），進出先（国・地域），進出方法（輸出・直接投資）によって，優先度や重要度が異なってくるので，それぞれの進出形態によって個別に考慮する必要がある。

中小企業の海外進出に伴う重要な課題の一つに前述したリスク管理がある。具体的な海外経営リスクには，政治的リスク（進出国政府による急激な政策の変更，内乱，戦争等），財務リスク（為替変動リスク），人事労務リスク（労働争議，ストライキ，サボタージュ等，海外派遣社員への誘拐，テロ，脅迫等），操業（オペレーション）リスク，異文化コミュニケーション・リスク，など多種多様なリスクが潜在している。そして今般発生した新型コロナウイルス感染症の拡大による急激な環境変化など，中小の海外進出企業はこれらのリスクを回避するための対策を十分に講じる必要がある。

また海外へ進出する際は，進出先国の歴史，伝統社会，風俗習慣，伝統文化価値体系などに関する『地域研究』を徹底的に行わなければならない。しかしながら日本企業は，韓国企業や中国企業と比べて海外の『地域研究』を疎かにする傾向が見られる。そのため日本企業は，現地人の価値観や現地社会を正しく理解することができず，現地経営に大きな支障をきたしているのが現状である。その背景となる要因のひとつには，現地語の習得の問題がある。たとえば，アジア地域は，多種民族国家なので様々な言語がある。中国語，韓国語のほか，タイ語，インドネシア語，ミャンマー語，クメール語など，これらの難解な言語を習得することは容易なことではなく，日本企業の派遣社員は，進出当初から英語ができれば学ぶ必要がないと決めつけているケースが多い。たとえば，タイ国内には多数の日本企業が進出しており，現在約7万3千人の在留邦人が住んでいるが，これらの日本人のうちタイ語で現地人と完璧にコミュニケーションがとれる人材は僅かに過ぎない。

東京に本社がある某建築工事会社の場合，本社が派遣している英語の語学研修生を英語圏の国ではなく，タイのバンコクの現地法人に派遣して，現地の語学学校に通わせて英語を学ばせているという信じられない事実がある。これらの英語研修生は研修後には，タイの現地法人で勤務することになるが，なぜ現地語のタイ語を学ばせず，英語の習得をさせるのか理解に苦しむ。これからの時代は特に，若手の派遣社員に対しては進出国の現地語の習得を義務付ける必要がある。ちなみに韓国のSamsung社の場合，派遣社員には進出国の現地語の習得を義務付けており，その国に永住覚悟で赴任させている。このような韓国企業のグローバル人材育成の成果は，東南アジア諸国に進出している同社の躍進ぶりを見れば納得ができる。

さてこのたび，『企業危機管理研究会』のメンバーは恩師大泉光一先生のご指導の下で長年の共同研究の成果として『中小企業のグローバル経営の理論と実践』（基礎知識編，応用編，実践編）と題してA4用紙600枚以上に及ぶ論文集を脱稿した。

その詳細な論文テーマおよび執筆者名は本書巻末に掲載した一覧表をご参照いただきたい。本来であれば，本書にすべての論文を掲載したい意向であるが，残念ながら，紙面の制約があり全論文を掲載するのは事実上困難である。したがって，本書では我が国の中小企業が海外に進出する場合，最も身近な地域である東南アジア地域に絞り，同地域に進出している日系企業の経営実態を中心に紹介することにする。

本書の第Ⅰ部【基礎知識編】では，中小企業のグローバル経営の問題点，人事労務管理，国際マーケティング戦略，国際財務環境の予測と対処および財務管理，生産管理戦略，技術供与戦略などの，中小企業のグローバル経営の基本｝について分かりやすく解説している。

第Ⅱ部【応用編】の東南アジア主要国における経営環境では各国の経営文化の特色などについて事例を通して紹介している。

さらに第Ⅲ部【実践編】の「業種別のグローバル経営に関する事例研究」では，主要業種の海外経営の実態について事例を紹介した。ここで紹介している事例は，中小企業で，すでに海外へ進出している企業や，これから進出しようとしている企業のガイドラインとして役に立つと確信している。なお，本書に特別寄稿してくださった企業危機管理研究会の研究アドバイザーの宇佐美達夫氏および井原孝延氏に対し心より感謝申し上げたい。

最後に，本書の出版を引き受けてくださり，編集，校正その他の諸事万端については（株）文眞堂代表取締役社長前野隆氏および同社編集部山崎勝徳氏の懇篤なる御援助をいただいたことに深く感謝を申し上げたい。

2020 年 3 月

青森中央学院大学経営法学部
大学院地域マネジメント研究科教授
大泉常長
執筆者を代表して

目　　次

第Ⅰ部

基礎知識編

中小企業における海外経営の基本

第1章

中小企業のグローバル化に伴う問題点とその対応策

—単独事業か合弁事業かの選択—

第1節　日本企業のグローバル化の進展

日本企業を取り巻く環境の変化に伴い，中小企業も含めて海外における事業展開は加速化の一途を辿っている。

国際協力銀行の調査によると，わが国の主要製造業の海外売上比率は2011年度に34.2%，同生産比率は31.3%だったが，2016年度にはそれぞれ38.5%，35.0%へと上昇している。日本国内における各種の生産コスト上昇から，製造業を中心に国際競争力を維持するために海外生産を拡大している。図表I-1-1は，日本の中小企業の海外進出国および進出予定国を製造業と非製造業に分けてグラフにしたものである。特に東南アジアを中心とした新興国では人口の増加と経済成長によって消費の中心となる中間層が拡大し，今後大きな市場として期待されることから，これらの国々に進出する企業は増加傾向にある。

今後の日本企業の成長のためには，それぞれの海外拠点における事業運営のあり方が大きな課題となる。現地市場のニーズに適した商品・サービスの開発，効率的な生産体制の確立，有効な流通チャネルの構築，現地パートナーとの戦略的な連携，優れた現地人材の獲得・育成・活用などが求められる。図表I-1-2は，直接投資を試みた企業が進出先で直面したリスクや課題をまとめたものである。海外進出企業の多くが人件費や人材の確保などの人的資源管理に苦慮していることがわかる。

これまでのように日本から一方的に技術やノウハウを移転するだけでなく，海外拠点における多様なノウハウやナレッジを共有し，グループ全体としての成果の最大化を図ることが特に重要である。

図表Ⅰ-1-1　中小企業の海外進出国，進出予定国

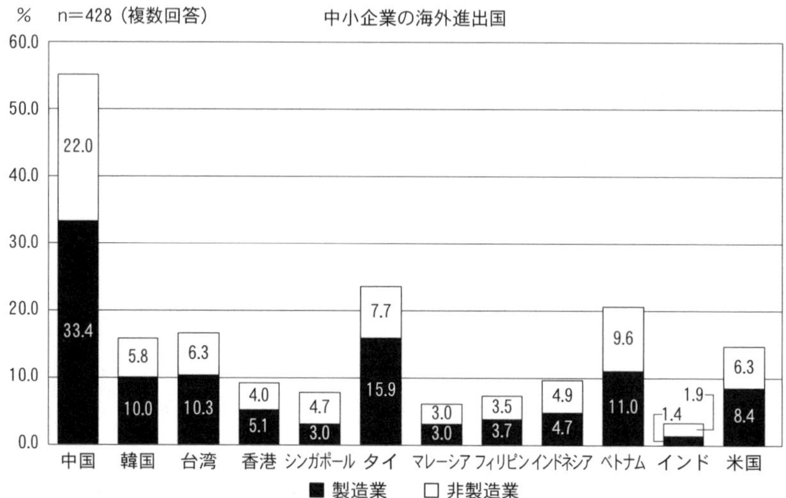

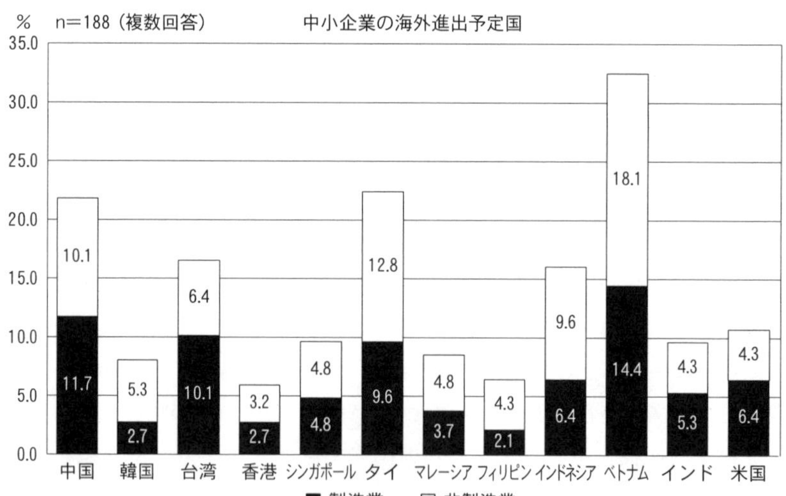

出所：商工中金「中小企業の海外進出に対する意識調査」（2018年1月調査）。

図表Ⅰ-1-2　直接投資を実施している企業が直面している課題・リスク（複数回答）

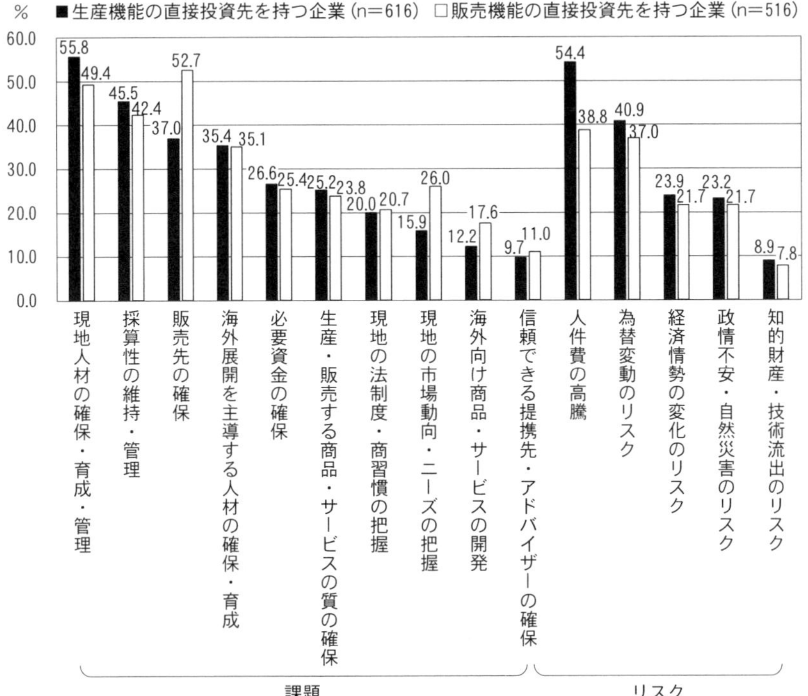

出所：中小企業庁委託「中小企業の海外展開の実態把握にかかるアンケート調査」（2013年12月，損保ジャパン日本興亜リスクマネジメント㈱）。

注：ここでは，企業が最も重要と考えている直接投資先の拠点機能について，「生産機能」，「販売機能」と回答した企業をそれぞれ集計している。

第２節　中小企業の海外進出の動機

―中小企業の海外直接投資の動機別類型―

IT（情報技術）産業の発展による企業のグローバル化の進展に伴い，企業の海外進出は大企業だけでなく中小企業にも避けては通れない課題となっている。日本は，少子化・高齢化が急速に進み労働人口が減少傾向にあり，国内市場の中だけで生き残りを図ることは困難な状況にある。一方，東南アジアなどの新興国では若い労働人口が増加しており，市場の将来性への期待は高い。21世紀に入って大企業のグローバル化が進展するに伴って，それに追随する形ですでに多くの中小企業が海外へ進出している。ここでは今後，海外進出を計画している中小企業も含めて，中小企業の海外進出のあるべき姿について検討してみる。

まず，中小企業の海外直接投資の進出動機別パターン（類型）として通常次の4つがあげられる。

1)　海外直接投資の動機別類型

(1)　資源確保型

これは農業・水産・林業の資源の長期的な安定供給を目的とした直接投資で，資源保有国に対して資本や技術を投下して資源開発を行い，その生産物を輸入する方式である。発展途上の資源保有国に資源確保型の海外直接投資が集中しているのは，天燃資源が発展途上国に偏在しており，発展途上の資源保有国において自力でそれを開発するだけの技術と資金が不足していること，先進工業国の中小企業が資源の供給を自己の手に確保したいとの意欲が強いことによる。資源開発輸入投資形態として，海外直接事業，完全子会社，合弁会社の設立等，直接経営に携わるものから，開発資金の融資，輸入代金の前払い等，単なる資金援助によるものまであり，複雑多岐にわたっている。（水産業，家具製造業，パルプ，冷凍食品業等）

(2)　輸出市場志向型

投資受入れ国市場の需要に応じ，現地での商品供給を目的とした直接投資で，製造業投資の代表的形態である。現地へ進出した企業の販売は輸出に代替することになる。技術上の優位や受入れ国では貿易障壁の存在が直接投資の誘因となる場合がある。この種の投資には，現地での販売拠点設立と途上国における外資優遇策を理由として，現地での生産販売を目的とする製造投資の2種に大別される。（繊維，縫製，自動車部品など製造業主体）

(3)　労働力確保型

自国における賃金コスト上昇による国際競争力喪失の過程で，伝統的労働集約産業を縮小し，それを労働賃金の安い途上国へ移植していく投資形態をいう。したがって，労働力確保型海外投資は，労働賃金コストの高い国と労働賃金コストの安くて豊富な国の間の国際分業を再編成し相互の貿易を拡大するのに調和的に貢献するのである。また，労働力確保型投資は，輸入代替工業化ではなく輸出拠点を設置し，投資国と第三国へ輸出することを本来の狙いとしている（雑貨品，家電，繊維など）。

(4)　為替リスク回避型

自国における円高による為替差損を回避する目的で海外へ進出する投資形態をいう。

(5)　下請関連進出型

ある種の主体産業の海外進出に伴って，その産業に関連のある企業がいっしょに進出する方式である。たとえば自動車を現地生産するためには，各種の自動車部品を生産する関連企業が同時に進出して，一つの工場団地を形成する。

(6)　貿易障壁対応型

主として，途上国に対して，輸出活動を行ってきた企業が，相手国の国内同種産業の育成，国際収支対策などにより，高率関税の適用，あるいは輸入制限。または輸入禁止などの措置を受けたため，現地生産方式に転換したもの。

2)　海外直接投資の形態別類型

以上の６つの動機別直接投資形態の分類のほかに，形態的分析による，(1) 水平的統合，(2) 垂直的統合，(3) 多角的統合の３つに分類される。

(1)　水平的統合

まず，水平的統合とは，企業活動の生産拠点を，最適規模や市場障害等の要因を考慮しつつ，各国に確立して行く形態をいい，比較的製品系列の単一な輸出市場志向型の産業に多くみられる。すなわち，企業はその発展過程で，各市場へのアクセスなどを考慮して，同じ生産工程を水平的に分散させることがある。これは輸送費や市場障壁などに対応して企業が戦略的にとる行動としてよくみられる。

水平的統合を目指した海外直接投資は，次のような動機を基本的な要因としているといわれる。

①　関税などの貿易障壁が高く製品輸出が阻害される場合や，労働力や土地，水などの自然資源の賦存に状況の差がある場合など，複数の工場を持つことによって企業の経済性をよりいっそう追求できるケースである。

②　各国に潜在需要が分散している場合のマーケティングとか（輸送費が高くつくときには，販売地域の分散に伴って，生産も地域的に分散される）資源開発において見られるように，リスクの地域的分散を図るほうが有利であるといった場合である。

企業にとって使用しうる資源のすべてを特定の地域に注ぎ込むよりも，リスクの分散をはかった方が有利であると判断されるのである。

また，特定企業による独占的市場支配力の形成や拡大に対抗して打ち出される地場産業の育成・強化のための優遇策や企業誘致策に呼応し，当該国に進出するケースが見られる。

(2)　垂直的統合

垂直的統合とは，特定の生産過程を中心に原料方向もしくは最終製品の方向へ向け生産段階が前後につながるように拡張していくタイプの投資形態をいい，労働集約型（労働確保型）の産業に多くみられる。すなわち，企業が本業部門の上流や下流部門への投資として海外に進出する場合がある（後方統合）。また繊維工業が海外で縫製などの２次加工工場を設立するとか，精密会社が輸出相手国で販売網に投資するといった，次の加工段階，さらに流通部門への進出を図るための投資をいう（前方統合）。

(3)　多角的統合

これは異種分野の将来性のある企業の買収（M&A），あるいは経営統合（合併）や合弁によってコングロマリット（複合企業）を形成し，従来の生産や販売面とは無関係な異種分野へ進出し事業拡大を図ることを前提とする形態である。多角的統合にはつぎのような基本的要因が認められる。

まず企業内部に経営資源，つまり企業経営上の能力が蓄積され，それが有効に利用されるための捌け口を求めるということである。これは水平的統合や垂直的統合の場合にも重要な要因であるが，特に多角的というような一見理解しにくい現象を把握するためのカギである。次にそのような経営資源を，その企業の従来の分野での拡張よりも，新しい分野に投入した方が有利であるという判断がある。これには事業分野自体の停滞性・成長性といった外部的条件とともに，水平的統合の場合と同様に，リスクの分散・多様化という要素もある。さらに既存の企業が，その経営資源やその分野の発展の可能性を十分有効に利用していない，という進出者側の判断が不可欠である。

企業は以上に述べたような各種の形態をとりながら海外直接投資を展開するが，受入国現地市場の規模，成長性（将来性），貿易障壁，通貨，税制の差異，ほかの生産要素賦存の大きさなどの各要因が直接投資に強い影響を与える。

第3節　海外直接投資に伴う経営リスク

1)　カントリーリスクの概念

カントリーリスク〈COUNTRY RISK〉とは，Non Commercial risk ともいい，投資家の責任でなく発生する危険のことである。つまり一般に，海外投融資が被る損失のうち，少なくとも部分的には何らかの形で受入国自体の事情に起因して生じるものをいう。具体的には，受入国の政治・経済・社会的な事態の変化――戦争，革命，内乱の勃発，国有化，為替管理政策の変更，経済運営の失敗（長期不況，インフレ，国際収支不均衡等）によって，投融資債権について生じる送金不能や為替変動損失のほか，債務不履行（債権者が一方的に元利支払いを中止すること。債務否認の場合も含む)，融資条件改定，収用損失等が生じるリスクをいう。

海外投資プロジェクトが投資受入国の諸事象によって損害に晒されること（exposure）であり，しかも事象がある程度まで少なくとも当該国政府のコントロールのもとで発生するものである。つまり近年，南米ベネズエラで見られたような投資家の意思を無視した国有化や，イラク，シリア，アフガニスタンのように企業が戦争・内乱などで損害を受けるようなことである。したがって，国際合弁事業や外国投資家の責任で発生させてしまうものはCommercial Riskといい，カントリーリスクとはいわない。たとえば，パートナー選択の失敗などである。

一般にカントリーリスクの構成で最も重要視されるのは政治的要因によるリスク，すなわち政変，革命，動乱，暴動，戦争など政治的要因で経済が混乱したり，投資企業が接収されたり，現地化されたりするというケースだが，これを予知することは殆ど不可能に近い。

2)　政治的リスクの概念

図表Ⅰ-1-3は政治的リスク（ポリティカル・リスク）の発現形態を示したものである。これによると，企業の進出国における政治リスクの発現形態ではまず，進出国の政治，社会，経済の共通した不安定の基本的因子として，① 急激な人口増加，② 失業者の増加（雇用不安），③ 所得格差の拡大，④ 土地所有の不平等，⑤ 農業停滞，低生産性，⑥ モノカルチャー型経済，⑦ 慢性的インフレ，⑧ 恒常的金融不安，など，いずれも構造的なものがあげられる。政治リスクを大きく分けると，Aブロック：所有・コントロールリスク，Bブロック：送金リスク，Cブロック：戦争リスク，Dブロック：人的リスクの4つに大別できる。

3)　政治的リスクの源泉

①政治思想の相違による闘争

図表 I-1-3　ポリティカル・リスクの発現形態

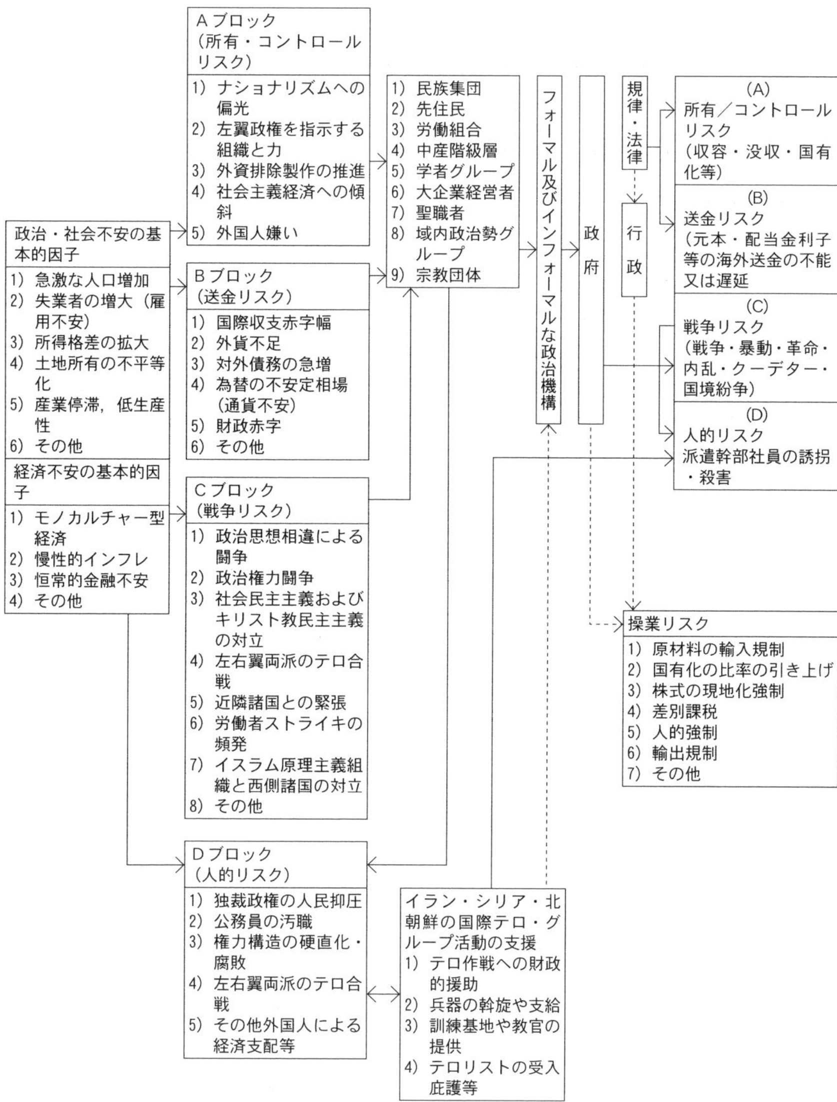

出所：大泉常長（2012）『グローバル経営リスク管理論』，25ページを加筆・訂正。

（ナショナリズム，イデオロギーの対立，宗派の対立）

②社会・経済不安と混乱

（所得格差の増大，経済情勢の不安定化，人種の対立）

③政治権力闘争（クーデター等）

（政権の腐敗，権力構造の硬直化）

■外国企業が政治リスクで受ける影響

①没収（補償なし，資産没収）

②収用　補償有り

③事業制限（市場シェア，雇用政策，資本参加比率など）

④送金制限または禁止（配当金，借入金利など）

⑤租税差別

⑥強制的な下請け契約

⑦暴動（内乱），革命，戦争

⑧急激な政策の変更

⑨外貨使用制限（海外からの原料・部品などの輸入制限）

4)　政治的リスクの評価

政治的リスク（ポリティカル・リスク）とは，投資受入れ国の政府その他の政治勢力の行動に起因する事件のため，その国に直接投資をした企業が予期せぬ物的および人的リスクを被る可能性のことである。

政治的リスクの評価〈Political Risk Evaluation〉のうち，長期的評価のポイントになる評価因子は，政治システムの安定性（Stability of Political System）にある。政治不安や政治安定性はどの政治的リスクのチェックリストにもみられるが，ここでいうのは，現在の政情安定ではなくて，長期的にわたって安定が続く基盤であるかどうかという意味である。政治システムの安定性と経済社会の安定性が推測されれば，その国は混乱に対して免疫性をもち，政治的リスクが発生する可能性は小さいといえる。

一方，政治的リスクの短期評価にはカントリー・レポートやチェックリストを用いて定性的あるいは定量的に政治情勢を分析する方法，さらには確率論や多変量解析の技法を用いた定量分析手法などがある。

5）海外進出企業の派遣幹部社員の感染症リスクとその対策

近年においては，日本国内における伝染病の発生は減少しているが，現代のグローバル化の進展に伴う国際的なヒトの流れは，経済交流の活性化と共に迅速かつ広範囲に及び，海外派遣社員が出向先で感染症に罹患する危険性が急速に高まっている。これらの感染症の中には，ラッサ熱，エボラ出血熱など，空気感染の危険性のある感染症のほか，2003年には，中国や台湾などのアジア地域を中心に猛威を振るったSARS（重症急性呼吸器症候群）のように感染力が高く，重症化する恐れのあるものもみられる。

「SARS」発生が中国本土，香港，台湾などに広まった当時，これらの地域への社員の渡航を禁止（あるいは自粛）した日本企業は93.8%に及んだ。しかし，感染地域に駐在する派遣社員の帰国は43.2%が認められたが，強制的に帰国させた日本企業は僅か5.8%に過ぎなかった。家族だけの帰国の企業が28.4%，帰国を認めなかった企業が3.7%あった。この当時，こうした規模での感染症リスクは想定外とあって，各社の対応は大きく分かれたが，大半の企業の対応は消極的であり，日本企業の危機への認識の甘さ，危機管理体制の弱さを露呈したのである。

海外進出企業においては，こうした感染症リスクから派遣社員とその家族の身を守るためには日常的な危機管理[(1)]が重要となる。

2019年12月，中国湖北省武漢で最初に人から人へ感染する新型コロナウイルス（SARS-Co-V2）患者が確認された。米ジョンズ・ホプキンス大の集計によると，世界の感染者数は2020年4月27日未明（日本時間27日夜）時点で298万人を超え，300万人に迫っている。国別では，米国が約96万5,900人で最も多く，スペイン約22万6,600人，イタリア約19万7,700人の順となっている。死者数は全世界で20万6,000人を超え，国別では米国が約5万4,900人で最多となっている。ちなみに，中国本土では8万2,830人が感染し，4,633人が死亡している。

世界各地で感染が拡大したこの新型コロナウイルス感染症について，同年3

月，世界保健機関（WHO）のテドロス事務局長は，「新型コロナウイルス感染症はパンデミックと言える」と述べ，世界的な大流行に至っているとの認識を示し，各国に対して対策の強化を訴えた。

2020年1月，中国本土では，感染流行が深刻な湖北省を中心に，感染拡大の抑制を目的とした旅客機の運休，学校の休校，企業の休業などが実施された。特に感染の中心となった湖北省の省都・武漢は同年1月23日から交通封鎖措置がとられたのである。日本貿易振興機構（JETRO）武漢事務所によると，この時点で武漢に進出していた日系企業は自動車関連を中心に，およそ160社であり，日本本社から出向していた約500人の駐在員がこの地に居住していた。中国政府当局による交通封鎖措置がとられたとき，現地に留まることを決断した在留邦人以外に，交通封鎖の情報入手が遅れたりあるいは本社側の行動指示が遅れた駐在員（およびその家族）や短期出張者たちは日本政府が用意したチャーター便で帰国するまで数日間から数週間を現地に残留することを余儀なくされたのである。

この新型コロナウイルスが僅か数週間で世界各地に感染を広めた最大の要因は，中国の情報開示が遅れたことにあると伝えられている。結果的にこの情報不足は，各国の初期対応を後手に回しただけでなく，感染者が瞬時に国境を越えて他国に移動したことにより，ウイルスが広範囲に広まることになった。SARS流行を経験した日本企業もこの種の感染症対策を経営上のリスクと認識してきたが，今回の新型肺炎の流行は改めてこの種のリスク対策の在り方について考えさせられる契機となった。

6)　新型コロナウイルス対応事例にみる感染症対策の在り方

(1)　コロナウイルスの種類と新型コロナウイルスの特徴

国立感染研究所によると，これまでコロナウイルスはヒトに蔓延している風邪のウイルス4種類と，動物から感染する重症肺炎ウイルス2種類が知られていた。ヒトに感染する恐れのある4種類のコロナウイルス（HCoV）は，HCoV-229E，HCoV-OC43，HCoV-NL63，HCoV-HKU1である。いわゆる風邪といわれる症状のうち10～15%（流行期には35%）はこれらのコロナウイルスが原因である。2000年代に入り，このコロナウイルスが「新型」となって世界に広がったことで知られるのがSARSやMERSという2種類の重症肺炎ウイルスである。

重症急性呼吸器症候群SARS（SARS-CoV）は，コウモリがもつコロナウイルスがヒトに感染することによって重症肺炎を引き起こすようになったという説が有力である。2002年に中国広東省で発生し，2002年11月から翌年7月までの間に約30の国や地域に拡大した。WHOは，中国・広東省で肺炎らしいものが流行し，100人を超える医療従事者が入院したとの情報を得て，中国に専門家チームを派遣した。その結果，SARSと認定されたが，その後，香港や他国に飛び火したため，同年4月2日，香港，広東省への渡航延期勧告を出した。WHOの報告によると疑い例を含むSARS患者は8,000人を超え，うち775人が重症の肺炎で死亡した。死亡した人の大半は高齢者や，基礎疾患を患っていた人であった。SARSウイルスは下痢便中で4日間生存，プラスチック上で2日間生存する。一般的な消毒処理で感染性はなくなる。

中東呼吸器症候群MERS（MERS-CoV）は，ヒトコブラクダに風邪症状を引き起こすウイルスであるが，ヒトに感染すると重症肺炎を引き起こすと考えられている。最初の感染による患者は，2012年にサウジアラビアで発見された。その後，27カ国で2,494人の感染者がWHOへ報告され，858人が死亡した。大多数はウイルスに感染しても軽い呼吸器症状あるいは不顕性感染で済んでおり，高齢者や基礎疾患をもつ人に感染した場合にのみ重症化すると考えられる。

そして今般，ヒトに感染する7つ目のコロナウイルスとして猛威を振るっているのが，いわゆる「新型コロナウイルス（SARS-Co-V2）」である。新型コロナウイルスが動物由来であるとの確定的な根拠は見つかっていないが，遺伝子配列が，コウモリ由来のSARS様コロナウイルスに類似しているため，コウモリがこの新型コロナウイルスの起源となった説がある。2020年3月現在，このウイルスによる罹患は飛沫感染と接触感染の2つが考えられている。空気感染については未確認であるが，現在の感染ルートを分析する限りでは閉鎖空間において近距離で多くの人と会話する等の一定の環境下であれば，咳やくしゃみ等がなくても感染を拡大させるリスクがあるのは明白である。こうしたウイルスの性格を把握した日本政府は国民に対し「換気が悪く，人が密に集まって過ごすような空間に集団で集まることは避けること。また，イベントを開催する場合には，風通しの悪い空間や人が至近距離で会話する環境は感染リスクが高いことから，その規模の大小にかかわらず，その開催の必要性について検討すること。開催する場合にあっては，風通しの悪い空間をなるべく作らないなど，その実施方法を工夫すること」を要請している。

厚生労働省は新型コロナウイルス感染症と疑わしい症状を，①風邪の症状や37.5度以上の熱が4日以上続く場合（解熱剤を飲み続けなければならないケースも含む）②強いだるさや息苦しさ（呼吸困難）がある人，基礎疾患のある人や透析，免疫抑制剤や抗がん剤等を服用している場合は上記症状が2日以上続く場合，のすべてを満たすとしているが，実際は症状が出ない罹患者も居り，感染拡大の実態を把握することは極めて困難である。

このウイルスから身を守るための基本的な対策は，①感染地域への不要不急の出入りを避ける，②きめ細かく手洗い，うがいをする，③密閉された空間ではマスクをする，④不特定多数の人が触れるものに注意する，⑤洗浄していない手で口や鼻，目をこすらない，⑥感染症に関する最新の情報を集める，⑦頻繁に使用するスマートフォンやタブレットを清潔に保つ，などである。

(2)　在外日本企業の新型コロナウイルス感染症の対応事例

①　日本企業の新型コロナウイルス対策

筆者は新型コロナウイルスが世界的な拡大をみせた2020年3月上旬，製造業を中心とした14社に対し，各社の感染症対策の実態について緊急のヒアリング調査を行った。サンプル数が限られ，統計的な処理はできないが海外進出企業の日本国内での感染症対策および新型コロナウイルス発生の地である中国に駐在員を派遣している企業の対応の事例として，参考にしていただきたい。

業種・業態によってその対応方法・手段は様々であるが，日本国内の対応として，国内で初の新型コロナウイルス感染者が確認された2020年1月16日以前に，全社員に対して，積極的な感染症対策を促した企業は1社のみであった。そして大半の企業では日本国内の感染拡大に伴い，2月25日の日本政府による「今後の国内での健康被害を最小限に抑える上で，極めて重要な時期」というメッセージと，企業に対して「37.5 度以上の発熱等の症状が見られる従業員等への休暇取得の勧奨，テレワークや時差出勤の推進等」を呼びかけるまでに，以下の対応方針を明らかにしている

(i)　従業員個々の感染症対策および健康管理への注意喚起（体調不良時の有給休暇取得の奨励）

(ii)　海外（特に中国など感染症流行国）から帰国した出張者に対する自宅待機を含む二週間の健康観察義務

(iii)　海外渡航の禁止または制限

(iv)　企業外の関係者との接触に関する注意あるいは制限

(v)　社員の社外における飲食が伴う懇親会等の自粛

(vi)　教育機関の休校措置に対応した自宅勤務

その他，政府の要請に従うための通知がなされている。このように日本国内では，ほぼ一斉に感染症対策が取られたのが実態である。しかしながら，海外取引のある企業の出張ベースでの感染発生国への出入りが継続されていたのである。

装置メーカーＡ社は，２月初旬，感染拡大が顕著だった韓国に技術者を派遣した。担当者は感染の危険度が増していた韓国への出張を安全面から懸念していたが，Ａ社としての渡航制限が設けられておらず，顧客の要望を優先し，韓国に出張した。しかし，間もなく感染度危険レベル１からレベル２に上がり，早々に帰国を余儀なくされた。結局，帰国後は自宅での 14 日間の経過観察を強いられ，多忙時期である期末決算時の職場復帰が不可能となった。

日本企業の場合，外務省安全ホームページの動向を情報源として頼りにし，また関連会社の場合は，親会社の意向に倣う習慣があるため，対応が後手に回る。このような場合，最も被害を受けるのは現場に足を運ぶ出張者，または駐在者である。

②　中国駐在の日本人出向社員からのヒアリング調査結果

今回ヒアリングを行った 14 社のうち，中国に拠点を置く３社の日本人社員から感染症発生時の現地における諸対応および対応時の課題点について聞き取ることができた。なお，３社とも武漢市からは 1000km 程度距離がある都市に

駐在所等を置いている。

【初動における情報収集】

3社のうち2社は,「原因不明のウイルス性肺炎の発生」という第一報を1月上旬に日本領事館から送付されたメールで知ることになった。残る1社は医療従事者にパイプを持つ総経理より微信（We Chat：中国の無料メッセージアプリ）を通して社員に注意喚起の呼びかけがあったという。これら3社はどれも武漢市からは十分な距離があることで，この時点では問題を対岸の火事として捉えており，具体的な危機対応に向けた行動はとっていない。1月16日に初の日本人感染者が発生，1月23日に上海市内で武漢帰りの日本人駐在員の感染者が出たとの情報が飛び交い，それ以降，本格的に現地法人内でも危険視されるようになったのである。

3社に共通している点は，感染症対策についての事前対策計画はなく，危機対応における指針もなければ，組織的な情報収集手段も準備していなかった。結局，駐在員たちは自らのセルフディフェンスあるいは日本本社側からの要請で，感染症に関わる情報収集に独自に取り組まなければならなかったのである。現地での情報収集方法には，政府当局から発信される情報以外に，新聞・テレビなどのメディアを通して入手できた情報である，これらの情報をキャッチし，日本語でアウトプットするには高度な中国語の読解能力を必要とする。今回のヒアリングでは，これら主要な情報源から発せられる情報を，語学力不足から十分に理解できず，現地採用の日本人仲間から側聞した，または日本のメディアを頼りにしたと答えている。

③　中国に拠点を持つ日系企業の感染症対策

中国に拠点を持つあるいは取引のある企業は，より早い段階での対応が求められた。特に中国の地元企業が操業停止に追い込まれた際のサプライチェーン維持に向けたリスク管理[(2)]も重要な対応事項であったと予想されるが，ここでは中国に進出する日系企業が，現地に駐在する日本人社員に対してどのような安全対策を講じたかについて検討する。

中国に現地法人を持つ装置メーカーA社は，日本政府が中国湖北省に対する感染症危険情報をレベル3に引き上げた2020年1月24日の時点で，中国にいる駐在員（およびその家族）に対し，速やかに日本への退避を命じた。同時に春節（旧正月）休暇で日本に一時帰国していた駐在員はそのまま日本に留まる業務命令を出している。そして，その翌日の1月25日にはすでに封鎖された武漢市の関係子会社に駐在している10名は，湖南省の省都長沙への退避が命ぜられた。出向者たちは1月25日中に武漢市から南に400kmほどの距離にある長沙の宿泊施設に到着した。ところが，移動手段に利用した車輌のナンバーが武漢市の登録であったため，当局による不要な追跡や二次被害の回避のため，ホテル到着前にタクシーに乗り換えることを余儀なくされたという。なお，日本に帰国した駐在員たちは，必要に応じて会社が準備したホテルにおいて健康観察期間の2週間が過ぎたところで日本国内での勤務が許されている。

A社はその後，中国における指定地域外の感染が安定したと判断し，2月28日の時点で武漢市を除く中国各地への駐在員の再赴任を指示している。中国に帰国後2週間の自宅隔離が義務付けられていることから，その間の相互の生活支援を実現するため数名ずつに分割する形式で再赴任を促している。

今回のヒアリング調査においては，A社と同様に，日本人駐在員の帰国が許され，日本国内の自宅または企業負担でのホテルでの待機が義務付けられ，2週間の健康観察の後，日本国内で出社するケースが多く見られた。こうした背景には今回の中国本土における感染症拡大の時期と春節休暇が重なり，さらに現地における政府命令による出勤停止期間が長期に及んだため，上記のような命令を下しやすかった環境があったと推測される。また，業務上の都合で中国に残留した駐在員に対しては，原則として帯同する家族の帰国を指示する事例もみられたが，その一方で，業務継続を優先し駐在員の安全確保に消極的な企業が多く存在したことも事実である。

中国の日系コンサルティング会社“INTELLIGENCE”の「在中日系企業肺炎対策」調査（2020年2月1日付実施）によると，日系企業による「中国駐在中だった日本人社員への対応（1月末日時点）」（n=504）として，「中国から日本への帰国指示があった」（11.5%），「帯同家族への帰国指示」（17.66%），「日本への一時帰国中の駐在員に対して中国渡航の一時的な禁止」（26.98%），「特になし（各位判断に任せる）」（49.01%），その他（14.48%）であった。この調査結果によると，依然として駐在員に明確な行動基準を示す企業は半数程度に留まっていることがわかる。また，“INTELLIGENCE”社は緊急事態の深刻度が増した2月6日～7日にかけて同様の調査を451社対象に実施している。この調査結果でも「駐在員の帰国は予定していない」または「各自の判断に任せる」と回答した企業が全体の44.65%を占めている。

あらゆる企業は今回のような深刻な感染症拡大を確認した場合，社員（およびその家族）の健康と安全を第一に考えるリスク管理を優先すべきである。しかし，実態は多くの企業が社員の抱える職務の進捗状況や引継ぎの可否などを踏まえた自己判断に任せるというという消極的な姿勢を見せたことが分かる。中小企業の場合，日本人駐在員が所管する業務内容が質・量ともに責任が重く，現場を離れることが会社の業務停滞につながることも考えられる。企業はこのようなリスク回避の面からも，感染症に対して政府が発する警戒レベルに準じた危機対応計画を策定すると共に，重要な仕事を分散できるような信頼できるパートナーの選定やローカル社員の幹部育成が重要な課題となるのである。

第4節　資本参加

資本参加は，相手国内で現に事業活動を行っている既存企業の株式の一部を，時価または評価額等の適当な価格で譲り受けるか，または増資を行い，新株式を適当な価格で引き受ける等種々の方法によって，既存企業に対し資本参加が行われる。持株の程度は，役員の派遣が要求される株数以下の場合が多い。

資本参加は，技術供与の場合と同様に，殆どの場合，経営および販売面には関与しないのが一般的であるが，技術指導または生産指導のため，必要に応じて技術者の派遣が行われる。

第5節　単独事業方式のメリットとデメリット

企業の海外進出の形態は，単独での進出，合弁での進出，技術供与での進出，生産委託での進出など様々な進出形態がある。さらに，企業は単独進出か，または合弁による進出かについて検討しなければならない。ここでは単独事業のメリットおよびデメリットについて検討してみる。

1)　単独事業のメリット

単独事業の利点で一番大きなメリットは，自社単独で意思決定ができることがあげられる。最終的な意思決定機関は株主総会ということになるが，株主が一人であれば，経営上の重要決定事項を出資者のみで決定することができる。しかし合弁事業の場合は相手の意向も考えなければならず，相手が反対であった場合は意思決定に多くの時間や労力がかかり，最悪の場合は意思決定に対する相手との交渉がデッドロックに陥ってしまい，経営そのものが前進しないという事態に発展する。具体的には，利益処分に関して，日本側が今後の投資に備えて内部留保を主張する一方で，現地では配当比率を高めたいというような意見の食い違いが発生してしまう。

その他のメリットとしては，利益を100％享受できることである。自社の技術を合弁相手に開示する必要がなく，他社への流失を防ぐこともできる。

2)　単独事業のデメリット

単独事業のデメリットは，様々な経営リスクを100％負担しなければならないことである。また，海外での事業展開においては，会社設立から運営にいたるまですべて単独で実施しなければならないという手間とコストがかかってしまう。海外では日本で考えられない事象が多く発生し，失敗しながら乗り越えていかなければならない紆余曲折の段階があるので，ある程度の立ち上げまでに予定していたよりも多くの費用が発生することが想定される。したがって，進出する前段階で相当の予備調査をする必要があり，投資コストを回収するのに時間を要してしまうというリスクがある。

また，現地における知名度アップや人脈の開拓に至るまで，ビジネスに必要な環境づくりに初期段階から取り組まなければならない。

なお合弁事業方式のメリットとデメリットについては，第6節7）国際合弁事業のメリットとデメリットを参照乞う。

第6節　企業買収（M&A）

M&Aとは，“Merger & Acquisition”の略で企業の合併・買収を意味する。M&Aは日本企業同士の場合と日本企業が外国企業を買収する場合がある。企業が買収を行う理由には，次の4つがある。

(1) 自社が持っていない経営資源を相手企業が持っている場合

(2) 時間や経費の節約になる場合

(3) 将来性があるのに資産が過小評価されている場合

(4) 相手企業が経営が悪化し経営資源を十分活用していない場合である。

相手と合意が成立すれば友好的M&Aとなり，合意ができない場合は敵対的M&Aとなる。経営のグローバル化の過程では，M&Aは重要な経緯戦略である。

1）　買収方法

M&Aの方法としては，通常資産の購入と株式取得がある。また，営業譲渡や株式の公開買い付け（TOB: Take Over Bid）がある。ここで大切なことは，買収会社に存する経営資源についての配慮が必要なことである。つまり，モノ，カネは別にして，ヒト，情報については個人に属しているため，経営管理者や技術者が買収会社を辞めてしまうと，大きな損失を被ることになる。したがって，いかなる方法でも買収会社の社員の利益を考慮した買収方法が必要である。TOBが社員の意向に反する買収になる場合には「敵対的M&A」といわれる。

買収の基本は，買収対象会社を十分調査し買収価格の提示，契約締結という過程である。

① **経営戦略の確認**：経営戦略から見た買収の必要性の確認

② **買収目的の設定**：買収する目的を明確に設定する

③ **買収企業の調査と選定**：買収目的に基づいて調査を行い，複数の買収候補会社を選定する。

④ **予備買収交渉**：買収候補の企業に接触し，買収可能かどうかの意向打診を行う。

⑤ **経営シミュレーション**：買収企業の経営を徹底的に調査し，買収目的が達成できるか経営シミュレーションにより経営資源を運営してみる。

⑥ **買収契約書の締結**：詳細な買収契約書を締結する。

第7節　国際合弁企業の理論

1)　国際合弁企業の基礎概念

企業が海外進出に際し現地に設立する子会社の所有形態には，前述した単独事業（Sole Venture）と合弁事業（Joint Venture）の2種類がある。前者は100％資本参加の完全所有子会社，後者は現地民間企業または政府（政府系機関を含む）との資本提携で成立し，運営される子会社である。合弁企業の出資形態には多数所有参加型，少数所有参加型，均等所有参加型，非資本参加型がある。

国際合弁企業（Joint International Venture）の基礎概念は法的および経済・経営的の2つの側面から把握することができる。国際合弁企業の法的概念については，まだ正確な定義づけはされていないが，1980年代にコロンビア大学のG.フリードマン教授は，「法律的側面よりはむしろ技術的側面および情緒的ないしは心理的側面の協力関係を維持することによって国際合弁企業が成り立つ」と定義している。要するに，技術と資本，さらに経営ノウハウの面における国際レベルの補完的な協力関係として把握することができる。なお，技術的側面とは各々の寄与を結集することを意味し，情緒的ないしは心理的側面とは一致協力して努力しているという感情を表している。

一方，合弁事業は「2人以上の者が契約に基づき，特定の計画，事業遂行のため，その金銭，財産，知識，技術，経験，時間，その他の資本を結合する団体で，通常，利益および損失の分配について合意があり，各自がその事業の上に若干の統制力を有するもの」である。

2）海外で合弁企業設立のための事前調査

① **製造販売に対する見通し**：契約製品の製造・販売計画が，確かなエビデンスに依存することなく，あくまで希望に沿った形で作られた場合は，極めて危険である。重要なのは手元にあるデータの出所や日付，信憑性についてしっかりと検討することである。

② **経営能力と経験**

③ **経営幹部の個性**

④ **技術水準**

⑤ **販売ルート**：まず検討すべきは契約製品の販売について，新たな販売ルートを設けようとするのか，あるいは合弁相手の既存の販売ルートを利用しようとするのか，その販売ルートは果たして契約製品の販売に適したものであるかどうか，という点である。販売網の設置についての相手側の考えを理解しなければ，合弁会社によるビジネス展開はリスクを招く恐れがある。

⑥ **資金調達力**：事業の運営には運転資金の問題をきわめて重視しなければならない。

⑦ 現地政府の政策とその安定度（特に，外資導入政策と優遇措置）

⑧ 関係法規，会社法，税法，労働法規，外資導入法，為替管理関係法規：合弁企業の設立はその所在国の法律に基づいて行われ，その生産営業活動もその国の法律の規制下にあることは言うまでもないことである。したがって，その調査は十分に実施しなければならない。新興国や発展途上国の場合，予兆もなく頻繁に改正されるケースもあるので十分な注意が必要である。

⑨ 市場の状況と見通し：たとえば，競争製品の有無についての調査である。それがある場合は，競合相手が国産品か輸入品かの別，それらの占有

率，需要量，潜在需要への見通し，価格，品質，精度，顧客の好み，その他国内におけるマーケティング調査を十分に行うことである。

⑩　労働事情
⑪　原材料・部品の調達
⑫　下請け工場
⑬　電力，水，輸送手段などのインフラ整備

3)　国際合弁企業成立の条件

国際合弁企業の設立には参加企業間の利害や意図は必ずしも同じではないが，できれば共通した事業目的および動機付けの合致が望まれる。

(1)　国際合弁企業が成立する場合

国際合弁企業設立のための参加企業間の直接目的が合致し，この合致範囲が間接目的より占める比率が大きい場合。

(2)　国際合弁企業の成立が困難となるか，また成立しても紛争などで経営困難が予想される場合

一方の参加企業の持つ合弁設立の直接目的が，間接目的より占める範囲が小さい場合を示す。間接目的範囲が大きい場合は，直接目的実現の努力は怠られることになる。

(3)　国際合弁企業が成立しない場合

両参加企業の持つ合弁企業設立のための直接目的が間接目的に比べて比重が小さい場合で，両参加企業は合弁企業を利用してそれぞれの間接目的達成のみに専念するようになるので合弁企業は成立しなくなる。

4）国際合弁企業設立の目的

日本側企業（進出企業）	現地側企業（受入企業）
①　企業活動の拠点を持つことと現地協力の取得（販売）	①　生産技術導入の要件として（販売）
②　原材料・部品の販売による利益の取得	②　ブランドの利用（国内輸出市場共利用効果大）（販売）
③　長期にわたる利益の確保（配当金，資本の蓄積）	③　輸出市場の取得（販売）
④　提携外の製品の市場の取得または拡大の手段	④　原材料・部品の確保（優先安定供給の確保（製造））
⑤　国際市場における自社ブランドの宣伝	⑤　資本不足の補充（外資の利用）
⑥　技術供与によるロイヤルティの確保	⑥　経営管理技術の導入（経営）
⑦　その他	⑦　その他

5）国際合弁企業設立の方式

(1)　国際合弁企業設立につき共同出資の形態を取る場合

出資比率，出資形態（現金，現物，技術など）を定めて，進出企業側の持分の株式取得につき現地政府の許可を得てその払込を得て合弁企業を設立する場合。

(2)　新企業への資本参加の形態を取る場合

現地受け入れ企業が提携品目の取扱い（製造，販売）を目的とする企業を新たに設立し，次にこの企業に外国企業が資本参加する場合，技術導入を目的とする合弁企業であるから技術を供与する進出企業，製造を行う合弁企業または現地企業，販売を行う企業相互間の関係をどう決めるかが問題の重点となる。

Ⅰ．合弁企業が製造および販売を行う場合

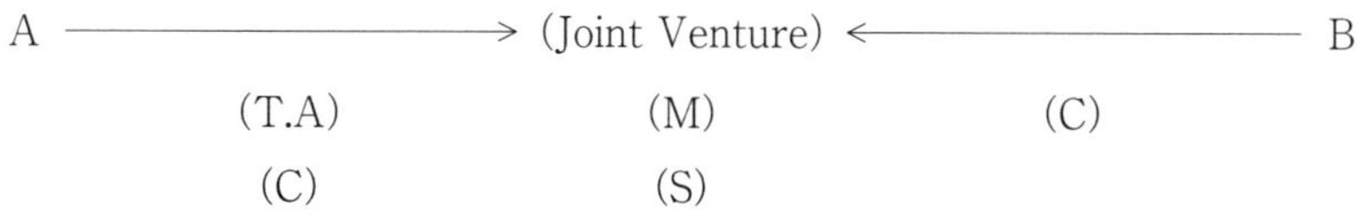

【A…進出企業　B…現地企業　C…資本投下　M…製造　S…販売
T.A…技術供与】

合弁企業に対する進出企業および現地企業の資本投下に対するメリットは合弁企業の配当金である。

進出企業は合弁企業のために積極的なT.A（技術供与）によってその技術的成果の実現に努力する。合弁企業に対する協力体制は積極的でなければならない。技術情報の提供，対価の支払い等について具体的に表される必要がある。現地企業は現地における国内の事情を良く知っているので国内企業である合弁企業の運営についてはより大きな責任を持つことになる。

Ⅱ．合弁企業が製造のみを行う場合

この場合，販売をどこで行うかによって次の３つの場合が考えられる。

①　販売は現地側企業が受け持つ場合

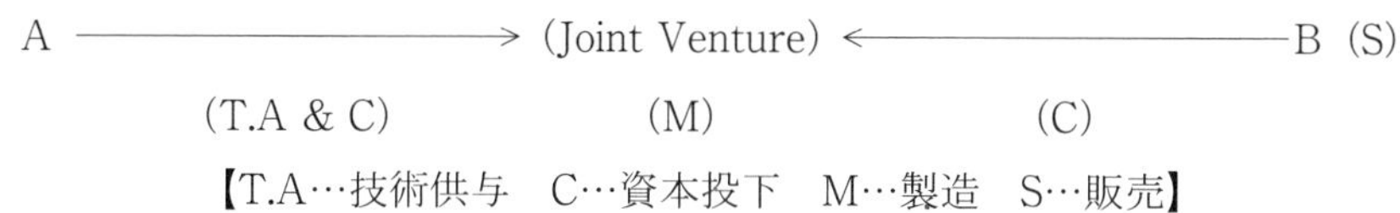

【T.A…技術供与　C…資本投下　M…製造　S…販売】

合弁企業はM（製造）のみに専念し，S（販売）は現地企業が行う。合弁企業に新しい販売機構を設けるよりも現地企業の持つ従来の販売機構を利用した方が合弁企業の生産性を高めるうえで一層有利であるというような場合に適用される形である。

② 販売は現地企業と進出企業が分担して受け持つ場合

(S_2) (S_1)

A ――――――→ (Joint Venture) ←―――――― B

(T.A & C) (M) (C)

【A…進出企業　B…現地企業　T.A…技術供与　C…資本投下　M…製造　S…販売】

現地企業は国内販売を行い，進出企業は現地企業担当以外の輸出を自己の販売ルートを用いて行うものとする場合がある。

③ 販売は進出企業が受持つ場合

A ――――――→ (Joint Venture) ←―――――― B

(S) (T.A & C) (M) (C)

合弁企業の製品がすべて輸出に向けられるような場合，現地企業が合弁企業の製造利益にだけ重点をおく場合などにこのケースが見受けられる。

Ⅲ．合弁企業が販売のみ行う場合

製造（M）は現地企業Bによって行われることになる。この製造のための進出企業の技術供与が合弁企業を通じて行われるかまたは直接にBに対して与えられるかによって次の2つの場合が考えられる。

(1) 合弁企業を通して T.A が現地企業に与えられる場合

この場合，製造（M）はS.C（下請製造）によって現地企業が行うが法的には合弁企業が自ら製造するのと同様の効果がある。現地企業は下請製造による製品を自らの名において第3者に販売することなく製品はすべて合弁企業に納入することになる。合弁企業はこの製品を自己の商標のもとに顧客に販売する。合弁企業は製品の販売機関であると共にAによるT.Aの現地企業に対する仲介機関として機能を持つことになる。

(2)　進出企業から直接にT.Aが現地企業に与えられる場合

この場合，合弁企業は契約製品の販売機関としての機能を持つことになる。AによるT.AはBに直接与えられるので技術面においてはAとBとが直接の交渉を持つことになる。

販売についてはAの持つ世界的な販売経験とBの持つ国内販売経験とが合弁企業に結集されて世界的規模における販売活動が期待できる場合である。

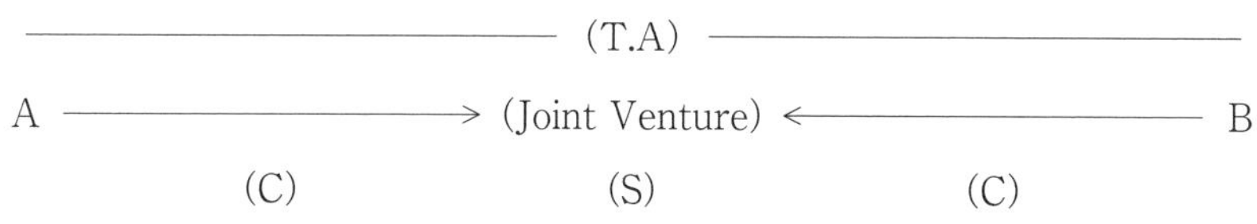

6)　国際合弁企業の運営

(1)　「ヒト」の重要性

「企業は人なり」といわれるが，合弁企業においてはその重要性は国内企業に比べると遥かに大きい。出身とする国を異にした「ヒト」と「ヒト」との共同関係の設定が合弁企業だからである。したがって，互いに相手方を尊重し合いながらお互いの長所をいかにして生かし，いかに緊密に結びつけていくかを考慮することであり，文化の垣根を越えた相互理解が確立される必要がある。言語，思想，生活環境，制度等の相違は，一見小さな問題に見えても，やがて大きな問題に発展する可能性があるからである。このために合弁企業の中に入る「ヒト」の問題については役員，部課長をどうするか（選任，任命の権限—機能），人事権と労務管理の権限等，細かく取り決めなければならない。また，そのような「ヒト」の持つ「職責」も明確にされていなければならない。この適切な定めがその後，合弁企業運営の原動力となる。

(2)　国際合弁企業における発言権

進出企業，進出先企業より投入された「ヒト」が経営する合弁企業の内部における発言権の内容は，次の2つの立場から考えなければならない。それは「合弁企業そのものの所属員としての立場」および「出身企業の代弁者としての立場」の2つである。合弁企業に対する発言はそれぞれ株主総会，取締役会を通じて行われることになる。この場合でも「合弁企業」を中心として考え，それぞれの発言が調整される必要がある。

7)　国際合弁事業のメリットとデメリット

国際合弁事業方式には，明確な利点（メリット）をもたらす反面，欠点（デメリット）をもたらすので，その調和を考えるべきである。

まず有力なパートナーを得た場合，合弁事業の利点を指摘できる。

①　民族企業として，現地資金の調達，原材料の調達，現地政府との折衝などに特別な保護や恩典を期待することができる。

②　現地の熟練労働者や有能な中間管理者を獲得できる。

③　現地のナショナリズムを比較的容易に回避でき，インフレ高騰や通貨不安によるリスクを軽減できる。

④　有力な販売網をもつ提携先を得た場合，現地販売網を利用して拡販が容易にできる。

以上に述べた以外の合弁事業の利点は，いずれも当該企業が受入国社会の紛れもない一部であるという社会的・政治的イメージから派生するものである。合弁事業を通して現地企業と結びつくことによって，政府の差別的行動から保護されるばかりでなく，関係会社が厄介な国内的規制から積極的に逃れる方法を求めることも可能となる。すなわち，関係会社は，合弁企業としての立場を通して，受入れ国政府の提供するあらゆるサービスを全面的に受けることができるようになる。政府の態度は，どんな関係会社にとっても決定的な重要性を持つものであるが，中央集権的計画，産業の社会化，ならびに，事業活動に対する公的規制が支配的である国においては特に該当する。

輸入許可，為替管理，事業税，専門職業税，技師・特殊技能者，経営者等に対する就業，居住査証といったものは，各国の政府が外国企業の活動を締め付けるために行使するお決まりの統制の例である。

積極的な面では，投資や工業開発を促進するための奨励策として，税の免除，関税保護，低金利融資，その他の特典である。したがって，現地政府の好意は新しい国際合弁事業を成功させるための重要な前提条件であり，現地の当事者を含む合弁事業は，関係会社を受入国の産業界へ組み込みながら，なおかつ親会社のグローバル的構造の中へそれを管理面で統合する機会を残しておくための手段を与えるものである。

合弁会社は，現地の産業界の一部として受け入れられる傾向にあるので，完全所有の外国の子会社の場合よりも，はるかに大きな愛着と寛容を一般大衆から勝ちうるのである。

労働関係については，合弁企業は，完全所有の子会社をしばしば取り巻いている反外国攻勢に晒されるという弱みを持たずに労働組合と交渉することができる。現地政府の外国の支配に極度に敏感で，激しい民族主義哲学が支配する途上国では，合弁企業から得られる士気高揚の利益は，潜在的には他のどの分野における利益よりも大きな意義を持つのである。

現地国民から愛着と寛容を勝ち取るとするならば，進出企業の所有問題よりむしろ国民と密接な関係を築くために現地主義化の問題を論ずるべきである。ここでは，企業が合弁事業方式を選ぶ3つの要因をまとめることにする。

第1は現地のマーケティング・ノウハウに対する要請である。この要請は，絶えず製品系列を拡大している企業では特に強い。

第2は，垂直統合の構造をつくるか，またそれを拡張しようとする企業側における要請である。企業がすでに原料から最終製品に至る生産過程の一部門で，寡占的な支配力をもち，その投入原料や市場を確保する必要がある場合，現地パートナーの寄与は特に重要となる。

第3は，小規模企業の特殊な要求である。小企業は，大企業に対抗してリスク回避戦略をとろうと，あるいはイノベーションに重点をおいて高リスク戦略をとろうとも，どちらも同じ結果をもたらす。どちらの場合も戦略を遂行するために，大量の経営資源を投じなければならないという危機に直面するのである。

他方，合弁事業には次のような欠点（デメリット）が指摘される。

①　経営の支配権に制約を受け，また投資収益のシェアが減る。

②　現地パートナーとの間に事業拡張，利益留保対配当，振替価格，マーケティングおよび販売促進費，合弁企業製品の価格設定，使用ブランド名，

新製品導入，製品品質基準，アフターサービス対策，など経営管理上の政策についてトラブルが発生しやすいことである。

③　現地政府の法律改正などによる政策変更に伴う事業に対する保証の不確実性。以上に述べた以外の合弁事業のデメリットで大きいのが，合弁企業のガバナンス（企業統治）の問題である。合弁企業に出資したものの，意思決定には相手に配慮する必要があり，時には経営をコントロールできないというケースもみられる。出資比率は同じであっても現地では従業員の数や現地経営の理解度という点で，結果的に現地企業が支配力を強めてしまうケースがみられる。そうした問題が積み重なり，結局，本社の経営理念や合弁目的を達成できずに撤退という最悪の事態に発展することもある。

また，忘れてはならないデメリットが，自社で培った技術やノウハウが相手側に流出してしまうというリスクである。単独事業の場合は，漏えいは自社内である程度コントロールできるが，合弁事業の場合は，外資側が技術を提供し，現地側が現地のノウハウを提供するケースが多いので，合弁会社に独自の技術を提示したり，技術指導する場合は，当該技術が現地企業に無断で転用されることがないよう，契約条件をまとめる必要がある。

連結決算においては，単独事業の場合は当該単独事業会社に対する支配が完全に及んでおり，子会社として親会社連結グループに含まれることになる。一方，合弁事業の場合は，仮に持分比率が50％以上あったとしても，当該合弁事業会社の株主総会で過半数を掌握してない場合や重要な意思決定が全会一致事項になっているなど，合弁相手に重要な拒否権が存在する場合には，連結可能性の判断に十分注意しなければならない。

8)　合弁事業設立時の留意点

合弁事業を推進するにあたり，次の点について注意する必要がある。

①　進出先の地域は経営戦略に合致しているか。市場価値や潜在性を十分調査しているか。事業縮小および撤退の主な理由は，「想定していた以上に売り上げが上がらなかった」，「進出してはみたが将来的な市場の拡大も望

めないことが判った」という例が多い。単独事業であれば自社の判断ですべて決められるが，合弁事業であると相手の意思も関係してくるので，最初に実施するマーケティング調査には十分に時間をかける必要がある。

② パートナーは適切か（十分な比較・検討をしたか)。事業の目的・ビジョン・方向性を十分共有しているか，また自社の経営風土との違いは十分理解しているか。中小企業の場合は，特に相手企業のトップと日本側のトップとの間に信頼関係が構築できていることが重要であり，この信頼関係をベースに合弁企業の重要な意思決定がなされる風土が醸成されれば，いずれ合弁企業の経営も安定したものになる。

③ 意思決定範囲は適切か（親会社の支配が強すぎて，タイムリーな意思決定ができない前提となっていないか)，逆に合弁事業に権限が委譲され，親会社の目の届かない体制となっていないか（経営指標について親会社への迅速な報告がなされる体制となっているか)。これらはすべて合弁会社に対するガバナンスの問題である。業績が悪くなると親会社の関与が増すことがありえるので，現地に任せるところ，および親会社が管理するところは業績とは関係なく明確にしておく必要がある。また，親会社の海外管理部門が強化されると海外子会社の管理が強化され，子会社がスピーディーな判断を自律的にできなくなってしまうこともあるので，その点も注意する必要がある。

④ パートナー企業に依存し過ぎた体制になっていないか（特に経理情報は随時自社に入る体制となっているか)。日本と海外では商慣習や企業倫理が異なるので，あまりに相手側に依存し過ぎてしまうと，不正等の問題に巻き込まれる恐れもある。一度，現地においてコンプライアンス（法令遵守）の問題が発生すると，統括する本社にも影響が及ぶので，この点は非常に重要である。したがって，適切なガバナンス・コンプライアンス体制を構築することが求められる。

⑤ 現地法人への出向者の役割やスキルは適切か。前述した通り，海外進出の成功での一番の近道は，海外進出の目的が明確であり，派遣された出向者のミッションが明確であることである。ここで欠かせないのが，出向者にミッションを達成する能力と実行力があり，さらに異文化に対応できる

柔軟性，困難な局面を乗り切る丹力が求められるのである。単に語学堪能という選考理由だけでは，事業は失敗に終わるかもしれない。

⑥　パートナーの選択

合弁事業の成否の鍵を握るものは，パートナーの選択である。合弁事業のパートナーには，工業資本家的な考え方を持つとともに，自社の経営方針に共鳴した優秀な経営能力と，相手国政府および業界に影響力を持つ人物を選ぶ必要がある。合弁事業方式が望まれる場合をあげると，次の通りである。

⑴　投下資本の節約

⑵　危険（リスク）の分散

⑶　相手国国民感情の緩和

⑷　パートナーの経営能力，販売能力，資金能力，労働力等の活用による現地特殊事情への適応

⑸　相手国政府の各種インセンティブ（税制面の優遇措置等）や特恵関係の享受

9)　パートナー紛争の原因とその解決法

国際合弁企業のパートナー間で発生する紛争は，合弁企業の経営行動に大きく影響するばかりでなく，合弁企業の経営が不振となって撤退に追い込まれることにもなる。

国際合弁企業のパートナー間に起こる財産上の権利や義務に関する紛争の原因は，経営理念や経営方式の相違，設備・技術導入についての見解の相違，合弁事業に対する一般的態度の相違などである。これらの紛争の原因を分析探求し，それを回避することが主要課題であるが，そのためには合弁事業の当事者間に起きる紛争そのものについて，認識と理解をする必要がある。また紛争というものは，例外なく価値の優先順位の問題へと転化するものであるから，それを合理的に解決するためには，不調和な立場を調和させるための基礎として，価値論的分析を行う必要がある。

日本企業と進出国での現地パートナーの間の紛争の最大の原因は流通チャン

ネル，広告および価格政策などのマーケティングの問題であると指摘されている。合弁企業の紛争解決の具体的な方法として採られているのは，一般的には当事者間の合意による解決，裁判のほか，斡旋，調停，仲裁などがある。

これら3つの紛争解決方法のうち，わが国で最も馴染み深いのは斡旋と調停である。私的裁判制度ともいえる仲裁の利用は極度に少ない。その理由の第一はわが国のタテ社会に求めることができる。つまり親分子分，支配被支配の関係が契約関係より優先するので仲裁制度が根付かないのである。第二の理由は，日本の社会全体が運命共同体として機能していることである。日本の企業の特質は集団主義的もたれ合い経営にあるが，これは単に一企業の枠内にとどまっているわけではなく，拡大して産業社会全体に浸透している。

そこでは客観的にきちっと決まった範囲によって動くというのではなく「持ちつ持たれつ」で非合理的に動くのが常である。だが，これが国際間の商取引となると話は違ってくる。国内取引ではタテ社会，運命共同体意識が強いため商取引契約書の中に仲裁条項を盛り込む企業が少ないが，国際間の商取引（合弁企業も含む）となると仲裁条項を盛り込むところが多い。もっとも国際間の商取引に当たっては取引の相手先が整えてきた契約書にサインするだけの企業も少なくなく，相手側から仲裁に持ち込まれてから泣き面をかく企業もある。また，国内での商取引慣習が身についているため，契約先の外国企業に契約を破られても泣き寝入りする例が少なくない。したがって，国際商事紛争については各国とも仲裁によって解決することが定着しているので，わが国の企業も合弁企業設立契約を結ぶ際は，日本の国際商事仲裁協会に付託する仲裁条件を入れておくのが適切と思われる。

10)　現地パートナー選択の諸問題―現地パートナーの選択基準―

これまで繰り返し述べてきたように，国際合弁事業の成否のカギを握るものは，有能な現地パートナーが得られるかどうかにかかっている。現地パートナーは，進出企業側の経営方針に同調し，その上，現地政府や業界，金融機関に影響力を持つ経験豊富な組織を選択することが不可欠である。パートナーの選択源泉としては，以下の4点が挙げられる。

① 民間かあるいは政府および政府系機関か
② 個人か企業か
③ 国籍は現地人か，移民か（ユダヤ系や華僑等），第3国を交えた複数国か
④ パートナーは単一参加か，複数参加か

これらの要因の組み合わせの中から，いくつかの選択が可能であるが，現地側パートナーに対する能力不信がどの程度解消されるかによって，合弁指向への度合も変化する。

パートナーの選択は相互信頼の確立が最も重要な基盤となり，また，同時に進出企業が現地パートナーに望むタイプの当該合弁企業設立の運営に不可欠な能力や条件を完全に持ち合わせているかにかかっている。

ここでパートナー選択の源泉の中で現地政府系機関の合弁のパートナーとして選択する場合の利点と欠点について検討してみる。

現地政府系機関との合弁事業体は，一般的にいって完全な民間合弁事業体に劣らずしばしば成功しうることが実証されている。若干の例外はあるが，完全にビジネスライクに企業を経営することが可能となってきている。大抵の場合，合弁事業体は，課税や外国為替管理を取り扱う政府監督機関から特別な待遇を受けてはおらず，また，ある場合には完全な民間企業が直面する問題と同じ問題を抱えている。しかし，政府参加の事実にほとんど固有ともいってよい幾つかの利点がある。特殊な利点は，同一企業の参加者である同じ開発機関から有利な借入金を調達しうることである。

政治の斑気（むらき）を別として，外国側投資家が政府の企業参加に不安を持つ理由は，政府職員が一般的な業務経験または特殊な専門的能力を欠いているからである。

一般的にいえば，政府系機関はこの弱点を是認して経験豊富な外国企業参加者に，ときには正式な経営代理協定を通して経営を任せて満足している。

政府系機関をパートナーとする製造業を合弁で行う場合，垂直統合の枠組みの中で政府系機関の機能を高く評価することが多い。製造業の合弁事業でパートナーとしての政府機関が主として寄与するのは，市場あるいは原料の確保にあり，また政府が大手の顧客である場合も多い。

ただ，政府系機関をパートナーに選択したケースの合弁企業の運営は，進出企業側が経営権を掌握すれば問題は少ないが，その逆の場合は最高経営責任者が現地政府側から派遣されるわけで，大半は企業経営の経験に乏しい政府役人あるいは政治家が多い。そのうえ，彼らは何よりもリスク回避を重んじ，思い切った意思決定ができず，経営そのものも消極的になり，企業成長を阻む場合が多い。また，その合弁企業の業績が良ければ完全国有化されるリスクが伴い，業績不振になれば政権交代時などに整理されることがある。

他方，現地民間パートナーの選択の理由は，それが意図された段階で明確であり，外国企業は例えば経営者としての現地パートナーの貢献を期待することになるため，提携の対象はほとんどのケースが特定の個人に限定される。しかし，現地政府の政策，受入国でできるだけ広く共通の利害をもつ，あるいは現地の資金調達力を増大するなどの理由から株式を一般公開するケースもある。この株式の公開が成功するか否かは，当該企業の名声や現地資本市場の状況に依存することになる。

途上国においては資金源が相対的に乏しく，その特徴として，国内の資本市場はほとんど発達していない。したがって，資本力のある有能なパートナーの選択は困難となるケースが多くみられる。それゆえ現地受入国政府が外資導入振興に力を注いでも思うように経済規模が増幅していないのが現状である。

11)　合弁事業におけるトラブルの事例

パートナー選択の誤りなどに起因し，合弁事業の相手方との間に紛争が生じたり，最悪の場合には合弁解消につながる事態に発展することがある。合弁事業では，思わぬところでトラブルが発生することが多い。以下にいくつかのトラブル事例を紹介する。

①　合弁相手をコントロールできなくなった事例

中国で合弁会社を設立し，日本企業のブランドで勝手な製品を製造された。日本側からどれだけ苦情を出しても，経営に口を出すなの一点張りであった。最終的に合弁の解消を申し出たが，契約書を盾にとられてそれも叶わなかったことで，現在裁判中である。海外企業のコントロールの難しさと合弁契約の中身の重要性を考えさせられる事例である。

② 現地の著名な企業をパートナーにした事例

進出においてパートナー選択が最重要と考え，現地でも著名な企業をパートナーに選択し，合弁契約を締結した。しかしながら，マネジメントの大部分は現地のパートナー企業に依存する形となってしまった。その結果，形式的には強力なパートナーとマッチングしたはずなのに，数年過ぎても現地シェアがさっぱり伸びないという結果をもたらしたのである。その後，B社は提携解消の意思決定をすることとなった。パートナーに資本と技術力を無駄に吸い取られただけでの結末になってしまった。現地で知名度の高い企業と出会っても，必ずしも有効的な関係は築けない事例である。

③ 合弁会社設立の条件が災いとなった事例

合弁相手の現地企業から合弁会社設立の条件として，合弁相手の経営資源を利用することが盛り込まれた。具体的には相手側が用意した土地やオフィスを利用するというものであったので，日本側は合弁事業のメリットの一つとしてこれを捉えた。相手側を信用して受け入れた条件ではあったが，利用した不動産に対して，実勢価格の数倍の賃料を支払うことを強要された。このような事例は，頻繁に報告されることなので，十分な注意が必要である。

同様のケースで，合弁企業の経理担当者に合弁相手の経営者の家族（夫人など）を任命することを条件にされることもある。こうした条件を飲んでしまうと，資金の流れを見失うリスクを背負うので，これも要注意である。経理担当者を相手側の息のかかった従業員や親族などに担当させず，できるだけ日本本社からの派遣社員または合弁事業設立時に採用した信頼できる社員に任せることである。

合弁相手のサプライヤーを利用することについても注意が必要である。購入価格が適正なのか，キックバック（謝礼名目で授受される金銭）やリベート等の問題がないことを確認する必要もある。また，本件の対応としては供給先を複数会社にして適正な価格の評価を実施するなど，少なくとも信頼がおける別会社から見積りをとるなどして，従来の取引先を牽制する必要がある。

④　合弁会社の利益処分で争った事例

合弁パートナーは利益を配当に回したいのだが，日本側は合弁企業の将来の投資や経営難に陥り，資金繰りの問題が起きた場合に備えて内部留保を訴えたが結論が付かなかった。法廷闘争まで発展した。合弁契約でのデッドロック条項が不備だったために，契約の解消にも時間がかかっている。これは契約解消合弁相手との意見の不一致であるが，信頼できる合弁相手であったが経営方針で意見の不一致は発生した。合弁会社は，意思決定手続きを明確にしておく必要があり，その為にはその国の商法を十分に理解し，定款等で意思決定の仕組を整えておく必要がある。

⑤　合弁相手が個人株主だったため相続の問題が発生した事例

合弁相手の個人が死亡したので，株式が相続人である親族に相続された。相続人と信頼関係を築くことが難しかったこと，また相続人が複数おり当事者同士での問題が発生したので，合弁は解消した。このような事例は，個人との合弁によるリスクを示している。どうしても個人と結ばなければならない局面では，現株主の死亡により合弁契約自体を終了することも検討する必要がある。

⑥　合弁契約書と定款に齟齬があり問題になった事例

株主総会や取締役会の運営方法に関して，合弁契約に規定されているが，定款では異なる運営方法が記載されていた。関係当局には定款で登録されていたことから，合弁契約書での運営方法では認められないとの見解であった。

12)　合弁契約で検討すべき重要事項

中小企業の海外進出において現地パートナーが有する経営資源を利用することは有効に機能することがあるが，その一方でそこにはリスクも潜んでいる。パートナーと共同で事業をする際の取り決めは非常に重要であり，それを明文化することで，互いの同意事項を確認することも重要である。これについては合弁契約書を作成し，双方の誤解がないよう十分に確認する必要がある。合弁契約には，以下の項目について特に注意する必要がある。

① 出資者の持分比率
② 合弁会社の運営（取締役会の構成・重要事項・資金調達）
③ 株式の譲渡
④ 配当政策
⑤ 親会社からの援助および製品・部品の供給条件
⑥ 親会社の商号・商標の取り扱い
⑦ 会計および監査
⑧ 合弁会社の期間と終結事由
⑨ デッドロック時の処理

このなかでも特に重要なのが監査の条項とデッドロック条項である。監査については，合弁相手が経営権の多くを任っているケースでは，実際の経営状況をチェックできる権利を確保することは，相手に対する牽制にもなる。デッドロック条項は相手を牽制することに加えて，問題が発生した際にどうすべきかを事前に決めておく非常に重要な項目である。

合弁というビジネススタイルは，経営資源が限定的で国際経営の知見が少ない中小企業にとっては，非常に有効な手段であることは間違ないといえる。しかし，マーケットの状況の変化（外部要因）や合弁当事者の経営方針や意図の変化（内部要因）によって，合弁パートナーとの関係が悪化してくると，そこに大きなリスクが発生し，最終的には大きな損害を被る事態も発生する場合もある。このような状況を如何に回避するかは，パートナーと合弁契約を締結するときに，様々なリスクや事象を想定して，それらを合弁契約に盛り込むことが重要となっている。

上記リスクを解消するためには，合弁契約書にデッドロック条項を設けて，そこに解散の要件や手順を記載することが大切である。解散の要件として，収支目標に大きな乖離があった場合，赤字が数年続いた場合，合弁相手との紛争解決にめどが立たなくなった場合，などを具体的に明記する必要がある。

また，撤退の具体的な手順も明記することも必要である。もう少し具体的に述べると，株式をいくらでどのように相手から購入するか，相手に売却するかの手順を明記することである。デッドロック状態での株式買取りに関しては，デッドロック状態の原因を作っている合弁当事者に，相手パートナーの株式買取りを義務付けて買取り金額を提案させることである（デッドロック状態を解消する義務があるという理由で）。

一方，相手方パートナーにはその提案に応じる法的な義務は発生しないので，提案に対するオプションが与えられるようにしておくことが一つの方法である。オプションには，

①買取り自体に応じない，②株式の査定が低いので買取りを拒否する，

③相手に対してカウンターオファー(3)をすることができる，

などがある。または，パートナーが持分を第三者に売却する際に，自社の保有する持分も当該第三者に売却することができる権利や自社が第三者に持分を売却する際に，パートナーの持分も一緒に売却させることができる権利を付与するという方法もある。

合弁契約書が仕上がり，合弁会社の設立に向けて定款を作成するが，このときに合弁契約書と定款の間に違いが発生しないよう注意することも必要である。折角，時間をかけて満足のいく合弁契約を作成したとしても，定款にその点が反映されていなかったり，違ったことが記載されていたりすると当事者間での紛争の原因となる。

13)　合弁事業か単独事業かの選択（提言）

人材や資金など経営資源の少ない中小企業で，海外進出しないと生き残れない状況の場合，合弁事業という形態で現地パートナーの経営資源（事務所や工場などの相手側の資産，ローカルの人材活用，販売ルート，販売ノウハウ，サプライヤー等）を活用することは非常に有効な戦略だと思われる。その場合の注意点は進出する中小企業のトップが自ら相手側の会社のトップと信頼関係を構築したうえで，合弁事業のメリット・デメリットを十分に把握し，合弁会社の運営に関与することが合弁事業の成功にむけた重要なカギであるといえる。

合弁事業は，どちらかの当事者が経営の主導権を確保して，パートナーが協力するという形態で事業運営が行われない限り，有効な業務運営は難しい。まずは現地のパートナーとの対話を通じて，どちらが，どのように主導権を握る

のかを決めて運営することになる。最初は現地パートナーにある程度の主導権を譲るとしても，派遣した日本人社員が現地の事情を理解し，現地の経営にも慣れてくれば，ある時点で日本側に主導権を持たせてもらうことも選択肢である。あるいは合弁事業を解消して新たに単独事業を作り，単独事業のメリットを享受する戦略を取ることも可能である。

まずは相手パートナーと組むことで海外での事業経験やノウハウを積み，海外事業のどの点にリスクが潜んでいるのかを身をもって知ることができる。そのためには中小企業のトップがどこまで真剣にコミットするのか，優秀な人材を送り込めるか，設立した合弁事業を如何に支援するか，その体制ができているのか，などが中小企業の海外進出には重要な要素となる。情報通信の発達と共に世界が身近に感じられるなかで海外の異文化に柔軟に対応できる，相手の文化を許容し，文化を認められる人材も重要な要素となるので，中小企業のトップには中長期的に人材を育成するという覚悟も求められる。

注

(1) 第Ⅰ部第2章第4節，pp.58-59を参照のこと。

(2) リスク管理とは，「収益の源泉としてリスクを捉え，リスクのマイナスの影響を抑えつつ，リターンの最大化を追求する活動」。大泉光一（2012）『危機管理学総論』ミネルヴァ書房，p.25。

(3) 価格・納期・引渡条件などに関し，売手の提示に対して別の条件提示を行うこと。反対申し込み。逆申し込み。「コトバンク_大辞林 第三版」の解説。https://kotobank.jp/word/%E3%82%AB%E3%82%A6%E3%83%B3%E3%82%BF%E3%83%BC%E3%82%AA%E3%83%95%E3%82%A1%E3%83%BC-458855（2020年4月26日閲覧）

参考文献

一般社団法人日本経済団体連合会（2013）『中小企業のアジア地域への海外展開をめぐる課題と求められる対応』pp.1-6。

INTELLIGENCE「在中日系企業肺炎対策」調査（2020年2月1日付）。

INTELLIGENCE「在中日系企業肺炎対策」調査（2020年2月7日付）。

大泉光一（1980）『国際合弁企業―理論と実際―』亜紀書房。

大泉常長（2012）『グローバル経営リスク管理論―ポリティカル・リスクおよび異文化ビジネス・トラブルとその回避戦略―』創成社。

大泉常長（2004）『海外人的資源管理の理論と実際』文眞堂。

厚生労働省「新型コロナウイルス感染症について」（https://www.mhlw.go.jp/stf/seisakunitsuite/bunya/0000164708_00001.html）（2020年3月21日閲覧）

日本貿易振興機構（ジェトロ）海外調査部（2013）『中小部品サプライヤーのアジア展開』pp.29-47。

日本貿易振興機構（ジェトロ）バンコク事務所（2015）『日本企業がタイ企業をパートナーとしてビジネスを始める際の留意点』pp.11-19。

三浦哲夫（2007）『合弁事業におけるデッドロック問題に関する法律上の考察―合弁会社契約のデッ

ドロック条項のあり方―』pp.65-70，77-81，『富大経済論集＝*The journal of economic studies, University of Toyama:* 富山大学紀要』。

第2章
中小企業の経営グローバル化に伴う課題

第1節　経営グローバル化の概念

21世紀に入って日本企業の経営のグローバル化，経済のグローバル化，グローバル化（Globalization）という言葉が頻繁に使われるようになっている。しかし，その概念はいまだに正確に定義づけされていないのである。そのため国際化（Internationalization）や多国籍化（Multinationalization），さらに超多国籍化（Transnationalization）という言葉と区別されたり，時には同様の意味で用いられる場合もある。

そもそもグローバル（Global）という言葉は，全世界の，地球上の，世界的な，地球的規模などの意味である。これを踏まえて，経営のグローバル化を考えると，「経営の世界化」とか，「経営の地球化」というような意味になる。すなわち，グローバル化とは，企業の世界的規模での事業展開・ネットワーク形成のことであり，研究開発（R&D），原料調達，生産，流通・販売など企業活動のあらゆる面において，その活動に最適の地点を国境にとらわれることなく選んで拠点を構築し，グローバルなネットワークを通じてリスク分散を図りつつ，効率的な事業活動を進めようというものである。したがって，本社所在国から海外への一方的な経営資源の移転・移植のみならず，進出国から本国への還流などもあることを意味する。

他方，「グローバル化」とは，第1に，ある地域や国でビジネスオペレーションズを実行しながらも，その場所のことだけでなく他の地域や国との関わりがあるということを絶えず強く意識しておくことである。第2は，在外企業は品質，コスト，生産性，販売の面ともに採用や解雇といった人的な面でも完璧を期しながら，しかもコミュニティとの関係のことも決して蔑ろにしないことである。そして第3は，世界はワン・ワールドだと思っていたが実はそうではなく，幾つかのブロックが次々と生まれており，その投影状況をよくみて事業を展開していかなければならない，ということである。

第2節　経営グローバル化の特徴

一般的に企業がグローバル化して行く発展段階として，輸出中心段階という第1フェーズ，自社の販売拠点を設立する現地化段階を第2フェーズ，現地生産を開始する，国際化，多国籍化段階を第3フェーズ，情報・通信・交通技術の急速に進みつつある現在のグローバル化段階を第4フェーズと考えられるのである。

(1)　第1フェーズ：輸出志向段階（Export-Centered）（モノ）

現地販売網作りおよび製品の輸出販売。各メーカーは，国際市場に需要を求めて販路拡大に努力。

(2)　第2フェーズ：現地化段階（Localization）（モノ・カネ）

進出国の規制への対応や経済性の追求などの観点から，完成品輸出に代わって生産の現地化へと進展，海外生産が進行すれば，部品の現地調達を可能にするような現地の部品生産会社との緊密なるコンタクトが要求される。一方，販売面においても，販売会社における業務拡大による経験・ノウハウの蓄積に伴って，優秀な現地セールスマンの採用育成が重要な課題となり，なお一層の現地化が余儀なくされる。

グローバルな企業展開が活発になるほど現地の経営資源との関係が密接になり，疎遠であれば生じなかった問題への対処を必要とする。長期的に進出先で事業を円滑に進めていく上においては，地域社会に喜ばれる優良企業市民を目指して，現地で得た利益はその国に再投資し，雇用にも，国家と地方財政にも，輸出による外貨獲得や，技術の発展にも貢献し，現地との融和を図り，現地企業として認知してもらうことが不可欠である。そのためには，まず海外現地法人が，現地の事情に適切かつ迅速に対応していく会社としての実態を有することが必要である。

(3)　第3フェーズ：国際化（Internationalization）・多国籍化段階（Multinationalization）（モノ・カネ・ヒト，情報技術（IT））

国際化段階では，本社と現地子会社との関係から，さらに発展して2国間以上の相互関連性が強まる。多国籍化段階にはいると，現地子会社の自主独立がさらに進展していくため，情報の戦略的管理が重要となり，現地子会社の管理・統括をインテグレートする地域統括本社（地域統括会社）を設立し，そこに本社機能の一部を移し，地域のことは地域統括本社にまかせて，地域密着型の戦略を遂行しようとするものである。4極分化体制（世界を米州，欧州，アジア，日本の4つの地域に分け，それぞれの地域内で製品開発，生産，販売，財務などの事業活動を自己完結的に行おうというもの）のように地域内で自己完結的に事業を行おうとする場合，考えられる組織といえる。

(4)　第4ステージ：グローバル化段階（Globalization）（モノ・カネ・ヒト，情報技術（IT），企業文化）

この段階の企業は，人材，技術，資金，情報ネットワークに加え，世界に通じる明確な企業文化（Corporate Culture）を持った柔軟なグローバル機動組織を有する。そして，次のようなマーケットのグローバル化と企業のグローバル化を推進しなければならない。

①　質的に変わらない面

(i)　顧客選好のグローバル化（マーケット）
同質顧客の増加（情報伝達・交通運輸制度の改善）

(ii)　R&D（研究開発），原材料・部品等の調達，生産，販売活動のグローバル化（企業）
国際生産サービス活動の増加（企業の巨大化・寡占化の進展，企業内国際取引の拡大化）

②　質的に変わった面

(i)　非価格競争から価格競争へのシフト（マーケット）
コスト引き下げの強化（企業の成長→競争激化（技術革新の加速化・

平準化，流通・ブランド支配力の強化）→価格競争へのシフト）

(ii) 企業内国際取引の多様化の推進（企業）

他企業の「力」の活用（企業間競争の激化・大共同時代の到来→経営活動にみる「自前主義」の放棄・企業提携の基本経営戦略への導入）

第3節　中小企業のグローバル化に伴う問題点

1) 日本的経営方式の現地子会社への移転

企業のグローバル化に伴う問題点として第一にあげられるのは，海外で現地生産活動を行う際に生じる日本的経営方式の海外移転の問題である。海外移転は経営のコンセプト，システム，およびノウハウの移転である。しかしこの場合，機械的に右から左に移転できるものではなく応用の問題，つまり日本の工場で実施しているシステムの模倣ではなく，いかに応用していくかが重要になる。ちなみに，技術移転の観点から見られる主な日本的経営方式の特徴は以下の通りである。

① 仕事の基礎（5S運動）—5S
② 広範な職務分掌と柔軟な配置 —Broad job description and flexible assignment
③ チームワーク —Team work
④ 自主性と創意工夫 —Initiative and Creativeness
⑤ 職場規律 —Work ethics
⑥ 気配り —Attentiveness and Alertness
⑦ 情報の共有 —Information Sharing
⑧ 相互信頼（労使間） —Mutual trust
⑨ 長期的視野 —Long term view

■日本の労使制度の特徴

① 仕事への関わり方と仕事の進め方 —Job Involvement
② 小集団の経営参加 —Small group participation

③　企業内福祉制度　―Business welfarism

④　企業への忠誠心と企業との一体感　―Loyalty and identification with company

⑤　ボトムアップによる意思決定　―Bottom up management

⑥　企業内組合　―House enterprise unions

⑦　多岐にわたる仕事の割当て　―Multi functional job assignment

■日本企業の国際性を巡るプラス面の経営資源

①　現場主義

②　平等主義（階級差別がないこと）……食堂，駐車場，大部屋制，ユニフォーム

③　合意による意思決定システム

④　継続的な改善活動―QC サークル

⑤　JIT（ジャストインタイム）システムに代表される生産技術

⑥　長期雇用を前提としたマネジメント……雇用維持の努力，総合的な企業内教育・訓練，ジョブ・ローテーション

⑦　チームワーク

■日本企業の国際性を巡るマイナス面の経営資源

①　日本人自体の国際性の乏しさ

－他民族に対する文化的閉鎖性

－管理職の語学力の低さ

－非社交的性格

－強すぎる本社志向

－社会的活動に対する無関心

②　本社サイドの非国際性

－トップ・マネジメントの国際感覚の欠如

－トップ・マネジメントの国際化に対する理念の欠如

－明確な国際戦略の欠如

－具体的な国際化プログラムの欠如

－進出先国の社会・文化・法律等に関する研究不足

③　曖昧さの多いマネジメント

－属システム的でなく属人的な経営ノウハウ
－明示的でない職務内容
－不明確な責任・権限
－中途半端な権限委譲

日本的経営方式の国際的普遍性の問題は，前述したように，生産性向上を目的に，人為的努力を積み重ねて日本企業が後天的に作り上げていったシステムと，日本特有の文化的土壌から生み出された協調的な関係，労働者の企業への忠誠心や企業一家意識といった先天的システムに区別して考えるべきである。すなわち，先天的部分は国際的普遍性をもたないが，後天的部分は十分に移転可能であると考えられる。しかしながら，日本企業はどのようなシステムが現地において適応し，どこまでを移転すべきなのか，また，現地人にどのようなモチベーションが有効であるのかなど，進出国独自の経営環境，風土，ローカルマネジメント・システム，現地人の民族的特性についての分析を行うことなく，日本的経営をそのまま実施しているのが実情である。

今後，中小企業のグローバル化の進展に伴い，海外生産活動がますます増加していく中で日本的経営方式の維持・発展をしていくためには，次にあげる日本的経営のキーポイントを現地の経営環境に則して適応させていくべきである。

① 現地への適応のために必要な変質を受容して現場中心主義を日本から移植し，現地人の手による定着を図る。
② 日本企業においては，従業員同士，会社内の部門間，協力会社間で価値や情報が共有されており，その情報共有がお互いの協力関係を効率よく作り上げている。それが日本企業の強さとなっていることから，タテ・ヨコのインフォーマルな情報共有の優位性は極力維持する。ただし，これを補完するフォーマルな情報ネットワークを構築する。
③ 長期指向性はエクセレントカンパニーの条件であるので，現地人従業員の経営会議等への参画の機会を高めて徹底する。

2）経営現地化への問題点

海外生産にあたっての生産管理の手法やノウハウ，さらにチームワーク重視，労使協調，平等主義等の日本的組織・風土ないし組織文化の一方的な海外の生産現場への移転に加えて，海外子会社への実質的な経営権限の委譲も近年，段階的に行われるようになっている。

日本企業による海外子会社への経営権限の委譲に関する課題は次の点である。

① 戦略の決定過程に参加する権限はもとより，戦略情報を日本人および日本本社と共有する権限は，海外子会社，海外採用の経営幹部にはまだ完全には与えられていない。

② 意思決定，給与決定，人事考課，個人の権限と責任の規定，人材育成方法等，経営の現地化がまだ遅れている。

③ 人事面での現地化はまだ遅れている。海外現地法人の主要ポスト（社長，財務担当マネージャー，技術部長，工場長など）の大半は日本人が占め，さらに現地で採用された現地従業員には昇進機会も十分に与えられていない。

このように，大半の日本企業が“Global Localization”(1)に踏み切れない理由には，日本本社が海外現地法人をリモートコントロールできるだけの管理システムの公式化が遅れていること，その企業独自の存在意義を示し，全従業員の一体感を得られるような全世界に通用する経営理念が確立されていないこと，さらには日本本社と海外子会社間の有機的ネットワークを構築する機能が本社に設置されていないことなどがあげられる。

3）海外子会社の現地化に伴う権限委譲

日本企業の海外子会社で地域を問わず，「権限委譲」がもっとも進んでいるものが昇進・人事考課を含む現地従業員の人事であり，最も遅れているのが，「現地役員の人事」である。また，設備投資計画の決定，生産品目の決定といった生産計画についても本社サイドの決定力が強い。一般的には現場主義が浸透していると思われがちな日本企業であるが，製造方法の決定といった技術面での権限委譲もあまり進んでいないのが現状である。今後は，まずマーケティング戦略の決定権を委譲することが最大の課題であり，次いで役員を含めた人事権の委譲や設備投資計画の決定権を与えていくことが大切である。また中長期的な展望として，長期的資金の調達や決算・利益処分に関する現地化の推進も重要課題となっている。

■現地人社長の登用

権限の委譲が行われても，日本人派遣社員中心に経営が行われていたのでは，その国の企業として認知されることは難しい。現地における事業活動がある程度の規模におよぶと現地の優秀な経営者，管理者を起用した「経営の現地化」が必要となる。しかし，現地人を社長に起用するなど，優れた現地人材の活用が進まず，次のようなミドルが抱えるフラストレーションが指摘されている。現地における日本企業のイメージが一流でないため，海外では現地の有能な人材が日本企業に集まらないのである。

① 遅い昇進ベースと昇進機会の不足

② 日本語の壁

③ 職務規定の曖昧さ

④ 日本本社と日本人幹部との間で重要な意思決定が行われ，現地人管理者の実質的な参加の機会の不足，などがあげられる。

したがって，こうした問題を解消するためには，まず，①日本の出先から脱客し，名実共に現地企業化を実現する，②現地の人材資源の確保とその活性化を可能とする，③企業とその構成員が地域の市民権を得て，社会的役割，責任の遂行を容易にする，などして現地人社長起用による現地自主経営の徹底を図ることである。そのためには管理・責任者をどのようにして育成していくかが大きな課題となる。その際，地場企業との待遇面での格差，日本的な人事システムとの相違，本社採用者との人事面での平等性確保などの問題についても十分に検討していかなければならない。また，現地では日本並みの生産性・品質を確保することが大前提となるので，自社の生産方式，経営方針，経営理念，考え方などを十分に理解した人物を登用する必要があるが，これは現実的には大変困難であり，またそうした素養を身に付けることができるような現地人社員を育成するには，従業員の「定着」が前提となるので，これも容易ではない。

■現地調達比率

現地化の中で最も早い改善が求められるのが現地調達（ローカルコンテント）比率の引き上げである。これは現地企業に仲間入りするための基本要素となるものである。ところが日本のメーカーは，この現地調達比率が相対的に低いことで知られる。それに対しては，現地の部品メーカーからの部品購入が少ないこと，現地生産の拡大に伴って，日本からの部品輸入が増えていることに対する海外からの反発が表面化している。したがって，投資先で生産する製品の品質を維持しながら，いかにして効率的に現地調達比率を高め現地化を図って行くかを検討しなければならない。

4)　日本本社の非国際性

(1)　世界的経営管理システムの不備

日本企業は，グローバル化戦略にあたり，従来の管理組織の改革を進めている。この動きは主に，① 地域統括会社の設立，② 各事業部門にまたがる横断的組織の設置などによるグローバル・ベースでの全社的な判断の実施，③ 海外事業管理機能の各製品事業部への移行，の3つに表される。これまで海外事業に関する権限は本社に設けられた輸出部や海外事業部に一元的に集中していたが，グローバル化の進展に伴うこれらの組織改革の動きにより，日本本社には新たな機能が必要とされてくる。つまり上記組織の発展的解消とともに，日本本社の役割は，海外事業が研究開発，生産，財務などのあらゆる面で効率的に運営されるように世界的視野から調整することである。

しかし，グローバル企業に相応しい本社機能や組織を有する日本企業は少なく，課題は山積しているといえる。多くの日本企業の本社と海外現地法人とのコミュニケーションには，依然として日本語が使用されているため，国際コミュニケーションは上手く機能しない。このような課題を抱える原因のひとつが，日本本社における社員の語学力不足である。したがって海外生産拠点への技術移転の際に使用される技術仕様書も日本語で統一されているのである。しかし，実際には日本人派遣社員が現地で英語や現地語への翻訳を行っているため，非常に効率が悪く，効率的な技術移転を困難にしている。また，日本本社との連絡も日本人派遣社員が担当しているため，海外現地子会社における現地従業員を含めた情報共有のためのシステムは構築されておらず，公式化水準の低い情報管理体制となっている。

グローバル化戦略の推進に伴う各拠点間の有機的な統合には「情報の共有化」が不可欠となるが，その調整役を果たすべき本社の体制作りが遅れているのである。このため，海外現地生産の確立にあたって多数の人材交流を通して生産現場の価値観と情報の共有化を図ったように，管理者，技術者，経営者の国際的な交流によって従業員間の情報共有を進めなければならない。したがって，重要なのは本社と現地法人のキーパーソン間の情報共有を積み重ねるとともに，国際間の情報の共有化を支援する情報ネットワークへの思い切った投資と整備である。そのほか，海外拠点の人材を対象とした逆出向制度を含む国際人事制度の見直しも必要である。さらに国際的普遍性を持つ経営理念の確立とその明文化も大きな課題である。

(2)　組織体質の問題点

本社機能の変革を行う前に日本企業がすべきことは，日本人の同質性を背景に形成された組織体質そのものを，国際的に適用しえるものに変えていくことである。

企業経営のグローバル化が本格化してくると，国内市場と海外市場を区別した戦略，企業組織では対応することができない。つまり，内外の人事交流や業務の交差に対応し得る本社組織でなくてはならない。

現地化段階では，輸出と海外生産および技術供与などの海外活動を海外事業部が一元的に管理しているところが多い。また，国際化段階の企業では，世界的規模での製品別事業部制を採用するケースが多い。各製品事業部が国内・海外問わずに一元的に管理することによって，グローバル・インテグレーション(2)を図っている。しかし，この図式によって意思決定の迅速さと経営効率の向上がはかられる一方で，日本からのコントロールがはたらきすぎて，海外子会社の自主性は制約されやすい。

また，製品系列と地域市場の双方が多様化するに伴い，各事業部の各国，地域での計画・活動の横の調整が困難になってきている。これを背景に，製品別系列に地域別系列を交差させたマトリックス型の組織を採用する企業がでている。しかし，二重の命令系統・報告チャンネルによって生じる管理者の緊張とコンフリクトが指摘されているのである。重要となるのは，分権化していった機能を調整し，統括していくために，全世界に共通した管理システムである。さらにそのシステムを確立していく上で，職務の範囲，権限，責任，仕事の処理手順，評価基準などの文書化を行うことである。したがって，職務規定の不明瞭化，公式化水準の低さはグローバル化の時代には適応できないのである。

また，人事・労務慣行においても，海外への移転の場合だけでなく全社的に国際的観点に立ったマネジメントが必要になる。つまり，内外市場が一体化したグローバル化の時代には，海外採用の現地人経営幹部の日本本社への逆出向や日本国内での有能な外国人の雇用も積極的に行い，日本本社も国際的普遍性のある経営システムを構築しなければならないのである。

5)　海外人事管理システムの不備

(1)　海外派遣社員の育成

日本の中小企業がグローバル化を進展させていく場合，有能な現地従業員を獲得することや，雇用した従業員に対する教育の必要性が高まる。しかしながら，いわゆる現地化に向けたプロセスにおいては，日本本社との意思疎通や日本的経営の移転にあたり，当面の間は日本人社員の海外派遣が必要である。したがって企業は中長期的な視点で，こうした海外派遣社員を教育することが求められている。

①　理想的な海外派遣社員とは

まず海外派遣社員に求められるのは，自分の業務をしっかりこなす能力と権限・責任が増大した際に対処できる資質である。さらに専門業務能力だけでなく，組織作りやリーダーシップといったマネジメント能力も必要となる。そして何より，国際ビジネス語である英語はもちろん，派遣される国の現地語にも精通しておく必要がある。

また駐在における業務では，現地の法律に関わる知識が求められたり，文化・風習が異なる新しい環境での適応性，社交性，自我の強さといった人柄が求められることも忘れてはならない。

②　海外派遣社員の経営教育

海外で派遣社員が成功するためには，上記の資質や能力をある程度備えていることが理想である。日本企業の場合，グローバル化を強いられている中で，海外派遣社員たりうる人材の育成を中長期的な視野で行っていないために，海外派遣社員の質的，量的な不足が問題となっている。

日本企業がこれまで行ってきた海外派遣社員の教育プログラムは主に英語を中心とした語学研修に偏ったものであり，業務能力と英語力があれば優先的に海外へ派遣されていた。

多くの場合，海外では国内勤務より職務範囲が拡大し，生産，販売，財務，労務といった主要機能を管理し，対外関係，本社およびパートナー関係の責任を負うゼネラリストでなければならないため，本人のそれまでの得意分野に加えて経営管理全体にわたった訓練も求められる。現地人との円滑なコミュニケーションを図るためには，英語以外の現地語の習得や，現地の文化・風習の尊重を徹底すべきである。何よりもこうした人材を業務能力と語学力だけで選抜しないように，派遣社員となる候補の層を厚くするための教育制度の拡充が急がれる。

③　海外人事制度の確立

海外進出日系企業が抱える当面の課題は，派遣社員の教育と育成であるが，日本企業がグローバル化を推進する上では，進出先における経営権限を現地側に委譲していくことが求められる。同時に，人材教育の面において，日本的な方式と現地の慣習や文化を融合させたグローバルな人事管理制度を確立する必要がある。海外人事制度は，次の3段階を経て確立されるが，多くの日本企業はまだ第2段階に止まっている。その一方で，国際的な人事企画を担当する国際人事部，または海外人事部を設置し，内なる国際化を推進している企業も多くみられる。

第1段階：日本人の有能な海外派遣社員の育成と家族のための支援活動

第2段階：海外経営の主体を現地に委譲するための現地スタッフの能力開発と活用

第3段階：海外事業経営者の選抜・教育と本社のグローバル戦略の中で活用し，プロモートさせていく明確な方針とサポート体制の確立。

現状，日本企業が海外で経営活動を行う際は，日本人管理者を送り込んで，現地子会社をリモートコントロールしているが，経営の現地化に向けては，日本本社の経営理念を十分に理解した即断即決できる現地人を幹部に登用し，現地の慣習や文化を尊重される中で人材開発を行うことも選択肢である。しかしながら，現状では現地採用の従業員に日本の経営教育方法を一方的に押し付けることが多いのである。

その一方で，現地化の進展に伴い日本本社との意思疎通がスムーズにいかなくなっているケースが多くなっている。こうした点から，経営教育プログラムは，国際的な人事ネットワークを構築するものでなくてはならない。つまり，従来のように日本本社で教育した人材を海外子会社に一方的に派遣するだけでなく，経営教育プログラムの中に，海外の子会社で教育された人材の本社への逆出向や，海外子会社間の人材交流を含めた制度を築いて行かなければならない。しかしながら，現在の日本企業では，技術者や管理者の世界的なローテーションはまだ遅れており，一部の派遣社員が長期間にわたって海外滞在しているに過ぎない。つまり，国際キャリア組を本社で活用しきれていないということである。

今後は，本社の経営幹部や人事部門の国際化，海外派遣社員の本社での昇進が不利にならないようにすべきである。そのためには，トップへの昇進機会をオープンにし，復帰政策，人材不足を補い，幅広くグローバル・ビジネスマンを育てるためにも海外駐在が特定の社員に偏らない体制を整える必要がある。また，有能な人材であれば国籍，人種を問わず採用し，適材適所で活用して行くシステム，相互の国際人事交流を通じて各国の子会社が持つ経営ノウハウや技術を自在に移転できるような制度等を確立し，バランスよく全体の経営を行うべきである。

④　経営理念の国際的通用性

企業がグローバル化を推進する場合，世界中で通用する明確な経営理念を確

立し，企業グループに徹底させることが重要である。その理由としては，

(i) 企業グループ全員が価値観を共有し，それを実践することで大きなエネルギーと能力を引き出すことが可能である。

(ii) 全世界に分散する海外子会社を含めた企業グループ全体を調整・統合することができる。

(iii) 現地人がどのような判断基準で経営活動を行えばよいのかを示す規範になる。

といった点があげられる。

日本企業の経営理念は，顧客重視，従業員重視，雇用と利益を通じた進出先国への貢献の域を出ないケースが多い。社会や文化の違いを超えて人間の本性のレベルで人々に感銘と夢を与えるような普遍性のある，分かり易い経営理念まで高めた例は少ない。

グローバル化の進展に伴って，経営理念の見直しが行われ，会社の社会的使命の共有化を通じて，社会的，文化的な相違を越えて人々を結び付ける絆にしようとしている。

ところで，現地法人と共有できる具体的な経営理念には，次のようなものがある。

(i) 日本での社是

(ii) 顧客第一主義をうたったもの……（具体例：「消費者のために価値ある製品をつくる）「常に顧客を創造し，その信頼に応える」

(iii) 地域社会への貢献……「現地で得た利益は，現地で再投資して還元する」

(iv) 製品を通じての国際社会への貢献……「最高の品質で社会に貢献」「世界市場に第一級の商品を提供して，各国の経済の発展と国民生活の向上に寄与貢献する」

(v) 優れた商品開発……「品質を創り，品質を売る」

(vi) 海外事業の経営方針……“Global Localization”「善の循環」

などがあげられる。こうした理念を英語に翻訳している企業も多い。

今後，経営の現地化を推し進めるにあたって，情報の共有化とともに企業理念・価値観を共有することが，グローバル企業としての一体性を保持するうえ

で重要になるものと思われる。グローバル企業としての経営理念は単に日本語を英語に置き換えるだけでなく日本の中で生み出された企業理念の本質を，各国の従業員が理解できるような世界的な普遍性をもち具体性のある経営理念を確立し，明示していくことが重要なのである。

第４節　中小企業のグローバル化と危機管理対策
―日本人派遣幹部社員の海外安全問題―

企業のグローバル化が進展する一方で，世界の不透明なビジネス環境は先進国も含めて悪化の一途をたどっており，危険の度を高めつつある。

海外派遣社員および進出企業が，海外において誘拐事件や凶悪犯罪に巻き込まれるケースが急増している背景には，

① 企業を取り巻く環境が一向に改善されない一方で，日本企業はグローバル化に伴い，相当数の派遣社員およびその家族を海外に送り出している

② 海外における邦人および進出企業の活動がますます目立つ存在になってきたため突発的な事件に限らず，誘発的な事態が発生する可能性が高くなっている。

③ 経営のグローバル化を推進する中で，日本人は少なくとも危機管理(3)の分野において，感覚的に日本の環境から抜け出していない，などの要因が働いている。特に，日本企業が危機管理組織を機能させていくうえで最も重要な問題は，危機に対する悲観的な考えの欠如である。つまり，世界でも稀な安全環境の中で安定成長を維持してきた日本企業は，危機に対して無頓着になっており，場合によっては最悪の事態を招くことにもなりかねないのである。

一方，欧米企業の場合，海外派遣スタッフの安全に気を配り，（誘拐）事件などが発生した場合に企業の安全確保上の過失が問われないように，少なくとも訴訟に対抗するに十分な費用をかけて安全対策を行う必要があると認識している。ただし，社員の側にも自己の安全を管理する責任があり，一方的な企業側の義務だけではない。さらに欧米企業は，いかなる安全対策も100％の安全

を確保できる保証はないという考えから，現地化を進め，危険地域においては本社派遣幹部社員を配置しないようにしている。

日本企業の場合，近年，ようやく海外安全対策室や危機管理部を設置して海外派遣社員や家族の安全対策に取り組むようになったが，欧米企業と比べると，海外危機管理のエキスパートの育成面や安全対策費を必要経費として認めない，などの点でまだまだ遅れているといえる。

日本の中小企業が今後，海外で事業展開を進めていくのであれば，企業経営における危機管理対策の重要性はますます高まることは必至である。しかし，危機管理システムおよびその発想法，方法論等のノウハウが不可欠であるとのコンセンサスが確立されてない中小企業にとっては，この分野の遅れが中小企業のグローバル戦略そのものの行方を左右する問題に発展しかねないため，危機に対する意識改革が必要とされる。

したがって，中小企業は，まず海外市場における不安定な環境を把握するとともに，グローバル化に伴う危機管理体制の整備が急務であるとの認識を深めて行かなければならない。その上で，企業に求められる組織的な対策の指針となるべく，基本理念の構築をはかり，これに準じた諸策の設定に着手すべきである。

注

(1) いかにグローバルな経営活動を統合するか，そしていかに現地にその経営を根付かせるか，というグローバル企業が直面する相反する2つの課題を示す言葉。グローバルな統合を進めると，現地化の問題が起こる。逆に現地化が進み過ぎると，全体としてのグローバルな統合が困難となる。しかしグローバル企業は，この2つの経営課題を同時に極大化していかなければならない。一般には合成されてグローカリゼーションという和製英語が用いられている。日本企業ではソニー，ホンダなどがこのグローカリゼーションの実験的な先行企業としてあげられることが多い。「コトバンク_ブリタニカ国際大百科事典　小項目事典」の解説。https://kotobank.jp/word/%E3%82%B0%E3%83%AD%E3%83%BC%E3%83%90%E3%83%AB%E3%83%BB%E3%83%AD%E3%83%BC%E3%82%AB%E3%83%AA%E3%82%BC%E3%83%BC%E3%82%B7%E3%83%A7%E3%83%B3-160510（2020年4月26日閲覧）

(2) 国際経営の分野では，多国籍企業には2つの相反する圧力が働くと考えられてきた。1つは，効率性を高めるために，進出する複数の国の間で共通性を追求しようとする力（グローバル統合）。もう1つは，進出国間の異質性に着目し，各国の特性に適合しようとする力（ローカル適合）。どちらの圧力が強いかは，進出国あるいは産業によって異なる。多国籍企業は，強い方の圧力に対応するように，戦略や組織構造を決めるべきだといわれる。

ローカル適合の圧力に対応しようとする企業は，各進出国に権限を移譲し，経営資源を分散させる。進出先市場のニーズを満たす製品が開発され，進出先の国に適したビジネスモデルが採用される。このような企業は，マルチナショナル企業と呼ばれる。

他方，グローバル統合の圧力に対応する企業は，世界をひとつの市場とみなし，各国に共通の製品を供給することで，生産や調達における規模の経済性を実現し，効率的な事業運営を目指す。このような企業はグローバル企業と呼ばれる。コカ・コーラやマクドナルドがその典型だし，GE もグローバル企業の代表選手とみなされていた。「ハーバード・ビジネス・レビュー」https://www.dhbr.net/articles/-/2555（2020 年 4 月 26 日閲覧）

(3) 危機管理は，企業経営における危険の関わり合いをシステム的にとらえて，企業が晒されている危険，企業がおかされている危険を前提にとるべき戦略行動を明らかにした経営手法。大泉光一『引用：危機管理学総論』ミネルヴァ書房，2012 年，33 ページ。

参考文献

大泉常長（2012）『グローバル経営リスク管理論―ポリティカル・リスクおよび異文化ビジネス・トラブルとその回避戦略―』創成社。

大泉常長（2004）『海外人的資源管理の理論と実際』文眞堂。

第3章

中小企業の海外人事管理

―現地従業員の育成方法および労務管理の要諦―

中小企業が海外進出を計画する際には，将来直面するであろう様々な問題を把握し対応策を考えたうえで，進出企業の経営理念や進出目的を明確にする必要がある。それが明確でないままに進出するケースは多いが，仮にそれが遂行できたとしても，次の目的を達成できる人材がいるのかという問題が生じる。そうした人材が社内にいたとしても，中小企業であればエース級を投入しなければならないことになり，事業運営の屋台骨が揺らぐ事態に発展するかもしれない。一方で能力に欠いた人材を派遣してしまうと海外進出のあらゆる問題に対応できなくなり海外進出の計画が失敗に終わることになりかねない。海外実務を任せられる人材を如何に確保するかは中小企業にとっては重要な課題であり，海外マネジメント経験のある人材を採用することや，社内で海外要員を育成するなど日常的に実施することが非常に重要な施策である。

また，現地従業員を育成し管理職に定着させることも重要である。管理職の候補者を探し，育てるのかという問題があるが，地元の大学の新卒者，日本国内に留学する留学生，現地に滞在している日本人を対象にするのが一般的であり，数年かけて社内で教育することが重要である。ただし，各国の国民性や流動的な労働市場の性格が関わり，スキルを身に付けると簡単に他社に転職してしまう問題も多発するので，常日頃から会社に対するロイヤリティーを向上させることである。他国では一般的ではない社員旅行を企画するとか，会社の創立記念日やクリスマスなどのイベントに家族を呼んでパーティーを開催するなどの思考を凝らし，他の企業に比べて恵まれた環境であると思われるようにすることは効果的である。また，将来の幹部候補生に対しては，今後のキャリア・デベロップ・プログラム（人材開発計画）について検討するなど，日本への研修や昇給などでモチベーションを維持させる方策を考えることが必要である。

主な引き止め策は進出地域に見合った報酬や処遇を検討することになるので，年功序列が一般的な日本の人事制度に囚われることなく，現地の事情に合わせた柔軟な人事評価制度を作る必要もある。

一方で，現地において優秀な人材を他社から引き抜くということも重要な施策である。人材紹介機関やインターネット広告を利用した周知，採用が主流であるが，この手段はコストを要するだけでなく，厳密に条件に見合った人材を確保することが困難なケースも多い。一方で成功に繋がりやすいのが，現地従業員のネットワークを活用した採用である。従業員は自分の働く企業の社風や労働条件，仕事内容を十分に理解しており，正確な情報提供によって興味を示した従業員候補者と企業のミスマッチを防ぐのである。

第１節　グローバル化時代における人事管理の意義
―海外活動のための人事管理―

企業目的達成のためには，経営諸資源たるヒト，カネ，モノの３要素を有機的に結合し，最大限の成果をあげることができる経営を行わなければならない。しかし，企業規模の拡大や人事管理に関する諸科学の発達に伴い，労働力構成や労使間の経済的・社会的関係は変化し現代的人事管理に発展してきた。

「工業化社会」という大きな流れの中で，機械設備や生産技術の発達に伴って，職務とヒトとの間に経済合理主義が形成されつつあり，また労使の基本関係について，産業民主主義の理念が次第に形成されつつあることは，若干の速い遅いの差はあっても，世界中の多くの国に共通した現象である。しかし，民族性，言語，風俗習慣，感情などの社会的土壌の相違は依然として根強く，しかも同一民族，同一言語をもつ単一国家は世界でも稀で，多種多様の民族や言語から成り立っているのが多い。

したがって，海外活動は時に海外ならではのデリケートな問題を含んでおり，国内経営に比べてはるかに難しい。その上，変化著しい経営環境は，特に人的資源管理のあり方に強い影響を与えている。

海外経営における人事管理には，(1) 本社から海外派遣する社員に関連するもの，(2) 現地従業員に関するもの，との2つに大別することができる。

1)　海外派遣社員の重要性

海外で事業を展開するためには，海外派遣社員の質が成否を決する重要な問題である。海外活動を積極的に行うためには，何らかの海外要員の派遣を伴い，その人数および職務は，親企業の責任，必要性，協定等によって決めるべきである。海外派遣要員として十分な人材を確保できるかどうかは，海外投資に踏み切るかどうかの決定に影響を及ぼす要因である。

現地企業は異なった言語や風俗習慣，ときには国籍の異なった従業員から構成されるので，経営は国内以上に複雑化する要素を含んでいる。あらゆる分野を，派遣社員一人に全て担当させることは事実上不可能であり，最初は経営責任者を中心として，各職能の専門家を集めて一つのプロジェクトチームを編成して派遣することが望ましい。各職能の専門家は経営責任者のアシスタントとして，それぞれの専門の分野を担当し，経営責任者がこれを取りまとめるのである。

■現地従業員の管理

現地従業員の人事や賃金管理は，進出先の法律や労働慣行に従うという現地主義が採用され，現地における各種の紛争を避けるための配慮が行われる。

現地従業員の評価，処遇は一般的に現地国の慣行に準ずる形態でなされ，徐々に公式化，システム化が進められる。これは評価，処遇に止まらず採用，解雇や能力開発も含み人事管理全体の現地国の労働法制，労使関係，労働慣行との適合が課題となる。特に労働組合，労働協約，雇用契約の内容や職種，職階による評価・処遇の区分などは現地国によって大きく異なる。

また処遇については，所得税が国家によって大きく異なり，税率も大きな差が見られ，税率を配慮した給与とベネフィットとのバランス，あるいは管理者の地位を象徴するオフィスや社有車の提供なども現地国の慣習を考慮する必要がある。

また特に重要な問題は人権の擁護であり，人種・民族・言語・宗教・性・思想・出身等による差別の禁止，平等である。日本企業の海外子会社の人事管理においては，人種差別や性差別あるいはセクシャル・ハラスメントについての訴訟事件が多く，海外派遣社員の無神経さ，配慮不足が問われてきている。

第２節　日本企業のグローバル化に伴う人材育成上の課題

経済同友会は，「日本企業のグローバル化に伴う人材育成の課題」について，次のように提言している。

①　日本本社とのコミュニケーションが困難なために，海外子会社の社長を日本人にする傾向がある。

②　公平な昇格制度・職位決定と，それに見合う賃金体系のあり方はグローバル経営に不可欠である。

③　日本人は異文化を受け入れることや，日本人であるという誇りを持つ一方，異質の考え方，文化を尊重するという能力に欠けている。

一方，日本在外企業協会が実施したアンケート調査（2016年）によると，グローバル経営を進展させるための主な経営課題として，次の点を挙げている。

①　ローカル社員の育成

②　グローバルな人事・処遇制度の確立

③　日本人派遣社員の育成

④　本社と海外現地法人とのコミュニケーション

同調査によると，中小企業においても人事労務に関する課題は同様で，「海外事業を推進できる人材の確保，育成」が最も多く，次に「現地従業員の確保・定着化」，「現地従業員の賃金上昇」と続いている。

図表Ⅰ-3-1は，「海外拠点を運営するうえで直面している課題」について示している。これによると，日本企業のグローバル化が急速に展開し始めたのは，1985年以降であり，既に30年以上の歳月が経っているが，日本企業のグローバル化に対する経営課題はほとんど変わっていない。その背景として，日本人の本質的な思考や行動が深く関わっていることがあげられる。つまり，日

図表Ⅰ-3-1　海外拠点を運営するうえで直面している課題（複数回答）

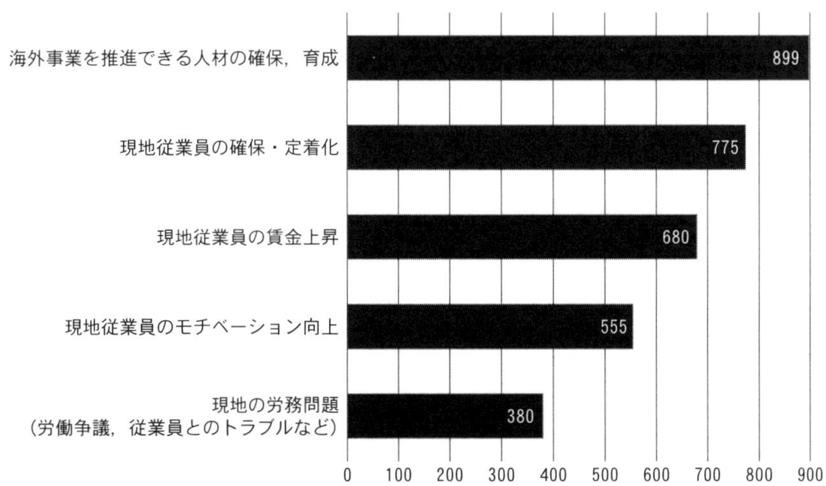

出所：独立行政法人中小企業基盤整備機構。
（平成28年度中小企業海外事業活動実態調査報告書）

本企業は進出先の現地従業員に対して日本的経営（日本的思想）方式を無理やり押し付け，無意識のうちに摩擦を引き起こしているのである。したがって，進出国ごとに従業員の価値観や生活慣習などは大きく異なり，そのため海外においては日本の常識が通用しないことが浮き彫りにされている。こうした問題の解決策として，現地の労務慣行や法律に精通した弁護士と契約するなどの事前対策が必要である。また，新興国等では一般的に従業員の定着率が低く，僅かな賃金差で簡単に転職する傾向が見られるので，他社の賃金等労働条件動向を常に調査しつつ必要に応じて自社の労働条件を見直すことが必要である。

第３節　グローバル・ビジネスマンに求められる資質
―語学力と異文化適応力―

1）語学に対する基本姿勢

企業が望むグローバル・ビジネスマン像で第一に求められる資質は，① 海外業務に関係する実務能力に秀でた人材である。次いで，② 海外での経営戦略に秀でた人材，③ 海外の諸事情に精通した人材，④ 語学力に秀でた人材，⑤ 異文化適応力を身につけている人材と続いている。これらのうち日本人ビジネスマンが最も苦手としているのが，語術（学）である。外国語は最も大切なコミュニケーションの手段であるから，これができるか否かが重要なのは当然である。語学ができないために，仕事の面で萎縮してしまう結果になる。

10数年前まではTOEIC 450点以上の社員に，英語の研修を行った後，海外へ派遣するのが当たり前だった。しかし昨今は，グローバル化の波が押し寄せ否応なしに製造拠点の海外移転を進めている。こうした状況下で多くの企業は片言でも英語が話せる社員であれば，「とにかく海外へ行ってくれ」というのが現状である。これほどの緊急性があるために，全社員にTOEIC受験を義務付け，とにかく促成教育で急場をしのぐほどである。

TOEICの受験者数は現在，およそ270万人で，数年前に比べ約70％増えている。企業・団体が職場で行う試験も，かつては製造業中心であったが，近年では流通やサービス業，金融業などに広がっている。都市銀行のM行では総合職全員に「TOEIC800点以上を努力目標に」と高い目標を提示している。また，多くの中堅・中小企業でも社員にTOEIC受験を義務付け「730点以上」を目標に掲げている。

しかしながら，語学はコミュニケーションのツールのひとつにすぎない。たとえば技術系社員なら設計図やSPEC（仕様書），文系社員なら契約書など，業務を通じてのツールはほかにもたくさんある。したがって，流暢な会話よりビジネスの武器としての迫力ある語学力を身につけることが必要となる。

語学力向上の原点は必要性にある。企業が多額な投資を続けたとしても，すぐに語学を使う予定の無い社員に語学力の飛躍的な向上を期待することはできない。社員自身が必要性を痛感した時，初めて投資効果を期待できる。したがって，人数だけを追うような語学教育は経営効率の足を引っ張ることになる。そして一方で，既述したような急激な環境変化に対応できるよう，社員一人ひとりが自己啓発により一定レベルの語学力保有への努力を続けるための全社的な取り組みを行い，レベル確認のための挑戦の場を設けることが必要である。本来，言葉がコミュニケーションのツールである以上，「話す」ことは楽しいはずである。これを苦痛に感じる社員が多いのは，中学・高校時代から一貫して受験英語の延長となっていることが原因と思われる。すなわち，「読む書く」を前提に「聞く話す」を試みようとすることが多い。このような意識を払拭し，一方通行としての学問から交互通行によるやり取りによって，全身で表現し，訴えるような生きた語学を学ぶようにしなければならないのである。

2)　語学能力より業務遂行能力を求める！

厚生労働省がまとめた『平成25年度労働経済白書』によると，『企業の新規大学卒・大学院卒の採用の際の重要項目』（複数回答）を見ると，① 仕事に対する熱意・意欲が73.6％で最も多く，次いで② 積極性・チャレンジ精神・行動力62.0％，③ 組織協調性52.5％，④ コミュニケーション能力51.7％，⑤ 社会常識やマナー48.0％，⑥ 規律性45.4％で，「語学力」はわずか9.8％，「学業成績」は8.1％であった。

一方，一般的に企業のグローバル社員（海外派遣要員）に求められる能力（国際感覚）としては，

① **語学能力**……高レベルの語学力がある社員でも管理職になり海外交渉が事務レベルのものからビジネス本来の事項に関わるようになると，表現力の点で壁にぶつかる者が多い。これを打破する。

② **表現力（プレゼンテーション能力）**……コミュニケーションを図るとき，日本人は以心伝心を重視するのに対し，欧米人は理論的な話法で自己主張を展開する。特に欧米社会では，論旨がきちんと論理立てられた

うえでのプレゼンテーションが好まれ，円滑な意志疎通が促進される。日本人の情緒的な考え，寡黙，論理的にではなく，感覚的・感情的による表現は「日本人は何を考えているか解らない」と考えられてしまう。グローバル・ビジネスマンは，“Mind to Mind”（以心伝心）方式の意志疎通の方法を身につけておくことである。

③　**交渉力（ネゴシエーション能力）**……欧米人は，相手の考え方や主張と「どこが違うか」，その相違点を確認するところから交渉を始める。これに対し日本人は同じ民族で，しかも人間関係を重視させるので，「どこが同じか」の共通点を確認し合ったうえで交渉することが多い。しかしながら，言語も価値観も異なる外国人相手となると，日本人の得意な「腹芸（言葉や行為には現わさないで，度胸や政治力などで物事を処理すること）」や「察し（相手が口に出しては言えない事情などについての思いやり）」などは通用しなくなる。グローバルビジネスの場では，双方の相違点を確認した上で，どんな条件であれば，お互いどこまで歩み寄れるかを判断するのが交渉力といえる。

④　**異文化間能力**……異文化間能力とは，「異質なものを取り込む受容能力」のことである。自国文化を理解しようとする努力が，異国文化を的確にとらえる見識を磨き，わだかまりなく異文化を受容できる能力を向上させるはずである。

⑤　**海外生存能力**……外国での生存能力とは，知的エネルギーと同義語と解釈できる。ビジネス相手国（または企業の進出相手国）についての情報取得，商慣習の相違の理解などの事前準備が国際的な舞台での知的エネルギーの源泉であって，生存能力の大半を決めるといえる。

さらに，期待される海外派遣要員像としては，(1) 経営理念の実践力のある人，(2) 幅広い関連知識のある人，(3) リーダーシップ：人材育成力のある人，(4) 自国文化の理解と異文化適応のできる人，(5) 現地語のコミュニケ―ション力のある人

これらのほかの海外派遣要員としての適性判定要素としては，まず資質面では，バイタリティ，適応力，寛容性，折衝力，問題解決能力，好奇心などである。次に知識・能力面では，業務知識，語学力，経営管理能力，業績などで

ある。

3)　グローバル・ビジネスマンに求められる海外生活の性格適性

他方，日本人の海外生活の性格適正として主に求められるのは，(1) 積極性（新しい状況に対し受け身ではなく，まず何よりも行動を起こすことのできる能力)，(2) 外向性（対人関係に円滑に適応し，友好関係を維持する社交意欲の高さ)，(3) 自主独立性（主体性）(他人を喜ばそう，相手に合わせる。相手を優先するというより，むしろ自分自身の信念に基づいて行動する傾向，(4) 柔軟性（目標達成のため，状況に合わせて自分の態度やアプローチの仕方を修正し，適応させる能力)，(5) ストレス耐性・精神的強さ・情緒安定性（時間的な制約や人から受ける圧迫・反対の中でも情緒の安定を保ち，動揺することなく課題解決に向かうことのできる能力)，(6) 説得力（自分の考えや意見を他者に的確・論理的に伝え，相手を納得させる能力，異なる意見を持つ相手にはその態度変化をはかれる能力)，(7) 持続力・粘着性・執着性，(8) 対面影響力（よい印象を与え，注目を引き，自信ある態度を示し自己を認識させる能力，(説得力とは異なる)，(9) バイタリティ（物事に能動的に取り組み，より高いレベルの活動をやり抜く意欲および行動力)，などである。

これらすべての適性を身に付けるということは容易なことではないので，少なくともグローバル・ビジネスマンとして必要な積極性，外向性，自主独立性，柔軟性，対面影響力などの能力を身に付ける必要がある。

第４節　グローバル・ビジネスマンの適性

以上，海外派遣要員に求められる条件について述べてみたが，これらの選考基準には果たして正当性があるのかどうか，事例を通して検証してみることにする。

事例

【失敗事例】

日系大手通信機器メーカーの米国子会社への日本人駐在員の人選課題

【具体内容】

米国カリフォルニアのシリコンバレーにある現地法人の業務拡大に伴い，日本人駐在員の補充を行う際，語学力を重視し，英語が堪能なＴ氏を選考した。

Ｔ氏は，高校時代に交換留学生として１年間米国に滞在経験があり，大学進学後も英語検定準１級を取得し，また英語力を生かして海外ボランティア活動に熱中した。卒業後，同社に入社し，９年間営業部で勤務した。営業部の中で英語が得意という評価を得ており，そのことから米国現地法人への駐在員として選考された。

現地での任務は，日本勤務時代と同じ営業であった。赴任後，Ｔ氏は自身の英会話能力から会話や商談にはほとんど困ることはなく，同僚の米国人から「あなたは英語が上手だ」とたびたびほめられることがあった。英語に限らず，海外の赴任先で現地語ができないことは駐在員にとって大きな悩みとなるが，Ｔ氏にとって米国での勤務は，得意な英語を使える快適な勤務地であった。赴任した米国子会社では，駐在員の赴任後数カ月は現地の生活や商習慣に慣れてもらうため，あまり業績については厳しい要求をしないのが慣例であった。しかし，Ｔ氏の場合は赴任後１年経ってもほとんど受注の実績が上がらなかった。米国現地法人の営業マネージャーは，Ｔ氏の業績不振に不満と課題を感じ，何度も顧客に同行し，また米国ビジネスのノウハウなどをＴ氏に指導した。しかし業績はその後も変化はなかった。最終的にＴ氏はビジネススキルの不足と営業力の低さから赴任２年にして日本本社への帰国が命じられた。

【失敗の原因及びあるべき対応】

Ｔ氏は英語力に自信があったが，ビジネスの企画能力，折衝能力，問題解決能力が欠けていたため，営業成績を上げることができず，僅か２年の駐在で本社に戻され，間もなく希望退職者の対象となり，リストラされている。この事例の場合，業績が上がらなかったという事実は，本人の能力不足によるものであるが，米国駐在を命じた会社側の人事選考基準やT氏の日本勤務時代の営業実務能力が正しく評価されていたのかなどにも問題があったといえる。

本章第3節で述べたように，企業が海外派遣社員を選ぶ際には，語学力以上に実務能力を重視して人選することである。また中小企業がグローバル人材を中途採用する際には，履歴書に記された前職等から実力を誇大評価することなく，実際の業務能力や語学力の検査を行うことである。海外業務を担う人材には様々な資質面での要求されることを念頭に置いて「人間性」も重視する必要がある。企業は採用後も，社員が語学を業務関連で継続して勉強をできる環境づくりを心掛けながら，人間性向上に向けた教育を施すことである。

第5節　グローバル人材育成に妨げや障害となる日本人の価値観

1）　相手を疑うことができない国民性

大半の日本人は，世界に類のない「相手に疑問を抱いたり，疑ったりすることができない」希少な民族である。最大の理由は，相手に対し，「否定をはっきり表明しない」と同様に「相手と不和が生じないように疑ったりしない」という日本の伝統的な「和の思想」が背景にある。

こうした「疑うことをタブー視する」日本人の国民性の背景には，約1500年以上前から伝統的にわが国の社会規範として国民に受け継がれて来ている聖徳太子が西暦六〇四年に制定した「十七条の憲法」が大きく影響している。つまり，「和」の思想と言われるこの「十七条憲法」の第一条「**以和為貴（＝和を以って貴しと為す）**」から第十七条までの思想である。わが国では人と人が仲良くすることこそ最も尊いことであるという言葉で始まるとおり，「和」の思想を重視してきている。

日本の暗黙の社会規範ともいえる「和」の思想の具体的なものの一つに，「**相手を疑ったりしない**」思想があり，日本人の日常生活の隅々まで根を下ろしている。したがって，日本社会では（他人を）「疑う」ことはタブーであり，

「和」を乱すことになる。それ故に商談で騙されたり，詐欺事件などに巻き込まれるケースが多いのである。一方，国際社会では何事に対しても互いに疑う（疑問を抱く）ことを当たり前にしていることを認識すべきである。したがって，日本人ビジネスマンは何事に対しても自然に疑う（疑問を抱く）ことができるように，意識改革が求められるのである。

2)　批判的な議論ができない

日本のムラ社会では個々のメンバーが尊敬されず，相手に対する名指しの批判は許されず，そして意見の対立も尊重されない。そのためリーダーシップを発揮することは非常に難しい。しかしながら，国際社会は日本とは全く逆であり，自分をできるだけ出る杭にすることが目的で，その激しい生存競争によって社会が発展しているのである。したがって，日本企業は画一的でないものを否定する風潮を変えるべきであり，出る杭を受け入れる価値観を重要視すべきである。そして，批判的な議論が自由にできるような人材育成を積極的に行うべきである。

3)　リスク感性と危機意識が欠如している

日本人の多くは楽観主義者であり，「楽観的に準備して悲観的に終わる」ケースが多い。

リスク感性とは，リスク（危険）に対して敏感で危険シグナルを察知できる能力のことであり，社員個人又は組織として備わっている。リスク感性に優れた社員は，過去に経験したビジネス上の失敗を謙虚に反省して問題点を分析して，次の新しいビジネスに備えるのである。また，海外派遣社員が海外で内乱・戦争，テロ，人質・誘拐事件などに巻き込まれた場合，臨機応変に対応できる能力を身に付ける必要がある。つまり，「自分の身は自分で守る」自己防衛意識を身に付けることが求められるのである。なお，安全とは，客観的に危険性のない状態を指す言葉であるのに対して，安心とは心の問題，すなわち安全な状態を認識している主観的な精神状態を表す言葉である。安全は安心を生む要因の一つであるが，安心＝安全ではないことを認識すべきである。

一方，「危機意識」とは，危機が迫っているという不安の感じのことである。危機意識は個人の性格によって大きく異なるのである。個人の性格には，「自己の見方を過小評価する性格」と「自己の見方が非現実的な性格」そして，「自分自身を肯定的に評価できる性格」の三つのタイプがある。

第6節　世界のビジネス界で通用しない「日本的思想」
―事なかれ主義，言霊思想と以心伝心―

日本人ビジネスマンには世界のビジネス界で通用しない「事なかれ主義者」や「以心伝心主義者」が多い。日本的観念は，「和」の思想を重んじる日本社会で長い間経験した物事が積り重なって，頭の中で固定的に考えられるようになったものである。代表的なものに「**事なかれ主義**」や「**性善説**」などがある。

「**事なかれ主義**」とは，解決すべき重要な問題が発生しているにもかかわらず，それを避けたり，あるいは見て見ぬふりをしたりして，関わり合いになるのを避け，決断をすることなく問題を放置する消極的な考え方をいう。

日本社会にこうした伝統的な考え方が潜在的にあるため，「**評判を下げたくない，面子を失いたくない」，自己保身などのために平気で隠蔽を行ったりする。**つまり何事も平穏無事に物事が済めばよいという考え方なので，多数決などを取るときは，自分の考えを表に出さず多数の意見に賛成することが多い。

日本企業では，深刻な問題が起きても倒産しない思いが根底にあり，問題解決による成果より，問題解決を推進したことによって波風を立てた人物が問題視され，ひいては役職を外されるだけでなく処罰される傾向がある。その結果，深刻な問題が放置されやすいという致命的な問題がある。

一方，日本人が世界に通用しにくい原因の一つである「**以心伝心**」とは，考えていることが，言葉を使わないでも互いにわかることである。日本人は自分がして欲しいことを明確に口にせず，言わずとも察することを以心伝心と称している。これは日本的な美徳とも言われるが，世界の人たちからは日本人の短所であるといわれている。

「以心伝心」は，リーダーが意思決定を誤り事態が悪くなった場合，自分が傷つかず部下に責任をすべて被せる最適な手段として用いられる場合が多い。「自分は正しく判断して意思決定したのに，部下が私の意思通りに動かなかったからだ」という責任逃れの状況をつくりだすことである。言うまでもなく，リーダーが最初から正しい意思決定などできるはずがない。とすれば，採れる方法は一つしかない。つまり，**「自分の意見を曖昧にしておいて，部下に勝手に解釈させる」のである。**部下の解釈が結果として正しければ，リーダーの手柄にできる。しかし，部下の解釈が間違っていれば，部下が自分の意見を正しく解釈できなかったからだ，と部下の責任にできる。こうした手法は，見方によっては無責任で卑怯なやり方のように思えるが，しかし，内側の人間の立場から見れば，誰にとっても歓迎すべき手法ということになる。このような手法の正当性を確立するために**「はっきりと口に出さないことが美徳」**という価値観があたかも不変の真理であるかのように語られるのである。ただし，以心伝心というテクニックで部下に責任を負わせることがいつも成功するとは限らない。リーダーとしての監督責任が問われるからである。しかし，**「部下に責任をなすりつけて自分たちは責任を取らない」という暗黙の了解が存在する場合は，非常に有効に機能する。**

第 7 節　事例研究

ローカル社員から見た日本人派遣者とのディスコミュニケーション

【同社概要】

進出国：シンガポール

会社概要：家電メーカー A 社

進出の背景：冷蔵庫コンプレッサー製造及び販売

A 社はシンガポール建国間もない 1970 年代に現地へ製造・販売会社を設立した日系企業である。電子部品など様々な事業を展開しており，1972 年に冷蔵庫用コンプレッサーの工場を設立して 45 年以上の歴史を持つ現地法人でもある。シンガポール工場での生産台数は2013年度に1千万台（3.2億USD）を超えていた（マレーシア，中国の子会社の生産台数も含め合計で1500万台まで及び，世界市場で20％以上のシェアを持っていた）2014年から旧モデルのマレーシア工場へのシフト及び中国勢競合他社の低価格戦略で販売台数が右下がりで2017年度には430万台まで落ち込んだ。一方で冷蔵庫コンプレッサーの本社機能を日本からシンガポールへ移行した。それとともに，会社がシンガポール政府から支援を受けながら新たな投資であるIoT 技術の導入で40年の歴史を持つ古い工場をスマートファクトリへ変化させようとしている。2017年7月時点で現地従業員数は約800人，10名の日本人派遣社員が駐在している。

【失敗事例】

2016年12月に購買部門の日本人出向部長はローカル社員Aさん（女性）が提出した価格決定資料に誤りがあると気づき，再発を防止するため，誤りの原因を数回に渡り質問した。Aさんが部長の質問を叱りと感じてしまい，部長が教育ではなく個人的な感情でミスを怒っていたと受け取った。その後，彼女は組合に部長の言動を告発した。組合が部長を呼び出し，厳重な注意及び再発防止を求めた。実際に部長にとってはその日の言動は普通の教育と変わらないものであった。組合への告発の後，部長が彼女への直接指示や教育を実施せず，すべてローカルの管理職が指示するようになった。

【失敗の原因及びあるべき対応】

この事例から学ぶべきことは，日本式の社員教育の方法をそのままローカル社員へ当てはめてはならないことである。シンガポール人は一般的にプライドが高く負けず嫌いな性格であり，自分の権利を守る意識がとても強い。日本の会社では一般的に上司の部下への教育における言動，態度が現地人にとっては厳しすぎ，嫌がらせや感情的に怒っていると捉えられてしまう可能性が十分ある。また，特に製造業ではよくみられるが，上司は日本のような権威的な存在ではなく，部下をいつでも助ける兄貴のような存在である。

日本人出向管理職もこうした兄貴のような存在になるつもりで日々，教育をすべきである。分析のような数回に渡る質問は問題の真因にたどり着く方法だが，ローカル社員にとっては自分が犯人扱いされていると受けとられてしまう可能性も十分ある。事前に自分の質問の目的を理解してもらった上で，硬い言葉ではなく，柔軟な姿勢で教育を行なうべきである。

第8節　「日本語人材」雇用の有益性と諸課題

1)　諸外国における日本語教育の現状

世界的規模のネットワークを構築するグローバル企業においては，国籍を問わず英語が堪能な国際人材を重宝する傾向にある。その一方で進出先が限定的な中小企業の海外進出においては，現地の事情に精通し，かつ日本語を操る優秀なローカル人材の獲得がビジネス成功のカギとなるケースが目立つ。

国際交流基金は数年ごとに海外での日本語教育の状況について調査・発表している。この「日本語教育機関調査」によると2016年時点で日本語教育は日本以外の137の国と地域の16,179機関で行われており，日本語学習者は約366万人いる。特に日本語学習者が多い上位10か国は順に中国，インドネシア，韓国，オーストラリア，台湾，タイ，米国，ベトナム，フィリピン，マレーシアである。これらの国の2016年の学習者数を2012年と比較すると，中国，インドネシア，韓国では学習者数が減少傾向である一方で，ベトナム，タイなどでは，日本語学習者数が増加傾向にある。例えば，ベトナムでは，2003年より教育・訓練省の方針で中等教育において英語やフランス語，中国語，ロシア語と同等に第一外国語として日本語が教育されるようになった。特にハノイやホーチミンなどの都心部では，熱心に日本語学習に力を入れている学生が数多くいる。これら若者たちが日本語学習に力を入れる背景には，現地で数十年前からTV放映されている日本のアニメーションを代表とするサブカルチャーが影響しており，いわゆる親日傾向が強いお国柄が日本語学習者を増やす推進力となっている。

2)　日本語人材の日本語能力判定

日本語を母国語としない外国人の日本語能力測定の資格試験で最も知名度があるのが日本語能力試験（JLPT）である。この試験は，国際交流基金と日本国際教育協会（現日本国際教育支援協会）が1984年に開始したもので，現在は日本国内にとどまらず，85の国と地域（2019年12月現在）で実施されている。当初，全世界で7,000人程度であった受験者は，2018年には約100万人にのぼっている。

日本語能力試験は主に日本語の「読む」「聞く」能力を測定しておりN1～N5までのレベルに分けた認定をしている。図表I-3-2が示すように，最も基本的な能力判定がN5で，最も高い能力が求められるのがN1である。過去の試験データを参照すると，N1の受験者数に対する合格者の割合は3割程度である。

日本企業の日本語人材の雇用実態を見ると，従来の雇用の目安は，ビジネス環境における最低限のコミュニケーション能力を備えていると判断できる「日本語能力試験N2以上」といえる。また，新興国では日本語人材の獲得競争が激化する中，N3取得者も積極的に雇用されているのが現状である。受験者の出身国が漢字圏か非漢字圏かによってその価値は異なるが，国内外にかかわらず日本語能力試験の成績書類の偽造が流行していることにも十分な注意が必要である。日本語能力試験の合格者に対しては，日本国内受験者には，日本国際教育支援協会が「日本語能力認定書兼合否結果通知書」と「認定結果及び成績に関する証明書」を発行しており，また，海外受験者には，国際交流基金が「日本語能力認定書」と「認定結果及び成績に関する証明書」を発行している。「成績書類の真偽」「成績書類を所持している人物がそのレベルを受験して合格した本人かどうか」などは試験実施団体に照会可能である（国内受験者は日本国際教育支援協会に，海外受験者は国際交流基金に照会のこと）。

日本企業にとってはこのようなチェックも重要であるが，日本語能力試験は大規模試験のため，解答はマークシート方式の選択問題で構成されており，「話す」「書く」といった能力を測るものではないことを肝に銘じることであ

図表Ⅰ-3-2　日本語能力試験の認定基準一覧

レベル	認定の目安 各レベルの認定の目安を【読む】【聞く】という言語行動で表します。 それぞれのレベルには，これらの言語行動を実現するための言語知識が必要です。
N1	幅広い場面で使われる日本語を理解することができる 【読む】・幅広い話題について書かれた新聞の論説，評論など，論理的にやや複雑な文章や抽象度の高い文章などを読んで，文章の構成や内容を理解することができる。 【聞く】・幅広い場面において自然なスピードの，まとまりのある会話やニュース，講義を聞いて，話の流れや内容，登場人物の関係や内容の論理構成などを詳細に理解したり，要旨を把握したりすることができる。
N2	日常的な場面で使われる日本語の理解に加え，幅広い場面で使われる日本語をある程度理解することができる 【読む】・幅広い話題について書かれた新聞や雑誌の記事・解説，平易な評論など，論旨が明快な文章を読んで文章の内容を理解することができる。 【聞く】・日常的な場面に加えて幅広い場面で，自然に近いスピードの，まとまりのある会話やニュースを聞いて，話の流れや内容，登場人物の関係を理解したり，要旨を把握したりすることができる。
N3	日常的な場面で使われる日本語をある程度理解することができる 【読む】・日常的な話題について書かれた具体的な内容を表す文章を，読んで理解することができる。 ・新聞の見出しなどから情報の概要をつかむことができる。 【聞く】・日常的な場面で，やや自然に近いスピードのまとまりのある会話を聞いて，話の具体的な内容を登場人物の関係などとあわせてほぼ理解できる。
N4	基本的な日本語を理解することができる
N5	基本的な日本語をある程度理解することができる

（むずかしい ↑↓ やさしい）

出所：日本語能力試験 JLPT ホームページ。

る。言うまでもないが，管理職層の採用時には，履歴書や職務経歴書の記載内容や作文試験の実施を通じて書く力の評価，さらに面接を課し，彼らの日本語の会話力を十分に確認することである。

法務省は日本の大学や専門学校などの高等教育機関に留学する者にN2以上の日本語能力を求めている一方で，留学後の学生たちが生活費や小遣いを稼ぐため，アルバイト中心の生活を過ごす場合もある。日本企業が日本の高等教育機関を修了した履歴を評価して採用する際は，留学時代にどのような留学生活を送ったかについてじっくりと聞いてみてはどうだろうか。

3）日本の高等教育留学者の採用と活用方法

本書でも示したようにASEAN諸国では日系企業の進出数が増加しており，一般的な地元企業の給与と比較して高収入に繋がる日系企業に就職するため，日本留学に挑戦する学生も数多くいる。日本政府は2008年，その当時約12万人だった留学生を30万人まで増やす計画を打ち出した。日本学生支援機構（JASSO）が発表した2018年度外国人留学生在籍状況調査結果によると，2018年5月1日現在の留学生数は298,980人で，前年度と比べて＋12.0％増加し，この計画を達成したのである。近年では日本留学を経験した優秀な外国人留学生を，インバウンド（外国人が日本を訪れる旅行）を含む海外戦略上の重要なパートナーとして積極的に本社採用する中小企業も増えている。

全国の私立大学の経営者らによって構成される第9回私立大学経営協議会（2018年2月開催）の協議テーマの一つが「グローカル[(1)]に学生を育成～留学生と共に地域活性化～」であった。事例発表を行った青森中央学院大学では，東南アジアからの留学生を中心に100名を超える留学生を受け入れている。大学は彼らの日本語能力や日本理解の向上を目指す中で，留学先である青森を知り，青森のファンを生み出すことを目的とした「青森サポーター事業」を推進している。この事業に参加する留学生は，青森県内の地場産業や観光資源を体感しながら，地元の人々と触れ合うことで地域交流や地域理解を深めている。大学はこうした活動を「留学先の地域への興味を深めた学生が，どのような進路に進んだとしても，地域との繋がりを持続してくれること」を願って実施している。その結果，留学生が青森県内の中小企業に就職し，企業の国際化に尽力したケースも少なくない。企業にとっては，単に日本語を操るだけでなく，地域を理解し，様々な角度から商品やサービスを理解する外国人社員がいることが戦略上の大きな強みに繋がるのである。このように地域の大学が受け入れている留学生は，将来の管理職層としての潜在的な価値だけでなく，インターンシップでの受け入れを通じた企業内（社員）の国際化あるいは，海外での拡販を検討している商品のテストマーケティング等でも大きな有益性を発揮している。中小企業が海外展開を始める際は，地域の大学との連携を持ちかけるのも選択肢である。

注

(1) 地球規模の視野を持ち（グローバル），地域視点で行動する（ローカル）日本企業の海外戦略の理念。堀内克明・大森良子（2018）『現代用語の基礎知識 2018 年版 通常版』自由国民社，p.1197。

参考文献

大泉光一（2012）『危機管理学総論』（改訂版）ミネルヴァ書房，pp.41-51。

大泉光一・大泉常長（2017）『日本人リーダーは，なぜ危機管理に失敗するのか』晃洋書房，pp.18-34。

大泉常長（2012）『グローバル経営リスク管理論―ポリティカル・リスクおよび異文化ビジネス・トラブルとその回避戦略―』創成社，pp.165-175。

厚生労働省（2016）『平成 25 年版 労働経済の分析』pp.142-143。

国際協力銀行業務企画室調査課（2017）『わが国製造業企業の海外事業展開に関する調査報告―2017 年度第 29 回海外直接投資アンケート結果―』。

国際交流基金（2017）『海外の日本語教育の現状　2015 年度日本語機関調査より』pp.7-61。

国際交流基金『国際交流基金 2016 年度年報』www.jpf.go.jp/j/about/result/ar/2016/pdf/index.html（2020 年 2 月 21 日閲覧）

田中真寿美「海外における日本語教育―その目的とその先が国内にもたらすもの―」『新時代で変化する社会諸相とビジネス境界の展望』青森中央学院大学地域マネジメント研究所（編）pp.64-84。

中小企業庁中小企業海外展開支援関係機関連絡会議（2014）『海外展開成功のためのリスク事例集』pp.19 中小企業庁 WEB。https://www.chusho.meti.go.jp/keiei/kokusai/2013/140331jirei.pdf（2018 年 8 月 17 日閲覧）

独立行政法人 中小企業基盤整備機構（2017）「平成 28 年度中小企業海外事業活動実態調査報告書」https://www.smrj.go.jp/doc/research_case/jittaichousa_houkokusho_H28.pdf（2018 年 8 月 17 日閲覧）

寺本義也・高井進（2004）『日本本社グローバル化のための外国人スタッフの育成と活用―多様性と共進化による企業の経営改革への提言』経済同友会。

日本学生支援機構『平成 30 年度外国人留学生在籍状況調査結果』https://www.jasso.go.jp/about/statistics/intl_student_e/2018/__icsFiles/afieldfile/2019/01/16/datah30z1.pdf（2020年 2 月 21 日閲覧）

日本在外企業協会（2017）『日系企業における経営のグローバル化に関するアンケート調査』。

日本語能力試験　https://www.jlpt.jp/about/levelsummary.html（2020 年 5 月 1 日閲覧）

第4章
海外マーケティングと販売戦略

第1節　海外マーケティングの意義と必要性

1)　海外マーケティングの定義

企業経営の一つの特色は，市場志向を基調とする経営であるが，市場志向とは単に顧客に商品やサービスを提供するのみでなく，顧客の欲望を見つけ（市場探求），顧客の欲求する製品を開発し（製品計画），適切な販売経路を通じて，よりよく提供する（販売管理）とともに，顧客に周知徹底させる（販売促進および広告）ための活動を企業の機能とするもので，市場志向の考え方が企業経営に導入され，すべての企業活動をマーケティングを基軸に統合，調整する市場志向の経営が行われるようになったことである。

マーケティングとは，生産者から消費者または利用者に対して，物品またはサービスの流れをはかるとか，これに付随するビジネス活動を行うことである，と定義される。また，マーケティングとは，生産とサービスの面において，消費者の欲望を発見し，それを組み入れる過程であり，そこでより多くの消費者が，ますますこれらの生産物とサービスを享受しうるように援助することである。言い換えれば，顧客中心の考え方で，顧客➡市場調査➡製品計画➡生産➡販売➡流通経路➡販売促進・広告➡顧客という流れである。

海外マーケティングは，海外市場志向を基調として，海外市場における顧客の欲望の発見と充足のため，最適なマーケティング・ミックスを選択し，すべての事業活動を統合調整することにある。言い換えれば，海外市場の確保のため，すべての海外事業を，国際的視野の下に，マーケティングを基軸に統合，調整しなければならない。海外市場において，顧客はどのような欲望をもっているか。その欲望を満たすためには，どのような商品を開発すればよいか。その商品をどのように提供すればよいか。その商品を顧客に周知徹底するのにどうすればよいかなどを考えることが，企業にとって必要となるが，これらはいずれも海外マーケティングの範疇にはいる。

海外マーケティングを有効に実施するためには，企業において管理可能な要因と，管理不可能な要因とに大別し，管理可能な要因について最善の方法を見出し，効果的な運営をすることが必要であり，これらがマーケティング・マネジメントの対象となる。

2)　海外マーケティング計画

(1)　計画策定のための条件

海外市場において激しい国際競争に打ち勝ち，その市場を確保するためには，企業の動員しうる最大限のヒト，モノ，カネ，技術力および経営能力等の各種資源を有機的に結合し総合化して，最も効率の良い方法を選択する必要がある。市場適格商品は輸出，技術供与および資本投下の各方策を通じて提供される。海外事業活動は，市場確保のため長期的な観点について計画・実行され，且つ相手国の市場に密着して実施し，顧客に愛される企業となるように努力しなければならない。

海外マーケティング計画は，マーケティング上の意思決定における不確実性を減少させ，多数のマーケティング活動の相互関連を統合し，組織化するためのフレームになるものであり，その中には販売の機会の把握，各マーケティング方策の調整，決定，実施，そして統制を含むものである。計画の意義は，現在の意思決定に将来に関する科学的な判断尺度を提供するもので，企業が将来そうなるためには，誰が，何時，何を，どうしたらよいかを決定することである。

3)　マーケティング計画策定の手順

海外マーケティング計画は，他の計画と同様に，① 目標の設定，② 計画の立案，③計画の実施，④結果の測定・評価の四つのステップを踏み，循環的に繰り返されながら，試行錯誤によって策定される。経営環境に応じて策定された計画に基づいた活動が実施されるが，実施後は計画と実績を対比して分析し，前回の経験を次回の計画に生かすとともに，生じた経営環境の変化を計画に織り込むことが必要である。

海外マーケティング方針は全社目標，方針および海外マーケティング目標に基づいて決定されるべきもので，全社方針のうちの個別方針の一部を構成するとともに，海外業務における日常活動の意思決定に判断基準を与えるものである。なお，海外マーケティング・マネジメントは，次に述べる主な項目についての検討が必要である。

(i)　市場適格商品および製品ラインの決定
(ii)　流通経路の選択
(iii)　販売政策の決定
(iv)　販売価格の決定
(v)　販売促進および宣伝方法の決定

4)　需要予測

海外市場における需要を正しく評価し，企業に与えられた販売の可能性を上手く把握するためには，客観的な立場で，特定製品の市場全体の需要の数量的測定を行い，企業が市場から得られる販売の可能性を予測しなければならない。前者が需要予測であり，後者が販売予測である。需要予測はその市場から引き出し得る理論的に最高の販売量である。

販売予測は将来の一定の時期に対して，諸般の事情を慎重に考慮して算出された企業の販売可能量である。需要予測や販売予測は，主として将来の計画の指針を，トップ・マネジメントに与えるために行われるものであり，これらの予測なしに科学的かつ有効的な計画を立てることはできない。

第2節　海外販売戦略
―海外市場の特殊性，販売促進の方法等―

1)　マーケティング・ミックス

販売戦略とは，商品・サービスをどのように販売していくかに関する計画や方針である。自社の製品・技術・サービスに強みがあっても，市場を意識した販売戦略を立てないと，その強みを発揮することはできない。自社の商品が，市場のどこに（誰に）必要とされているのか。どのように顧客に対して宣伝を行い，認知させて，販売に繋げていくのか（自社で直販か代理店か，物流はどうするのか)。これらを十分に検討・実行するためには前述のマーケティングの概念が有効である。

消費者（顧客）に価値を提供し，売上のためのマーケティングには，商品・サービスそのものを対象にした活動だけにとどまらない。例えば，その商品が顧客の要望を満たしていても，入手ルートが限られていたら多くの顧客はそれを手にすることができない。また，製造方法にムダがあって，顧客のニーズを下回る価格を提示できないと，その商品は売れない。マーケティングの活動は，広告や市場調査に限られるものではない。顧客のニーズを汲み上げ，企業のあらゆる活動（開発，生産，販売など）をコーディネートしながら，顧客にとって価値のある製品，情報を提供していく，この一連のプロセスを計画，推進，コントロール(1)し，会社そのものを顧客ニーズに合わせて変えていく活動なのである。

マーケティング目標を達成し，狙った市場で収益を上げるためには様々な手法があり，それらをマーケティング・ミックスと呼ぶ。その中でも最も典型的なのは，「Product（プロダクト)」，「Price（プライス)」，「Place（プレイス)」，「Promotion（プロモーション)」の4つのカテゴリーから商品・サービスを検討する「4P」である。一方，この4つのカテゴリーは顧客の側からみると「Customer solution（顧客の抱える問題の解決)」，「Cost（顧客が支払う費用)」,「Convenience（顧客の購入時の利便性，入手の容易性)」,「Communication（顧客へのコミュニケーション)」の「4つのC」になるといわれている。これら4Pと4Cは，前者が企業側の，後者が消費者側の視点からマーケティングを捉えた，対になる考え方である。

2)　プロダクト（製品）

マーケティング戦略をたてる上でもっとも基本となるのは，顧客のニーズに自社が提供する製品・サービスがフィットしている，ということである[2]。

中小企業の場合は，まず大手が本気で参入してこないような市場のくくりを発見し，そして限られた経営資源をある1点に注ぎ込み，そこでの専門性や高いブランド力を維持することにより他社の参入を防ぐことが重要[3]であり，特定市場の顧客ニーズにきめ細かく応える商品開発が向いている。中小企業がまずすべきことは，自社の強みを分析，把握し，自社の強みを最大限に活かせる市場を絞り込むことである。そして日本国内での勝ちパターンを適用できる市場を海外にも求めるのである。ニッチ（隙間市場）でオンリーワンの要素があれば価格競争を避けることができるため，中小企業が海外展開して成功する要素として特に重要である。

3)　プライス（価格）

価格には，価値を表示するという側面と利益を直接生み出すという2つの側面がある。製品ライフサイクルに対応させた価格政策や差別価格政策，プロモーション価格政策など，企業としての意図を持った戦略的価格政策が必要である。消費者にとっては，その商品・サービスの価値や品質を判断するモノサシとなり，購入する際の意思決定の決め手となる。価格が妥当かどうかを，商品の必要度や値頃感によって，そのつど決めているのである。消費者がその商品に感じる価値が価格より低ければ，その商品は売れないし，逆に高ければその商品はヒットする。

したがって，価格設定は，商品の特性や販売方法などを総合的に判断して，自社にもっとも適したやり方を検討する必要がある。また，現在，どのような価格設定方法をとっているのか，それが適切かどうかを定期的に確認することも重要である。

(1)　販売価格設定の方法

価格設定には，さまざまな慣習があり絶対的な設定方法はないが，ここでは特に，価格設定に大きく影響する３つの要因である原価・需要・競合状況の３つの要因を踏まえて解説する。

①　原価を考慮して決める方法

企業側に立った考え方で，価格がいくらなら原価を回収して適切な利益を得ることができるか，を考慮して決める方法である。

■コストプラス価格設定方式

製造原価（または仕入原価）に利益を加えて価格を決定する方法。事前にコストがはっきりしていない場合などに用いられるが，売り手側にコストダウン意識が働かない問題がある。

■マークアップ価格設定方式

原価に一定のマークアップ（上乗せ）を行う方法で，流通業界では一般的である。原価をもとに決めるやり方は，比較的簡単で，一定の利益を確保しやすく使いやすい方法である。しかし，需要を考慮していないため，設定価格で売れない，逆に消費者の想定より安く設定をして利益を逃してしまうリスクがある。

②　需要を考慮して決定する方法

消費者側に立った考え方で，「いくらなら商品を購入してもらえるか」ということを考慮して価格を決める方法である。知覚価値価格設定方式は，マーケティング・リサーチなどにより「売れる価格」を発見し，それに原価を近づける手法である。この他に時間帯（早朝・深夜），顧客（女性），期間（繁忙期）といったセグメントごとに異なる価格を提示する需要価格設定方式がある。

③　競合状況を考慮して決める方法

製品が差別化されておらず，ある程度の競争がある場合に用いられる。つまり，競合商品の価格を考慮して決める方法であるが，こうした価格競争は，売り手同士に疲労感を残すだけに陥りやすい。したがって，製品の差別化などの対策が重要である。

(2)　製品のライフ・サイクルと価格政策

価格設定は製品のライフ・サイクルに応じて適切に行われなくてはならない。その中でも，導入期の価格政策は，商品のイメージを確立し，その後の普及を左右する意味で重要である。導入期の価格設定の方法として代表的なものは，以下の２つである。これらの効果やリスクを十分認識したうえで，適切な戦略を選び価格設定を行う必要がある。

①　市場浸透価格設定方式

導入時から低価格を訴求し，販売数量と市場占有率を短期間で上昇させ利益を確保しようとする方法。この手法は，販売数量が上がるにつれて単位コストが顕著に下がるという仮定にもとづいている。成功すれば早い時期に市場でのシェアを獲得でき，競合企業が追随する意欲を減らす効果がある。しかし，販売数量が増加しても期待どおりに原価が下がらず，なかなか利益を確保できないというおそれもある。

②　上澄み吸収価格設定方式

製品導入初期に高価格を設定し，早期の資金回収を図る方式。巨額の投資が必要な産業（半導体製造など）に多く用いられている。製品開発を最も早く行った企業が，２番手以下の企業に対し，収益面で大きく優位に立つことになる。

③　成長期の価格政策

製品が成長期に入ると，通常，価格は横ばいか低下の傾向をたどる。それは，生産・販売数量の増加からコストが低下してくるとともに，競合が激化して買い手の交渉力が高まってくるためである。従って，企業として成長を維持するために，原価プラス利益方式をもとに，適切な時機に値下げやサービス付加の検討が必要となる。また，成長期の後半は拡販による利益の追求よりも製造・販売原価の低減が重要な利益の源泉となってくることを認識すべきである。

なお，製品が成熟期を迎えると，市場成長率が鈍化し企業間で少ないパイを奪い合うこととなるため，脱落する企業も出てくる。商品の差別化も困難になってくるため，競争は価格中心に激化することとなる。

4)　プレイス（流通チャネル）

流通チャネルとは，メーカーから最終ユーザーに製品が渡るまでの場所（あるいは経路）のことである。たとえば消費者向け商品のメーカーの場合，主な経路として，自社（メーカー）→卸売業→小売業→消費者といった流れが考えられる。この場合，この経路を，その商品が欲しいと思った人が確実に買えるように整備していくことが，戦略の基本となる。これには，できるだけ多くの流通業者に扱ってもらう開放型チャネル政策，あるいは自社直営店を出すなどして独自の販路を築く閉鎖型チャネル政策がある。前者は一気に大量販売可能なメリットがある。しかし，最終的にどう売られているか分からず価格が管理できない，会社や商品のイメージ維持が困難といったデメリットもある。一方，後者は急速な大量販売が難しく，独自の流通経路の構築や維持に手間と費用がかかる半面，商品の価格やブランド・イメージを管理しやすい政策となる。

また近年，通信販売，特にインターネット通販を利用する消費者が急激に増えており，中小企業はこれらを積極的に利用すべきであろう。販売の仕組み作りに費用がかからず，インターネットで得た顧客情報に，常連客化してもらうための貴重な情報源になるからである。

5)　プロモーション（販売促進）

プロモーションとはターゲットにした顧客に対し，商品に関する情報，あるいは自社に関する情報を提供し，自社の製品・サービスの購入を促す活動を指す。

これらは「広告宣伝」，最終顧客や中間業者にインセンティブを与える「販売促進」，個々の顧客に直接アプローチする「人的販売」の３つに大別できる。広告宣伝はテレビコマーシャルや新聞・雑誌などといったマスメディアなどを用いて「認知させ関心を引くこと」，販売促進は試供品の提供や景品プレゼント，各種イベント等といった「売るための仕掛け作り」，人的販売は「実際に購入してもらうこと」が目的となる。これらの手法を自社の業種業態や規模に応じてうまく組み合わせて使うことが大切である。

ここでもインターネットの活用は有効である。自社のホームページを立ち上げるだけで，ほとんど費用をかけずに情報を海外にも発信可能だからである。その際，人気のあるサイトにバナー広告（関心をもったユーザーがクリックすると，自社サイトにリンクする広告）を掲載することである。また相互リンク（他社と協力して互いのホームページからアクセスができるようにすること）も張るようにして，アクセス数を増やすことが大切である。インターネット通販は広告宣伝，販売促進，人的販売をすべてネット上で完結させているのである。

また，ニッチ（隙間市場）の顧客ニーズで圧倒的な強さを確立するために中小企業が大切にすべきなのが，いわゆる「口コミ」である。口コミは同じニーズをもった人に対して行われるため，既存客が同様のニッチなニーズをもつ新規客を見出してくれるチャンスである。そのためには，わかりやすいキャッチフレーズで印象付けるなどして，既存客に商品の特徴をうまく新規客に伝えさせる工夫が必要である。

6)　海外市場の特殊性

㈱帝国データバンク（2012）の調べによると，自社が海外事業を行ううえでの障害，課題について尋ねたところ，以下の順であった。（全10,467社，複数回答3つまで。）[(4)]

① 「文化・商習慣の違い」（3,538社，構成比33.8%）
② 「法規制・制度の違い」（3,192社，同30.5%）
③ 「言語の違い」（2,837社，同27.1%）
④ 「現地情報の収集」（1,941社，同18.5%）

国内市場と異なる海外で事業を行ううえで抱えている障害や課題は多岐にわたっている。海外販売戦略の立案にあたっては，現地の消費文化や商習慣を知り，現地で求められている商品価値であるかの分析を進める必要がある。

7）　海外販売戦略立案上の課題

中小企業白書（2014年版）によると，海外での販売を成功させるために最も重要なこととして以下の項目が順にあげられている。これらを考慮した上で戦略を立案することが重要となる。

①　販売先の確保

②　信頼できる提携先

③　現地の市場動向・ニーズの把握[5]

（1）　販売先の確保

チャンスが広がる海外市場であっても，商品やサービスの販売先が無ければ，事業は立ち行かない。但し，闇雲に販売活動をしていては無駄なコストばかり増えてしまうため，事業をスムーズに進めるには，まず自社商品やサービスの販路を確立してから営業したほうが効率的である。

販路開拓は，進出先の現地視察や市場調査を行い，現地のニーズを把握することから始まる。次に自社商品の販売代理店，パートナー企業といった提携先を確保，そして展示会に出展し見込み客の調査を段階的に進めるのが一般的である。

（2）　信頼できる提携先

海外の事業者との提携のうち，資本提携の利点は資本増強や資金調達に留まらず，販路の拡大，商品・サービスの充実，コストの削減におよび，自社事業の海外展開に有用な可能性がある。また技術提携，事業提携により，技術力の高度化や新商品開発も期待できる。提携を進める上でのポイントは，提携先の検討から交渉前までの段階では，提携目的の明確化である。また，交渉段階では相乗効果の検証，契約締結後は関係者の理解を得ることに大別できる。提携における留意点としては，トップ同士の信頼関係構築，異なる文化，商慣習等への相互理解，重要事項の文書化等があげられる[6]。

(3)　現地の市場動向・ニーズの把握

海外など新たな市場に参入する場合，的確なマーケティング環境分析が特に重要である。マーケティング環境分析は，外部環境と内部環境の分析に分けられ，このうち，外部環境における顧客（Customer）と競合相手（Competitor），および自社に関する内部分析（Company）の3つをまとめて3C分析と呼ぶ。

顧客の環境分析とは，購買人口，情報入手から購買に至るまでの顧客の決定プロセス，購買決定者，価格やブランドなど購買行動に影響を与える要因を指す。競合相手の分析では，競合の数や規模，販売戦略や経営状況（売上高，シェア，利益，顧客数など），経営資源（営業人員，生産能力など），将来の参入予想などが重要となる。これらを把握する方法としては，既存のデータや各種メディア（一般の新聞雑誌，業界紙，専門誌など），官公庁，業界団体，金融機関などが発表している統計データやレポートの活用が考えられる。

また，顧客と直に接する従業員（店頭や営業担当者，保守要員）など，自社内で得られる情報も重要である。これは顧客の真のニーズを知ることができる可能性があるからである。その他，顧客へのアンケートや店頭での聞き取り調査，マーケティング・リサーチ会社の活用や，外部団体との連携なども検討に値する。海外進出企業は進出先に投資経験のある日本企業や，現地政府，業界団体等から広く情報収集しており，こうした情報収集の有無は，進出後のパフォーマンスにも大きく影響すると考えられる。

8)　海外直接投資

海外販売戦略は，貿易取引としての輸出と，海外直接投資を指すのが一般的である。

このうち海外直接投資とは，企業が，株式取得や，工場等を建設し事業を行うことを目的に投資を行うことである。そこでまず問題となるのが資金繰りである。中小企業庁の調査（2014年）によると，海外進出に向けた調査・検討の開始から，直接投資した資金を回収するまで平均で約9年かかっている。

・海外進出に向けた調査・検討の開始から投資まで：約1年
・投資から事業稼働まで：約9か月

・直接投資先が単月で黒字化するまで：事業稼働から約２年
・直接投資した資金を回収するまで：事業稼働から約６年

しかも，投資回収がされている企業は７割弱となっており，20年以上経っても３割以上の企業は投資を回収できていないのである(7)。

したがって，初めての海外展開で販路構築するには投資してから，利益が出るまでの約３年を耐える資金が最低限必要となる。その間，手元資金または，国内の利益を海外展開に回し続けなくてはならない。しかしながら，中小企業には困難が伴うため，極力コストを抑えた戦略の構築が重要となる。国内市場で評価されている強みを生かして，どこで，いつまでに利益を出すか，十分な検討が必要である。

9)　海外展開先からの撤退

中小企業庁による同調査によると，直接投資先からの撤退は，投資を実施した４分の１の企業が経験している。原因は，環境変化等による販売不振（見込んでいた売り上げを確保できない）35%，主導する人材の力不足22%の順となっている。また，撤退する際の障害としては．投資資金の回収53%，現地従業員の雇用整理36%の順となっている。海外展開を実施する企業は，撤退の可能性を常に頭におき，撤退の基準を設定しておくことが必要である(8)。

注

(1) 数江良一監修（1997）『MBA マーケティング』ダイヤモンド社，p.2。
(2) 沼上幹著（2000）『わかりやすいマーケティング戦略』有斐閣アルマ，p.8。
(3) 沼上幹著（2000）『わかりやすいマーケティング戦略』有斐閣アルマ，p.20。
(4) 株式会社帝国データバンク産業調査部（2012）『海外進出に対する企業の意識調査〈TDB 景気動向調査2012年5月特別企画〉』p.3。https://www.tdb-di.com/visitors/kako/1205/summary_2.html（2018年５月５日閲覧）
(5) 中小企業庁（2014）『中小企業白書（2014年版）』p.308。https://www.chusho.meti.go.jp/pamflet/hakusyo/H26/PDF/09Hakusyo_part3_chap4_web.pdf（2018年５月５日閲覧）
(6) 経済産業省貿易経済協力局（2014）『海外事業者との投資提携事例集～協業で未来を拓く～』pp.11-14。https://www.meti.go.jp/policy/investment/5references/pdf/jirei.pdf（2018年５月５日閲覧）
(7) 中小企業庁（2014）『中小企業白書（2014年版）』p.319。https://www.chusho.meti.go.jp/pamflet/hakusyo/H26/PDF/09Hakusyo_part3_chap4_web.pdf（2018年５月５日閲覧）
(8) 中小企業庁（2014）『中小企業白書（2014年版）』pp.328-330。https://www.chusho.meti.go.jp/

pamflet/hakusyo/H26/PDF/09Hakusyo_part3_chap4_web.pdf（2018年5月5日閲覧）

参考文献

石井淳蔵・栗木契・嶋口充輝・余田拓郎（2004）『ゼミナール　マーケティング入門』日本経済新聞出版社，p.35，149，161，220。

数江良一（監修）（1997）『MBAマーケティング』ダイヤモンド社，p.84，pp.87-88，pp.149-163，p.220。

中小企業庁（2014）『中小企業白書（2014年版）』https://www.chusho.meti.go.jp/pamflet/hakusyo/H26/PDF/h26_pdf_mokuji.html（2018年5月5日閲覧）

沼上幹（2000）『わかりやすいマーケティング戦略』有斐閣アルマ，p.24，p.27。

第5章
国際財務環境の予測と対処

海外経営は，国内事業の経営と比較して，現地環境面での不確定要素が多く，情報も集めにくい。したがって国内の場合よりもはるかに注意深く，かつ慎重な環境予測が事前に要求される。同時に経営を困難に陥れる種々の条件を予め想定して，常々その対処策を検討しておく必要がある。

財務環境で特に問題となるのは，(1) インフレの高騰によるリスク，(2) 通貨切り下げと為替管理のリスク，(3) 接収のリスクの3点である。

第1節　予測の要点

1)　インフレの高騰

現地でのインフレの高騰は，子会社の収益力を減じ，既存資産を消耗させる。こうしたインフレの動きについてはその徴候・程度・機関などを各種情報から調べ上げ，意思決定に役立てることが必要である。現地でのインフレの予測は，

①　財政が赤字かどうか。その程度はどうか
②　マネーサプライの動向（マネーサプライが過剰でないか）
③　景気予測（政府・銀行・新聞などが行うもの）
④　物価に関係する民間指標の動向（消費動向・資金需要・在庫投資等）
⑤　貿易収支・国際収支・外貨準備の悪化などからの輸入規制の動き
⑥　賃金上昇圧力（主要産業賃金交渉・生計費上昇率・労働運動）
⑦　インフレに対する政府の姿勢（インフレを必要悪として容認していない

か)

⑧　財政金融政策担当者の対処手段（税制・中央銀行の態度・予算等）

⑨　現地経済の特殊事情

2)　通貨切り下げと為替管理

インフレよりも通貨切り下げと為替管理の方が財務管理に及ぼす影響はより直接的であり，その程度もはるかに大きい。現地子会社の対処が遅延すると多額な為替差損を受けることになるが，予測が当たって迅速に対処できた場合は，逆に多額な利益を生むこともある。ただ，通貨切り下げと為替管理の予測は，環境情報を集めて，そこから政策当局の意思決定を推測するもので極めて不確実なものとならざるを得ない。

通貨切り下げ（為替管理）の予測の第一は，政策当局に関するものである。予測の第二は，インフレや国際収支や経済成長など切り下げや為替管理に追い込む環境面に関するものである。特に，国際収支の赤字について，① 赤字の原因（構造的でないか)，② 貿易収支・資本収支の動向，③ 赤字の補填の方法とその能力，④ 引き締めなどの対策が一国経済の損失を招いていないか（成長，その他）などを詳細に調査する必要がある。さらに，⑤ 現地政府の借入能力（IMF〈国際通貨基金〉から借り入れ，他国とのスタンド・バイ・クレジット)，⑥ 外為市場での直物と先物のレート差，⑦ その他などの情報も貴重である。

第2節　資金調達

海外子会社の運転資金などの現地調達を行う際に検討しなければならない点は次の通りである。

①　借入目的および資金使途に適した調達形態（短・長期借入・社債・現地・第3国など）

②　最も有利な条件（低コスト）の資金源の分析

③　通貨切り下げまたは為替管理などのリスクおよび為替レートの変動をどのように折り込むか

④　各国間の資金移動の際に生じる現地の税制・法律および運用制限などの内容

⑤　現地の金融慣習（担保・補償預金など）

一般的に運転資金などの現地調達については通常コストとリスクの両面から検討しなければならない。たとえば，どこで資金を調達するかの選択の場合を検討してみる。

A国にある現地子会社で，A国での実質調達コストをXとすると，

$$X = 1a - \frac{Pa_2 - Pa_1}{Pa_1}$$

（1a＝A国での実効金利，両建部分・手数料を織り込む，Pa_1＝期初物価指数，Pa_2＝期末物価指数）

同様にB国での実質コストYも出せる。もしX＝20％－10％＝10％，Y＝10％－5％＝5％である時はBで調達してAで運用することになる。これはコスト面からの選択である。しかし，ここでA・B2国間の為替レートに関して，有利である

$$\frac{Rx_2 - Rx_1}{Rx_2} \quad \frac{X - Y}{100}$$

（Rx_1＝A・B間の期初為替レート，Rx_2＝期末同）

となるとしたら，上例出A国10％切り下げでは $\frac{110-100}{110}=0.0909$

むしろAで調達した方が有利である。

第3節　具体的な金融手段と技術

1)　短期信用手段の利用

海外子会社が手元運転，在庫手当，売掛債権，輸出入金融等のために必要とする資金には普通短期信用が利用される。この場合の与信者は商業銀行が一般的である。商業銀行によってその利用方法はまちまちであり，金利体系も異なっている。

2)　中長期信用手段の利用

一般的なものとして商業銀行による信用手形貸出（Term Loan），ころがし貸出（短期信用の更新），つなぎ貸出（Bridge Loan）などがあり，他に社債・ユーロ資金の取入れ等がある。通常，これらの中長期信用は金利も高く，条件も厳しいものとなり，さらに現地での慣行により各種担保が要求される点では，わが国の場合と大差ない。

借入れの場合，手軽に信用を獲得して，しかもリスクを防ぐために，親会社の保証が要求されることが多い。

第４節　国際金融取引の諸形態

国際金融市場における取引の形態は非常に多様である。それらは，各国の金融制度，資本市場制度を前提として，その時々の企業の需要を反映して刻々と変化しつつ発展してきている。

国際金融取引の形態には，引受銀行団による協調融資の形態をとるシンジケート・ローン，特定のプロジェクトに関連して行われるプロジェクト・ファイナンス，外債の発行および外債投資，賃貸契約の形態をとり，税制やその他の制度上のメリットを享受する国際リース，特定の債務要素を交換することによって信用供与の条件をより有利にするスワップ取引，短期マネー・マーケット取引など，多様なものがある。

これらの国際金融取引のうち，シンジケート・ローンは，国際的に知名度が高く，信用力がある借入人に対し，借入人所在国外の銀行を含む複数の銀行が国際的な強調融資団を組成し，一般には引受を行い，その一部を販売することにより，主としてユーロ通貨による大型の貸付・保証等の信用供与を行うものである。

シンジケート・ローンの借入人は，一般にマーケットでの知名度が高く，信用度も高いものに限られている。

シンジケート・ローンは，協調融資を特徴としている。すなわち，同一の借入人の同一の使途に対し，複数の貸出人によって同一の契約書による同一の条件の信用供与が行われる。

第５節　外債の発行とスワップ取引

外国の公社債市場で債券を発行し，資金を調達する取引である。また，日本国内非居住者が発行する債券も外債という。

外債の種類は，普通社債と特殊社債の２つに大別できる。

普通社債には，固定利付債，変動利付債，新株引受権付社債があり，また特殊社債には，転換社債，収益社債，その他がある。

一方，スワップ取引とは，複数の債務の，ある特定の債務要因を当事者が相互に代替しあう契約である。債権者との関係では，もとの債権者が債務を負うことに変わりはない。　スワップ取引の諸形態としては，バック・トゥ・バック・ローンとパラレル・ローン，ストレート・カレンシー・スワップ，中長期先物為替予約，債務交換取引がある。

第６節　想定されるリスク

国際財務において想定される第一のリスクは，為替リスクである。例えば米国に商品を輸出し，米ドルで売上金を回収する場合，その代金で，再度日本で生産し，輸出するには回収した米ドルを日本円に換金しなければならない。この場合に為替の問題が発生する。輸出してその日に売上金を回収できれば為替リスクはほとんど発生しないが，実際は回収まで時間がかかる。すると，その間に変動相場制のために，日々米ドルが高くなったり安くなったりすることからリスクが発生することになる。ヘッジ方法については後述する。

次に金利リスクが存在する。金利リスクは当然のことながら，現地に進出している企業が現地の銀行借入により資金調達している場合に借入金利が高くなることで資金の調達コストが上がり収益を圧迫する原因になったり，本邦企業が外貨建で社債発行等により直接調達するような場合にも同様に社債調達コストが上がり，社債利息（クーポン・レート）の上昇や発行時の割引発行の割引率を上げざるをえなくなることである。また，極度に金融が逼迫している時であれば流動性リスクが顕在化し，例えば銀行借り入れや社債発行やそれらの借替がスムーズにいかなくなるなどの事態が発生するリスクが生じる。同様にインフレリスクやデフレリスクにより，貨幣価値が下がったり，逆に上がったりすることもある。金利はまた，当然のことではあるが，為替レートに対しても重大な影響を与える。仮に米国の連邦準備銀行が金利を上げることを発表すれば，円建債券で運用していた世界中の投資家が米ドル建債券を買い円建債券を売るようになることが想定され，為替市場で米ドルへの需要が大きくなり，円が売られ，米ドルが買われるため需給の関係からドルの値段が高くなる（ドル高・円安になる）可能性が高くなる。

次に考えられるリスクに第１章第３節で述べた政治的リスクやカントリーリスクがある。対象国の政治・経済・社会環境の変化のために，個別事業相手が持つ廃業リスクとは無関係に収益を損なう危険の度合いを示す。

また法制の変更により対外送金ができなくなるなどのトランスファー・リスクにより配当金による回収や企業の売却による投資回収が困難になるケースなども出てくる。なお，トランスファー・リスクが生ずる場合は予め国際収支の悪化など（急激な悪化よりも慢性的なものが多い）の兆候があるケースが多く，かつ規制対象となるものは配当等現地の国民生活に直接的な影響の出ないものになる例が多い。

信用リスクは，特に現地企業との取引における企業間信用に関するリスクで，企業情報・信用情報等の情報収集能力に限界があることが主因である。

事業リスクは現地での生活習慣や嗜好の違い等による売れ行き不振など，事前のマーケット調査が不十分であったり，過剰設備投資などが主因で起こるものも考えられる。一般に，中小企業の場合は，資本コストを国内事業よりも高めに設定する必要がある。大企業の場合で多国籍展開している場合は，その知名度が高いために，世界的な市場から資金を安く調達できる等のメリットがあるため，資本コストが国内よりも低くなる可能性がある。

中小企業の場合はその知名度が低いために資本市場へのアクセスや資金調達が制約を受け，また，情報収集能力に限界があり，リスクも高いことから，限界的な資本コストが高くなるからであり，結果として，その資本コストを上回る収益を挙げられる事業の選択肢が制限されることになる。

第７節　為替リスク対策

貿易取引のみの企業であれ，現地に拠点進出する企業であれ，国際取引を行う企業の避けて通れないリスクは何といっても為替リスクである。最近では日本円も国際化の波に乗って国際取引に使われるようになってきてはいるが，やはり何といっても世界の基軸通貨は米ドルである。米ドルが基軸通貨として利用されている以上，日本円との交換，すなわち為替の問題を抱えることになり，必然的に為替リスクが生ずることになる。為替リスクをヘッジ（回避・軽減）する手段としては① リーズ・アンド・ラッグズ[(1)]，② 先物為替予約の利用，③ 債権・債務のスクエア化，④ 為替スワップの利用，⑤ 為替オプションの利用などが主なものとして考えられる。

注

(1) 輸出入業者が決済の時期や商品の輸出入時期を金利差や為替相場の予想により，意図的に早めたり（リーズ），引延ばす（ラグズ）現象。「コトバンク_ブリタニカ国際大百科事典　小項目事典」の解説。https://kotobank.jp/word/%E3%83%AA%E3%83%BC%E3%82%BA%E3%83%BB%E3%82%A2%E3%83%B3%E3%83%89%E3%83%BB%E3%83%A9%E3%82%B0%E3%82%BA-148764（2020年4月26日閲覧）

参考文献

井出正介・高橋文朗（2009）『ビジネス・ゼミナール経営財務入門』（第4版）日本経済新聞社。
大島廣志（1997）『No.22　国際財務・金融』『国際ビジネス 11』綜合法令。
大村敬一・清水正俊（1986）『通貨オプション取引』（第1版）金融財政事情。
海外経営研究会（1992）『海外経営管理』ダイヤモンド社，pp.170-188。
デビッド・K・アイトマン，アーサー・ストーンヒル，マイケル・H・モフェット（共著）（2011）『国際ビジネスファイナンス』（第12版）麗澤大学出版会。
村松司叙・佐藤宗彌（1992）『国際経営財務―理論と実際』改訂版　税務経理協会。
Stonehill, A. I. (1970), *Readings in International Finance Management*, Goodyear Pub.
Zenoff, D. B. & Zwick, J. (1979), *International Finance Management*, Prentice Hall.

第6章
海外生産・技術管理

第1節　生産管理・技術管理とグローバル化

海外に工場進出（＝海外生産）を行えば，その工場（生産拠点）を活用して生産活動が行われることになる。予め設定された目標を効率的に達成するために生産管理活動が必要となる。工場を建設し，機械，設備を配置し，必要な人員，資材を用意しただけでは効率的な生産活動を行うことや，所要の品質のものを生み出すこともできない。そこに生産管理活動を行う必要が出てくる。その生産活動には，その生産活動のベースとなる適切な技術管理の存在が不可欠である。つまり，生産管理と技術管理活動はしばしば表裏一体をなすものといえる。そこで海外に工場進出する場合には必ず技術管理の問題がでてくる。

一般的な生産管理のテキストで，生産管理の対象として取り上げられるものには，生産計画，在庫管理，作業管理，工程管理，品質管理，原価管理，外注管理，コンピューター活用，労務管理などがある。

このような管理活動の基本は，海外の生産拠点においても変わるものではないが，日本と比べて非常に多くの応用動作が求められることになる。国によって，生産管理活動の基本を支える背景，土台が日本の場合と大きく異なることが非常に多いといえる。現地で生産活動に実際に従事するようになると，無意識のうちに日本方式を適用し，しばしば生産活動に支障をきたす場合がある。

生産管理は工場の司令塔といっても過言ではない。生産管理は，顧客（外部）と仕入れ先（外部）を情報と物の流れで関係部門（内部）を縦横に繋ぎ，工場を動かす役割を担っている組織である。同時に，機能的には，所要の品質・原価を創出し，要求通りの納期・数量を確保するために，生産計画と生産統制から成り立っているのである。

1)　生産計画機能

各拠点の営業部門から需要予測（販売計画）を受け，その精査からその役割は始まるのである。マクロ経済，市場状況，季節循環，地域特性，使用用途，顧客動向等を，営業部門と定期的に情報交換しながら，販売計画の確度を先々迄高めていくのである。また，新機種を立ち上げる時は，設計標準類，製造標準類，原価設定，工程設計，工数試算，生産管理システムのマスター設定，仕入先の選定，部品発注，部品納期等の各工程のステップを，顧客要求納期を満足させるように，関係部門と連携し計画策定するのである。

新機種を含め販売計画の蓋然性が確認できると，製品在庫・輸送中在庫を把握し，5M（MAN・MACHINE・MATERIAL・METHOD・MONEY）の生産要素に基づき能力検討を行うのである。そして，生産拠点毎に販売数を満たし，且つ出荷準備に必要な回転在庫を取れる生産数の割り付けを行い，時間軸をもとに生産準備を計画するのである。

2)　生産統制機能

生産計画が策定されると，割り当てた計画数に対し各工場（工程）に生産指示を行うのである。工数確保，発注部材の納期確保，仕掛在庫の過不足確認，各工程の設備稼働率や生産進捗を所要の品質を確保しながら監視する等，関係部門と情報交換しながら実施するのである。最終的に事前に営業と調整した出荷回答を満足できるように，各工程を制御するのである。

当然，策定した計画と実施した統制の差異分析を品質，数量，生産性，金額で定期的に評価を行い，工場全体の改善に繋げて行くのも生産管理の重要な業務となっているのである。更には，海外展開による業務の仕組みや製品・部品品質の維持，物流，商流の複雑化，貿易手続きの煩雑さ，輸送在庫の増加，不正防止等，国内操業のみでは直面し難い新たな問題にも対処しなければならないのである。

以上，生産管理の機能を俯瞰し，国際経営に於ける生産管理の役割を簡単にまとめた。工場を操業する上で生産管理の網羅する範囲は広く，中小製造業に於いては，工場長の役割の多くが生産管理に相当してくるのである。よって，その優劣で工場の損益が決定されるといっても過言ではない。

第2節　海外生産管理における具体的な対応法
—その国の文化的背景，産業水準，規模などが影響—

1)　海外での生産管理指導者・管理者の育成課題

生産拠点となる国の人的資源が，当該産業活動に必要な知識，技能の水準にあるか否かという問題がある。生産活動は適切な情報処理能力を備えた人材の存在が前提となる。国によっては，そこで獲得し得る人材に十分な情報理解力，情報伝達力が備わっていない場合がある。

工場労働者の質とは，一般的にこの情報理解力，伝達力の質と言い換えることもできる。ある国では，労働者の語学水準が低く，英語の生産指示書や作業指図書を読みこなせないという問題がある。労働組合との関係や労働慣行も，生産管理に大きな影響を及ぼすのである。

その国の文化的な要素で生産管理に大きな影響を及ぼすのは宗教的な問題である。宗教によって，休日，労働慣行，職場意識に相違が見られるが，これらは生産活動に大きな影響を与える。イスラム教ではラマダン（断食）の期間があり，その間の生産活動は低下することは必至であり，また，スペイン語圏では「シエスタ（午睡）」の習慣が守られているところがある。そこでは生産活動は午後2時～4時頃まで中断される。このように，その国の文化的背景を尊重することで生産活動に影響を及ぼす場合がある。

ところで，生産活動の規模，種類，水準にもよるが，ひとつの生産活動はつねに様々な周辺産業によって支えられている。原材料や部品の調達源をその国で供給できるか，外注先や下請け企業は存在するか，ということを進出にあたって調査する必要がある。外注管理や部品の在庫管理活動は，生産拠点の産業水準によって大きく左右される。

ところで，生産管理の業務範囲は，工場の操業全般に渡る。業務の流れとして大きくは計画系：営業，技術（管理），購買，経理機能を繋ぎ，主に情報の流れに関わる業務と実行系：倉庫，加工，組立，品質管理と顧客を繋ぐ現物の動きに関わる業務に分けることができる。中小企業においては，日本から派遣される人材として後者の現場経験のある監督者が選ばれる場合が多い（図表Ⅰ-6-1を参照)。

工場の立ち上げや，新機種の立ち上げ時の各部門からの一時的な応援時は別として，他部門の社員が生産管理業務を兼務し，一人で管理することは大変困難である。また，現地人を採用したとしても工程の進捗や倉庫在庫，経理のシステムが別々で動いている（あるいはシステムが無い）のでは，正確な納入進捗，生産進捗，在庫金額，品質管理，売上金額，買掛売掛金管理等が把握でき

図表Ⅰ-6-1　中小企業における労働人材不足への対応方法

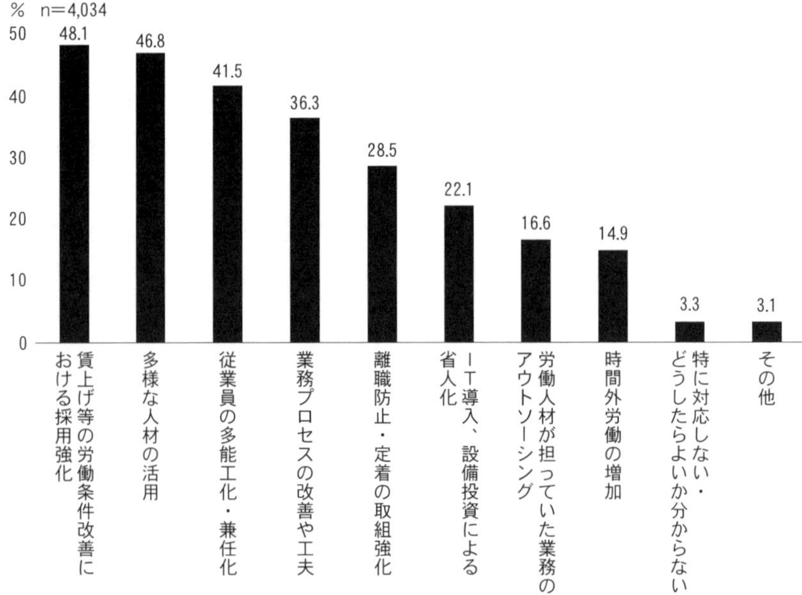

注：複数回答のため，合計は必ずしも100％にはならない。
資料：三菱UFJリサーチ＆コンサルティング㈱「人手不足対応に向けた生産向上の取組に関する調査」(2017年12月)。
出所：2018年版中小企業白書。

るまで時間を要するのである。

そこで，海外での生産管理業務で重要なのは，事業に適合した統合生産管理システムを導入するとか，導入済であれば赴任前にそのシステムの運用（操作マニュアル，システム内物流図，入出庫伝票の準備，データの入力，データの確認方法）を通しシステム上の情報と現物の動き・在庫を常に一致させる教育を行うことである（図表Ⅰ-6-2を参照）。

また，その統合生産管理システムの運用を通して，海外でも人材を育成することである。海外での人材の育成には，リスク分散として，常に2人に同じことを教育することが有効である。離職率の高さから来る人員補充・教育負荷や，言語的な意思疎通の不備から来る理解不足解消と教育時間も緩衝させるこ

図表Ⅰ-6-2　中核人材不足への対応方法

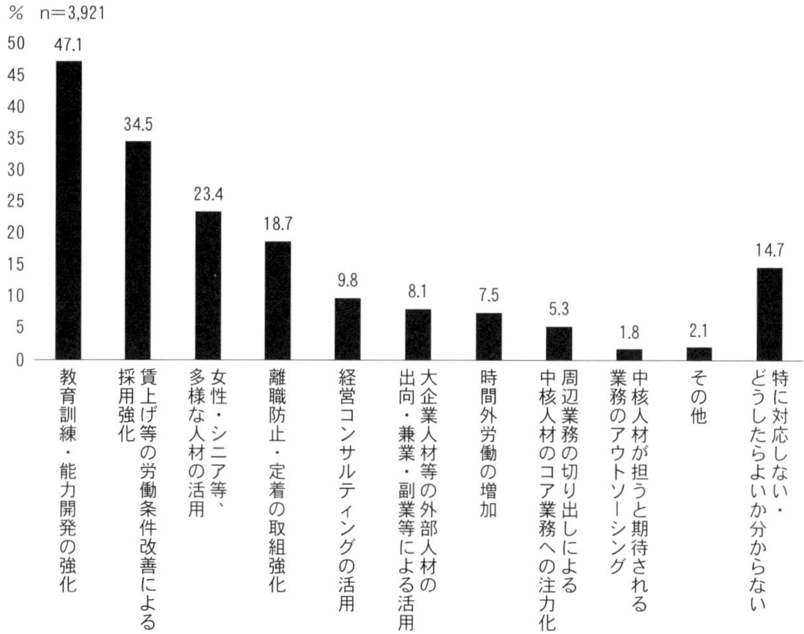

注：複数回答のため，合計は必ずしも100%にはならない。
資料：三菱UFJリサーチ＆コンサルティング㈱「人手不足対応に向けた生産向上の取組に関する調査」（2017年12月）。
出所：2018年版中小企業白書。

とができ，さらには組織内外へのシステム運用の伝播も効率よく進めることができるのである。

生産管理システムについては，多言語対応ができる日本と同じシステムを導入することが望ましい。また，海外現地法人の仕入れの三分の一は日本からの輸入でもあり，同じシステム内で日本と海外拠点の決済の動きが追跡できる連携機能を持たせることである。単独で動く生産管理システムでは，例えば，海外での輸入INVOICE（送り状）の入力時に送り側との数量・金額を打ち間違える等トラブルも発生し易いが，また，輸出側の売掛金，輸入側の買掛金がシステム内にどちらかが存在しないことになるため，照合にも時間と労力がかかることになる。システム内で連携機能を持たせることにより，送り側での輸出INVOICEの入力情報が受ける側でも使用できると，重複業務や確認業務の削減が可能になる。

このように，システムを正しく運用すると，物品の捜索や在庫数，在庫の状態を確認するムダ，数量，納期報告の正確性のムラや工場（工程）に対してムリな要求をしたり，顧客に対しムリな納期回答をすることは激減するのである。

海外での現品の数量，状態や進捗を同時に且つ正確に把握することは，言語の壁もあり想像以上に困難である。よって，入庫品の置く場所，検査の場所，在庫する場所，工程に出庫する場所，工程内での一時保管場所，製品保管場所を目に見えるように表示（目で見る管理[(1)]・三定管理[(2)]）し，常に在庫は，生産管理システムと合わせるよう循環棚卸を定期的に実施する事が重要である。

品質面では，ISO等の標準は本文・帳票など日本本社となるべく共通化させ，細部は実作業に従って整備し，それに基づいて作業させることが必要である。ISO等の標準は，日本語と現地語或いは英語との併記が望ましい。報告された単価，数量，納期，品質報告内容を必ず確認し，適切に判断して，明確な指示を出すことである。報告された内容の確認には，現地の通訳を通して行うことが多いが，日本人管理者が現地語を積極的に学習し，より正確な報告内容の把握と現場での直接指導ができるようになることが望ましい。経営の現地化に向けてはこの生産管理システムの運用徹底とISO等の標準順守を通じ，工場内外の関連部門との連携を深め，現地人材の育成と権限委譲を実施していかなければならないのである。

2)　採算性の維持管理

採算性を製品ごとに把握するには，統合生産管理システムに正しく設定された，標準原価や実際原価を，製品毎のBOM（部品構成表：BILL OF MATERIAL）で積み上げ比較することである。ここでも，日本と同じ生産管管理システムを使用することにより，技術情報の共通化や設計変更情報の切替管理，製品原価構成の比較など容易にできることになる。製品別原価把握で重要なのは，部品加工でSTの異なる複数品目を，作業者が複数の設備で，生産する場合である。(ST×賃率）＋直接費用＋減価償却費用他で費用が単純に各部品加工品目に配賦できないからであるが，その場合は，生産実績比率により部品毎に配賦するなどし単価を仮設定することである。

さらに，製品勘定として在庫する時の単価には，間接費用と利益を積み上げ製品毎の単価を正確に設定するのである。そうすることにより，製品毎の販価から，製品勘定単価を引くと製品毎の粗利が簡易算出できるのである。製品毎の利益が明確になると，販売数の増減，生産数の増減だけで，粗利への影響が認識でき次の対策が素早く打てるようになるのである。当然不採算製品については，生産の終了，固定費の削減，運送費の削減，工程の生産性向上，仕入先へのコストダウンを行うなどの諸対策が必要となるのである。

製品別の原価が把握できたら，中期計画を半年或いは1年毎に検討し生産・販売計画を立案するのである。そこから，売上高，費用，目標利益，為替レートを仮設定し，採算性を検討するのである。そのためには，営業部門からの顧客・市場・製品動向を定期交換するだけでなく，進出国の政治情勢，法律の変更，賃金の上昇，設備投資の要不要，素材や原材料の価格動向など，経営を取り巻く情勢も十分把握しておく必要がある。

上記，国際生産管理戦略の範囲に関わる，採算性や生産性の検討は，海外進出前にフィジビリティスタディ（企業化可否調査）を十分に行い，その後進出国を決定することである。

第3節　生産・販売する商品・サービスの質の確保

2017年の産業界は，品質不正問題が多数発覚した。顧客要求品質に合致していない不適合製品を顧客の了承なしに，問題となった企業は，出荷データを改ざんし，社内のみの「特別採用」という名目で商品を出荷し続けたのである。中には，親会社による同様の不正が発覚し，株価・社債価格が大きく落ち込んだ企業もあった。

各社の対策が報告書として発表されたが，その後も不正発覚の報道がされている。不正が継続して起こる間接的な理由としては，「和の精神」，「以心伝心」，「事なかれ主義」の様な日本文化を背景とした「場の空気」が不正を正当化していたことがあげられる。直接的な理由として各社の不正対策報告書から読み取れるのは，1. 倉入高・売上高・納期確保の要求が，生産能力・検査能力以上にあった，2. 品質保証・コンプライアンスの意識が薄れていた，3. 親会社・子会社間のガバナンス(3)の弱さ・縦割り組織による部門間の連携の悪さ・組織の中の風通しの悪さ等の組織的問題であった。

更に，業界種的には素材を扱う企業では，多品種・複雑工程の管理が必要となる。また，サプライチェーンの川上に位置しているため，ブルウィップ現象(4)が起こり需要予測も立てにくい。これらは，生産管理機能・組織の弱さが原因であり，このような状況は海外進出した企業にも当てはまるのである。つまり，

① 受注量に対し，5M要素の能力検討結果が日本や現地での経営数字に反映されず，不足能力についての対応が不十分。

② 日本人経営者・管理者の独自の品質判断で出荷の指示。

③ 日本とは別の生産管理システムやISO標準無し（あるいは内容に不足）。

上記の状況が当てはまるならば，日本から業務状態も把握し難く，品質不正は十分起こり得るのである。②，③については，すでに対応策について記述済みなので，ここでは①についての対応策として，図表Ⅰ-6-3に示した事例のごとく，PSI（P：Production 生産，S：Sales　販売，I：Inventory　在庫）

図表Ⅰ-6-3　PSI 計画の立案と生販会議の実施例

営業

拠点	品目	データ	初期値	2010年7月	2010年8月	2010年9月	2010年10月	2010年11月	2010年12月
日本	B	仕入れ				320000	180000		
		販売				300000	250000		
		在庫			300000	320000	250000	250000	250000
日本	C	仕入れ				300000	160000		
		販売				200000	200000		
		在庫			150000	250000	210000	210000	210000

1)　2)

工場

拠点	品目	データ	初期値	2010年7月	2010年8月	2010年9月	2010年10月	2010年11月
F4	B	供給		40000	300000	160000		
		需要			320000	160000		
		在庫	0	40000	20000	0	0	0
	C	供給		20000	280000	160000		
		需要			300000	160000		
		在庫	0	20000	0	0	0	0
S2	C	供給						
		需要		200000	820000	432500		
		在庫	0	−200000	−1020000	−1452500	−1452500	−1452500
S3	C	供給						
		需要			320000	120000		
		在庫	0	0	−320000	−440000	−440000	−440000

3)

営業

拠点	品目	データ	初期値	2010年7月	2010年8月	2010年9月	2010年10月	2010年11月	2010年12月
中国	C	仕入れ		200000	1140000	552500			
		販売			850000	850000			
		在庫		200000	490000	192500	192500	192500	192500

出所：Asprova Online HELP https://lib.asprova.com/onlinehelp/ja/AS2003HELP10013000.html に筆者が加筆して作成。

計画の立案と生販会議の実施について検討してみる。

営業拠点を日本と中国，工場を中国としたときに，その拠点毎の販売数，工場からの取り込み数，在庫表を作成し，工場に発行する。在庫として保有したい数を設定し，取り込み数を決定。発行時期はISO等で決めた定期で実施する。工場では，①・②・③で示した通り，輸送手番を考慮し工場出荷数として転記する。工場で，Cについては，S2，S3で設備増設を検討する。工場でも保有在庫数を設定し，生産計画を立案する。

ここで5Mの能力検討を行い，日本・海外販売拠点・工場各機能で実行可能性を検討し，不足能力に対しては，経営層に対策を報告するのである。先ずは，製品勘定の品目を行い，必要であれば更に下位の重要品目についても，同様のことを実施するのである。決定した生産数に対し，工場では日別生産計画に展開し，部品発注を実施する。原価設定が正確にできていれば，売上高・粗利も簡易計算が可能である。また，海外工場がいくつかあれば，PSI 計画統合表を作成することは，事業全体を時間軸，数量と金額で把握でき，ガバナンス強化という意味でも有効である。

このように，能力検討を反映させたPSI計画を立案し，経営層と海外拠点と工場内部へ伝達，損益展開することにより，計画主導のQCD（品質・コスト・供給）の安定した工場操業が可能になるのである。

第４節　調達部門の競争力強化

1）　生産管理活動に貢献する調達部門

地球環境の保護・保全のため，東南アジア諸国においても環境保護に関する法令は進んできている。各企業でも地球環境や進出国・地域の環境保護の実現に向けた取り組みが進められている。また，政情不安な国・地域から産出される鉱物に対する規制（紛争鉱物）が強化されている。

このような状況において，調達部門は，環境負荷の小さい部資材を調達することが求められる。さらに，自社で生産する製品の競争力を高め，事業に貢献するために高いレベルのQCD（品質・コスト・供給）を維持できる仕入先から継続的かつ安定的な調達を行うことが求められるのである。

2）　調達企画機能強化

調達部門には自社製品の競争力を高めるために調達力強化が求められる。限られた経営資源の中から中長期的な目標を達成するために現状分析を行って課題を抽出し，最適な施策を立案して確実に実施することが重要である。自社調達部門の強みと弱みを理解し，どの領域に経営資源を投入すべきか，強化の方向付けを行うべきである。また，進出先の国・地域のインフラや化学物質に対する法令・規制を考慮し，商流（含む現調化）と物流の最適化を検討するべきである。

さらに不正が起こりにくい調達の仕組み作りが必要である。発注は複数の上位職による承認を得て実施し，調達品の受け入れや入荷検査は発注者とは別の部門で実施するなど権限は分散管理するべきである。

3)　調達組織・体制整備

ありたい姿の実現のためには，必要な意思決定をタイムリーにできる権限を持った責任者を調達部門に配置し，現場活動のサポートを行っていく体制の整備が重要である。ポイントは，自社製品の競争力強化に向け調達機能の立場から経営に参画し，全社戦略に沿った調達戦略の立案・遂行をリードし，結果に対する責任を負うことが求められる。

QCD＋S（継続的安定調達）を実現するために問題が発生してから対処するモグラタタキ体質から事前に課題解決に向けた取り組みを継続的に実施できる体制づくりが必要である。

4)　力量向上の仕組み構築

CSR（企業の社会的責任）要求の高まりからグリーン調達(5)が必須となり，また新素材や技術の高度化などの事業を取り巻く環境変化に柔軟に対応できる人材の育成，強化が調達部門においても急務である。新規仕入先開拓や，開発購買活動を担っているのは調達部門の実務担当者であり，高い力量を身につけることは，競争力ある調達を実現するためには必要なことである。スキル向上や知識の習得を促す仕掛け（人事制度や人事評価の仕組み）と研修やOJTなどによるスキル習得の機会の提供が必要である。

また，全社方針から展開された調達部門方針・目標を受け，担当者が設定した目標の実現のために必要なスキルを習得できるよう，担当者別の力量評価を行った上で個別教育計画を策定し，実行しながら定期的にスキル・マップや教育体系のメンテナンスを行うべきである。

注

(1) 目で見る管理：誰が見ても，生産現場で異常が発生したことが分かるようにし，すぐ対策が取れるようにする取り組みの総称

(2) 三定管理：三つの定とは，定品，定位，定量管理の頭文字のことで，何が，どこに，いくつあるのかを常に明示にしておき，異常状態がすぐ分かること。

(3) ガバナンス：企業統治の意味。東証では，コーポレート・ガバナンスを，会社が，株主をはじめ顧客・従業員・地域社会等の立場を踏まえた上で，透明・公正かつ迅速・果断な意思決定を行うための仕組みと定義している。
JPX 日本取引所グループ　https://www.jpx.co.jp/news/1020/nlsgeu000000xbfx-att/nlsgeu0000034qt1.pdf（2019年9月26日閲覧）
(4) ブルウィップ現象：需要の川下（市場）から，川上（消費財→組立→部品→素材等のそれぞれの企業）に工程が遡上すればするほど，在庫を工程途中での企業が，増えれば先を見越してより多くを確保・減れば先を危惧しより減らそうとする為，川上にある工程ほど，需要の変動幅が大きくなること。
(5) グリーン調達は，納入先企業が，サプライヤーから環境負荷の少ない製商品・サービスや環境配慮等に積極的に取り組んでいる企業から優先的に調達するもの。環境省（2012）『グリーン調達推進ガイドライン』，p.4（2020年4月26日閲覧）

参考文献

伊丹敬之（2017）『ビジネス現場で役に立つ経済を見る眼』東洋経済新報社，p.24。
一般社団法人日本能率協会（編）（2016）『調達マネジメントガイド』pp.14-27，pp.44-48。
小林薫（1994）『エレメンタル国際経営』英創社，pp.82-101。
『日本経済新聞』2017年12月28日。https://r.nikkei.com/article/DGXMZO25205110Y7A221C1X11000?s=0（2019年8月14日閲覧）
三菱マテリアル HP：https://www.mmc.co.jp/corporate/ja/news/press/2018/pdf/180328a.pdf（2019年5月1日閲覧）
神戸製鋼HP：https://www.kobelco.co.jp/releases/files/20180306_report.pdf（2019年5月1日閲覧）
東レHP：https://www.toray.co.jp/news/fiber/20171227.pdf（2019年5月1日閲覧）
各社報告書を参考。

第7章

海外における中小企業の技術供与

—技術供与の方法，技術供与政策，技術自立戦略—

第1節　海外における日本企業の技術供与に関するトラブル事例

1)　技術供与とは

技術とは，各分野で目的を達成するための技能，手順（技法），道具および知識の体系のことをいう。そして，これらを教えるなどして第三者に供与することを技術供与もしくは技術提供（本書では，供与）という。その供与の手段は，直接作業を教えるといった口頭の技術指導，紙媒体，DVDやUSBなどの記録媒体，社内WEBやインターネットといった電子媒体など，あらゆる手段によって，相手方に供与されることを示すものである(1)。

2)　海外への技術供与に伴うリスクと課題

海外進出や外国人を雇用するということは，直接・間接の如何を問わず，海外の社員，取引先等法人に対して，自社が持っている製品等の設計・製造技術，生産するためのノウハウを含めた技術を何らかの形で供与していく必要が生じる。その技術供与によって生産の拡大，安価な製造，売り上げの増加などにより利益を得る反面，この供与した技術を漏洩させないための管理は非常に難しく，適切な管理を行わないと，提供した技術が無断に使用されるなどして，自社に不利益を生じさせるきっかけともなりうる。特に海外においては，日本以上に人材の流動性が高く，（元）従業員による技術盗難・漏洩が起きやすいだけでなく，提供した技術の使用や管理方法について，契約に明文化するといった対応を怠ると，いつのまにか自社の技術が供与した相手の技術として使用されたり，特許を取得されるなど，膨大な時間と費用をかけて生み出した技術が，簡単に盗まれてしまう恐れが大きい。

こうしたトラブルを発生させず，かつ，事業拡大のためにどのように海外に技術供与をしていけばよいか，過去の事例を教訓としながら，その供与方法と戦略について概観してみる。

3) トラブル事例

海外への技術供与に伴うトラブル事例は，人材流出等に伴う技術流出の場合などは被害が顕在化しづらいためか少ないが，以下2つの事例をあげる。

(1) インド　ヒーローホンダ

【同社概要】

ヒーローホンダ社は，インド国内二輪市場の開拓を目的とし，1984年に現地のヒーローグループを中心としたパートナーが資本金の26%を出資し，ホンダ社側が26%出資して設立された日印合弁企業であり，翌年の1985年に操業を開始した。ホンダ社からの技術・商品の提供，ヒーローホンダの販売網開拓やマーケティング展開などにより成長を続け，インド国内で2009年度には年間約432万台の販売実績を記録し，同国内における二輪車ナンバーワンブランドに成長した[(2)]。

【事例概要】

2010年12月，ホンダ社が26%の株式を所有するヒーローホンダ社の発行済み全株式をパートナーに売却し，合弁事業を解消した。同時に，ヒーローホンダ社が現在の商品の製造・販売・サービスを継続できるライセンス契約が結ばれた。さらにヒーローホンダ社が新しいブランドで今後生産販売する新商品のライセンスも併せてホンダ社から提供されることとなった。

【失敗事例】

合弁事業の開始後，インド市場が成長するにつれ，インド国内販売を強化したいホンダ社側と，インド国外への輸出販売に力を入れようとするヒーローグループ側との間で意見の相違がみられるようになった。

こうしたパートナー間の意見の相違は最初の契約時においてお互いに市場範囲を規定していなかったためである。また，ヒーロー側の国外への強い輸出志向が判明した時点でパートナー同士で話し合いが行われていなかった点も紛争の一因となった。こうした問題の根底にはホンダ社の技術への過信があった。

【あるべき対応】

契約時に市場範囲を規定する。方針が異なる時点で話し合いを持つと共に次の共通の目標設定をすべきである。また，技術ノウハウの流出も留意すべきである。

(2)　株式会社ヨシツカ精機　元従業員による海外企業への技術流出

【同社概要】

粉末成形プレス，サイジングプレス自動機の製造を行っている（創立昭和16年10月1日，資本金5000万円）

【事例概要】

ヨシツカ精機の元従業員甲が，在職中に乙（同社の関連会社の元従業員）の依頼を受け，2009年11月に会社のサーバーにアクセスして「機械1台の製造に必要な設計図」にあたる図面データ数百点をハードディスクに保存。甲は同年末に同社を退職後，データを複製したCD-Rを乙に渡し，その後，乙が2010年1月に競合関係にある中国のプレス機械会社に当該図面データを郵送した。これら一連の行為について，不正競争防止法違反（営業秘密の不正開示）の刑事責任が問われた。なお，乙が役員を務める会社と中国企業は技術提携関係にあった。甲と乙は，いずれもヨシツカ精機の元従業員であり，当時，甲は「設計部門」の課長で，乙は関連会社で営業を担当していた。甲乙の2人は，中国のプレス機械会社から報酬を受け取っていたことが判明し，2016年6

図表Ⅰ-7-1　ヨシツカ精機における技術流出ルート

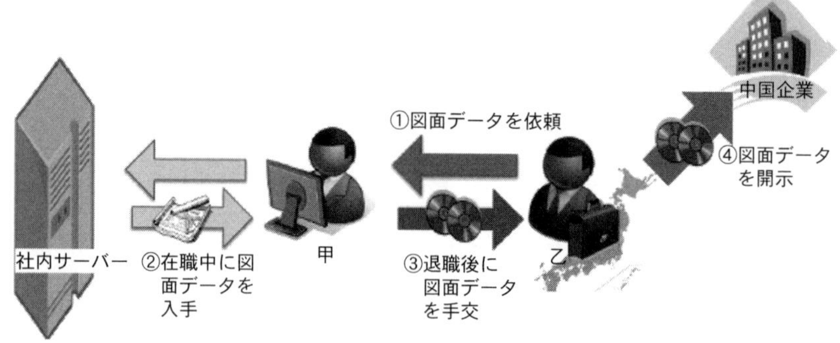

出所：経済産業省（2014）「平成25年度機械工業における技術流出防止策の調査研究報告書」，技術流出対策調査研究専門部会。

月20日，不正競争防止法違反容疑で神奈川県警に逮捕された[3]。

【失敗事例】

甲，乙の人格，人間関係，素行等　採用及び勤務時の確認が行われなかった。また，サーバーから，ハードディスクに取り出せないシステムにする等，技術情報漏洩防止策が整っていなかった。こうした問題の根底には相手を疑わない性善説がある。

【あるべき対応】

現地人採用時の人事調査の徹底，勤務上の態度，素行確認も行うべきである。また，データを取り出しできないシステムとして技術情報漏洩防止策を取り入れるべきである。

上記事例以外にも図表Ⅰ-7-2に示したように，日本国内の大手企業を中心に海外企業や従業員が関与したと思われる技術流出事例があり，技術の管理については，海外の現地法人のみならず，多様な国籍の社員を採用している企業を中心に，日本の本社における厳格な管理および対策が必要である。

図表Ⅰ-7-2　近年の主な技術漏えい事例

問題となった時期（起訴時期等）	漏洩企業（漏洩情報）	流出先	対応
2007年	デンソー（産業ロボット・エンジンの図面等）	企業への流出なし	刑事告訴：起訴猶予
2011年	三菱重工業（原発プラントの設計情報・防衛装備品情報）	（サイバー攻撃）	
2012年	ヤマザキマザック（工作機械（旋盤）の図面情報）	企業への流出なし	刑事訴訟（一審判決：懲役2年，執行猶予4年罰金50万円）
2012年	新日鐵住金（方向性電磁鋼板技術）	ポスコ（韓）	民事訴訟（約1000億円の賠償請求中）
2012年	ヨシツカ精機（自動車用エンジン部品等を製造するプレス機の設計図）	中国企業	刑事告訴（懲役2年，執行猶予3年，罰金100万円）
2014年	東芝（ＮＡＮＤ型フラッシュメモリの製造技術）	ＳＫハイニックス（韓）	刑事訴訟（現在公判前整理手続）民事訴訟（約1100億円の賠償請求中）

出所：経済産業省（2014）『技術流出防止・営業秘密保護強化について』。

第2節　トラブル事例から見る技術供与の課題

前述した事例のように，大手企業であっても完全に自社の技術を保護した状態で海外に技術供与をすることは困難な状況である。さらには，海外進出先のみの対応，対策だけではなく，日本の本社や事業所においても，海外同様，もしくはそれ以上の技術供与に関する課題を認識しておく必要がある。

1)　技術流出の形態

技術供与は，形に残すことなく行うことが可能であり，青写真（図面）やデータといった形ノウハウのあるものであっても，多様な記録媒体やインターネットが発達している現在の環境下では，その管理が非常に困難となっている。経済産業省が取りまとめた『技術流出防止指針』によると，図表Ⅰ-7-3に示した（1）～（7）までの7つの「技術流出が発生する主なパターン」に分類されている。

ホンダ社の場合は，合弁事業を始めて20数年後に，最終的に技術が流出していることを考えると，この7つの分類の（1）の「技術ライセンスや技術援助にまつわる技術の流出」に該当する。つまり，最初の合弁企業を設立するためのパートナー選定時においてもっと慎重に検討する必要があったと思われる。ヨシツカ精機社の場合は，自社の社員（中途退職者となる元従業員）によって技術が流出していることから，（6）の「ヒトを通じた技術流出」に該当する。このように多種多様な技術を流出させる手段がある以上，企業の大小を問わず，技術流出を防止するには非常に難しい課題がある。

図表Ⅰ-7-3　技術流出が発生する主なパターン

No	分類	主な流出原因
(1)	技術ライセンスや技術援助にまつわる技術の流出	事前の調査や契約内容が不十分。 契約自体は適切であっても，事後的な管理が不十分。
(2)	海外生産の開始・拡大にともなう技術流出	技術移転の方針を事前に社内で明確にしていなかった。 契約後の事後的な合弁会社の管理が不十分であった。 日本での技術指導終了後，転職されてしまった。
(3)	製造に必要な部品や材料に化体された技術流出	材料管理が不十分であった。 部門間の連携が不十分な状態で，キーパーツを知的財産保護の弱い国に多数輸出した。
(4)	製造に必要な機械や設備に化体された技術流出	相手企業の求めに応じ，自社と同じ設備購入，技術指導をしたこと。
(5)	製造に必要な図面やノウハウの流出を通じた技術流出	自社社員がコピーして持ち出しをした。 知的財産保護の意識が低い国の取引先を通じて流出した。
(6)	ヒトを通じた技術流出	自社社員がライバル企業の技術支援をした。 進出先の自社社員や取引先社員が技術資料を持ち出した。
(7)	その他の要因による技術流出	展示会を開く際，知的財産保護の弱い国における技術管理の観点を十分考慮しなかった。 工場見学を受けいれた際，製造ノウハウをメモされ，それが競合企業に流出した。

出所：経済産業省（2003年3月）『技術流出防止指針』pp.6-9を基に筆者作成。

第3節　中小企業における技術供与の課題

独立行政法人経済産業研究所（RIETI）が平成24年度の特許出願件数上位5000社を対象として実施した「技術ノウハウとその管理に関するアンケート調査」の結果を見ると，技術の管理がいかに難しいかということが分かる。

図表Ⅰ-7-4は，技術ノウハウの流出についてのアンケート調査の回答結果を示したものである。これによると，有効回答731社のうち，「技術が流出した」もしくは「技術が流出したと疑われる」と回答した企業がそれぞれ56社(8%)，85社（11%）となっており，約2割の企業が技術流出の被害を受けたもしくは受けたと想定している。さらに，「不明」という回答，つまりは流出したかどうかを知ることができていないと回答した企業数202社（28%）を合わせると約5割に達する状況から，多くの企業では技術供与並びにその管理の対応ができておらず，特に大手企業と異なり，十分な情報システムやセキュリティ部門を設置することが難しい中小企業にとっては技術管理がほとんどでき

図表Ⅰ-7-4　企業の技術流出の発生に対する認識

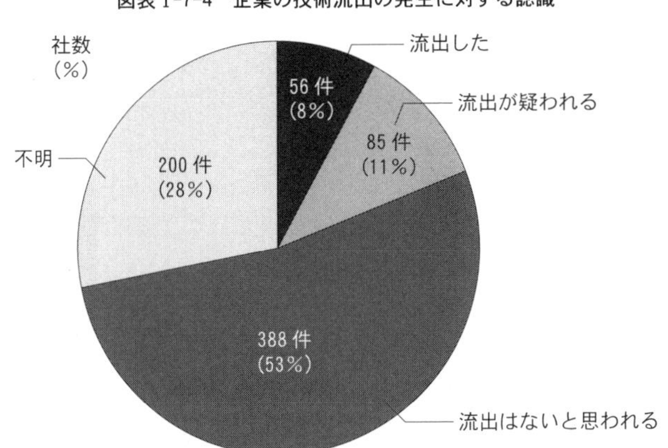

出所：独立行政法人経済産業研究所（2016）『日本企業の技術ノウハウの保有状況と流出実態に関する質問票調査』。

ていない可能性が高いのである。

また，同研究所が行った質問「技術ノウハウの流出パターン（複数回答可）」図表Ⅰ-7-5をみても，その技術の流出パターンが多岐にわたっている。各流出パターンに対する対応を講じるのは非常に困難で，海外進出もしくは海外の会社とビジネスを行おうとする中小企業にとっては大きな課題の一つとなる。

図表Ⅰ-7-6は経済産業省が2013年に三菱UFJリサーチ&コンサルティング株式会社に委託して実施した「技術流出が発覚した経路」の調査結果である。これによると，技術流出が発覚した経路として一番多かったのは，「役員・従業員等からの報告があった」が37.5%，次いで，「第三者から漏洩しているのではないかと指摘を受けた」が28.1%，「貴社しか知りえない情報を他社が使用しているのを発見した」が19.3%，「貴社しか知りえない情報が掲載されているのを発見した」が15.1%と，いずれも未然もしくは過程での発見ではなく，流出後に様々な形で公になった状態で発見されている（図表Ⅰ-7-6を参照）。

図表Ⅰ-7-5　技術ノウハウの流出パターン

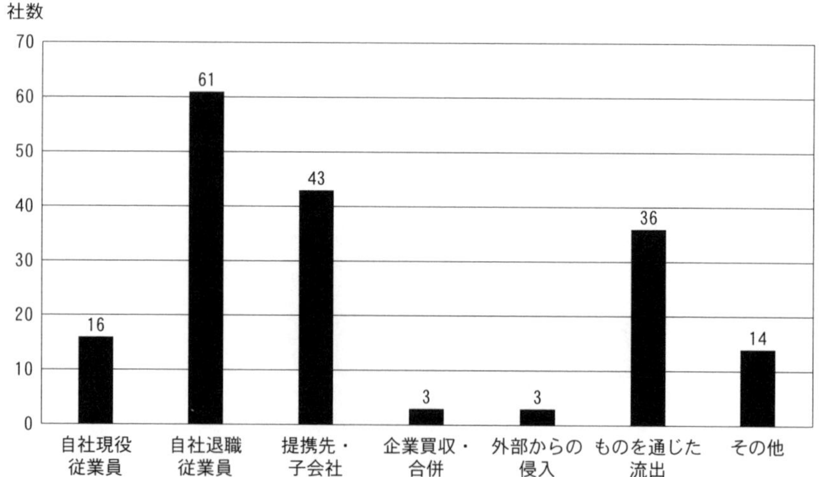

出所：独立行政法人経済産業研究所（2016）『日本企業の技術ノウハウ保有状況と流出実態に関する質問票調査』。

図表Ⅰ-7-6　技術流出が発覚した経路

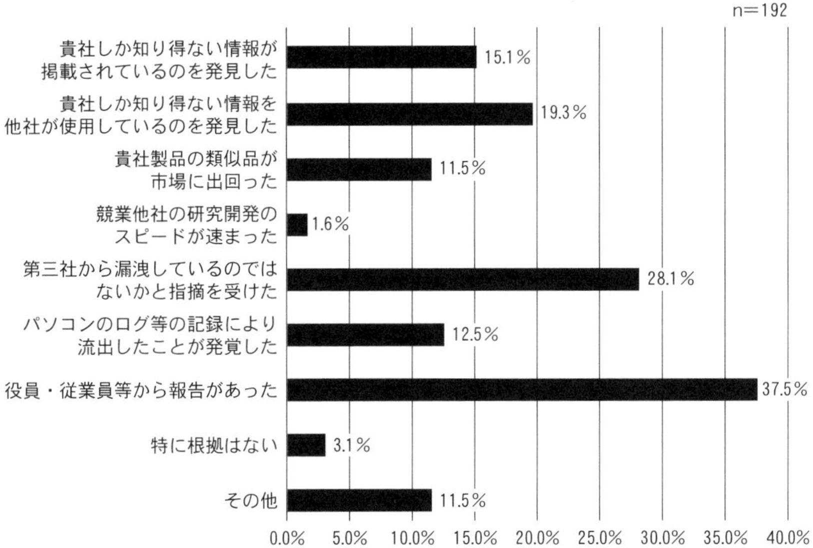

出所：肥塚直人（2014）『技術流出リスクへの実務対応』中央経済社，p.18および経済産業省（委託先：三菱UFJリサーチ＆コンサルティング株式会社）（2013）『人材を通じた技術流出に関する調査研究報告書』p.55を基に筆者作成。

第4節　課題に対する提言

以上述べてきたように，海外子会社や取引企業に対して技術供与を行うことは，生産拡大や利益を得ることができる反面，流失を防ぐための厳格な管理は難しく，流出した際のリスクが伴うこととなっている。特に中小企業においては，一つの製品や技術を武器に営業をしている会社も多く，多種多様な製品や技術を持ち合わせている大手企業より，流出の際に受けるダメージが大きくなる可能性も十分に考えられる。

こうした中で，企業存続や利益拡大を目指しながら，技術流出に伴うリスクを最小限にするためには，以下に記載するように，まずは日本本社における「供与する技術の棚卸と選定」，「技術供与対応方針の検討」，特許の取得を含めた「技術流出防止策の検討・実施」，「契約の締結」，「教育及び定期監査の実施」が必要となる。さらに，海外においては，日本における法律や常識は通用しないことが多いため，「諸外国（進出先国）の法令を確認し，信頼できるパートナーを得る，もしくは信頼できるアドバイザーを得る」ことも必要となってくる。

1）　供与する技術の棚卸と選定

まずは，全社的に自社が所有している技術がどのようなものがどのくらいあり，その技術がどういった形で，どの部門（もしくは場所）に保管され，どのような管理方法がとられているかをEXCELでリスト化して棚卸をおこない，「技術資産リスト」を作成する必要がある。この作業は，部門ごと個別に行うのではなく，経営者のトップダウンによる指示に基づき，行うことが望ましい。次いで，そのリストアップされた各技術に対して，流出した場合の影響度（損失）の分析を行い，各技術の流出時の影響度を「見える化」する必要がある。

図表Ⅰ-7-7　【技術資産リストに必要な項目例】

項目	記載内容（例）
製品・商品名	自社製品の名称
保管場所	どの部署が管理しているのか。研究部門，開発部門，子会社，取引先等。
管理・保管形態	どのような形態で技術が保管されているのか。紙，データ，CD等記録媒体，サーバー，人（特定の社員のノウハウ），等。
責任部署・責任者	誰の管理下によって保管されているのか。
影響度（金銭的）	流出した場合，どのくらいの金額の被害を受けるのか。1000万以上，5000万以上，1億以上，倒産レベルなど。
影響度（非金銭的）	金銭以外にどのような影響を受けるか。守秘義務違反，損害賠償，日本もしくは進出国の法令違反など。
流出頻度	現在の管理状態を継続した場合，どのくらいの頻度で流出の可能性があるか。月1度，年1度程度など。
技術供与の可否	技術供与対応方針の検討結果，技術を供与するかどうか。
優先度	守るべき技術としての優先度を記載。極秘，関係部外秘，社外秘，供与対象といった分類を記載。
管理方法	優先度及び保管形態に基づく管理方法を記載。

出所：筆者作成。

この影響度を「見える化」する際には，金銭的な影響度だけではなく，非金銭的な影響，例えば取引先の信用を失う，法令違反となる，といった影響や流出の発生頻度の可能性も考慮し分析をする必要がある。このリストを作成するには，図表Ⅰ-7-7に記載した項目を含めることが望ましい。

2)　技術供与対応方針の検討

次いで必要な対応は，作成した「技術資産リスト」に基づき，どの技術を海外子会社や取引企業に提供するか，また，重要でコアな技術としてプロテクトしていくかの優先度を決めてランク付けすることである。すべての技術に対して厳格な管理をすることができるのであればいいが，流出経路も口頭，メール，製品分析，従業員の退職など多様化していることもあり，技術流出を完全に防ぐ方法を見出すのは，ほぼ不可能に近いといわれている。そうした環境下において，企業を存続させるためには，どの技術をプロテクトし，どの技術をどのような流出対策を取ったうえで供与するかの判断が最も重要となってくる。

技術流出によって，会社に致命傷を与えるような重要な技術については，供与によって得ることができる売上やコスト削減金額が大きくても，基本的には海外への供与をせずにプロテクトし，更には日本国内の社内においても，その技術に触れることができる人材を最小限にとどめるなどの厳格な管理が必要となってくる。この判断は会社の運命を左右する重要な決議事項となるため，各部門のトップが決めるのではなく，取締役会などにおいて，最高責任者が関与した形で意思決定されるべきである。

第5節　技術流出防止策の検討および実施

技術供与の対応方針が決まった後に必要な対応は，各技術の流出を防ぐために具体的な対応策を構築し，それを実行することである。技術流出防止策は，第三者に供与をしないと決めただけで防げるものではなく，提供を決めた場合は，その相手との契約締結，特許取得の検討・実施などの対外的な対応を含め，自社社内における厳格な管理が必要となる。

1）特許の取得検討および実施

特許は海外への技術供与を決定した技術のみならず，自社が事業活動を行い，技術優位性を保つためにも有効かつ必要な手段である。また，事業活動を行い，市場参入するにあたり，それに関わる技術を特許化しないと，別の会社に特許を取得されてしまい，高額の技術使用料を支払ったり，その技術を無断で使用したとして訴えられてしまうなど，リスクを高めることにもなる恐れがある。そのため，まずは日本国内において，自社のコアとなる技術を中心に，特許は出願し，取得をすることが望ましい。

海外に技術供与をする際に特許については，そもそも取得すべきかどうか，どのような内容の特許権を取得すべきか，どの国で取得するのかの検討を最初に行う必要がある。さらには，費用も日本以上にかかることが想定されることから，『技術法務のススメ』に記載されている留意点を十分に確認したうえで，実行すべきである。なお，『技術法務のススメ』に記載されている事項を理解するには，非常に専門的な知識，十分な経験が必要となるため，特許庁への相談，弁護士・弁理士等専門家の意見と協力を仰ぐことである。

2）出願方法

2つの方法が存在する。第一の方法は，日本で出願した特許出願を基礎として，パリ条約上の優先権を主張し，日本での出願日から12か月以内に，外国の特許庁に直接出願を行う方法となる。この方法は，すでに自社の海外展開のビジネスモデルが策定され，パートナーとなる外国企業も決まっている場合には，出願国も決まっているため，後述する第二の方法（国際出願を経由）より無駄を省いた形で出願できることとなる。

第二の方法は，日本で出願した特許出願を基礎としてパリ条約上の優先権を主張し，特許協力条約（PCT: Patent Cooperation Treaty）に基づく国際出願を日本の特許庁に日本語で提出する方法である。この国際出願の手法をとる場合は，優先日から30か月または31か月以内に実際にどの国に出願するかを確定すればよく，出願国の最終確定を先延ばしできる。更には，出願国を最終確定するまでの間に，日本の特許庁が特許権取得について障害となる文献を提示してくれるため，各国での特許権の取得可能性を予め予測できる点がある。そのため，外国企業と交渉中であるなど，ビジネスモデルを策定中の場合は，この第二の方法が望ましい。

①　コストに対する意識

日本国内で特許を取得するより，翻訳費用や当該外国における弁護士または弁理士に払う代理人費用等が発生するため，高額となる。こうした費用を合わせると300万～700万円，場合によっては1000万円近くかかることもあるため，事前検討段階で，このコストについても意識して，算出しておくことである。

②　特許権の内容

この特許権の内容をどのように記載するかが一番重要であり，細心の注意を払う必要がある。基本的には，日本で出願した内容を基礎として内容を補強するパターンが多いが，外国への出願の場合は，日本語からその国の言語への翻訳が必要であるため，正確に翻訳をすることができ，かつ，それをチェックできる人材，もしくは協力先が必要となる。

③　特許権の取得を目指す国の選定

大まかには商流によって2つ，「据え置き型」と「転々流通型」に分けられる。「据え置き型」は，機械設備やプラントなど，生産国で製造され，自国に物が設置使用されるか，他国に輸出されて設置使用されるというパターンで，この製品の生産国とこの製品を納品する企業が属する国とで取得するというのが原則的な考えとなる。「据え置き型」の製品は，コンペティタの工場や商流を調べて関係各国に出願する必要があり，出願国数が増える傾向にある。

一方，「転々流通型」は，A国でモノが生産され，B国で加工・組み立てされ，完成品がC国に輸出されるというパターンとなり，大量に消費される国で特許権の取得を目指すのが一般的となっている。

どちらのパターンであっても，特許権の取得を目指す国を選ぶ際に，製品の特性，コンペティタの状況，その国の市場といったことを綿密に調べて選定をする必要がある。

④　各国特有の法制度および特許出願の審査

各国の特許制度自体についてはそれほど変わりないが，その運用は異なることが多く，それは時代によっても変わる場合がある。よって，常に最新の制度運用に関する情報を入手する必要がある。そのため，特許庁のWEBの確認，特許庁へ相談するといったことが必要となる。

第６節　技術ライセンス契約の締結

海外の企業とビジネスを行う際には，契約の締結は必要不可欠である。契約の条項や内容については，相手との関係性，事業規模などを考慮して，自社に不利益が生じないようにする必要がある。特に，相手側企業との関係悪化や契約破棄，訴えられるといった事態が発生した際に，自社を守れるかどうかはこの契約内容に左右される。そのため慎重に作成をするとともに，相手側と粘り強く交渉をしていく必要がある。海外に技術供与をすることを決めた場合，契約条項として記載すべき主な条項は図表Ⅰ-7-8に示したとおりであるが，契約内容に応じて，追加条項を記載することが望ましい。

図表Ⅰ-7-8

No.	条項	概要
1	実施許諾条項	ライセンス契約における対象技術，実施・使用許諾される行為，実施権・使用権の種類，ライセンス範囲などの確定を目的とした条項で，核心をなす条項。契約当事者の基本ポリシーとも密接な関係を有するので，慎重な配慮見当が必要
2	技術情報開示条項	ライセンス対象技術の実施に関連する情報の，ライセンサーからライセンシーへの開示についての合意内容を定める条項
3	技術者の派遣と受入れ条項	技術資料の提供ではライセンス対象技術の実施に関連する十分な情報が提供できない場合に，人的に伝達される情報の提供範囲や方法を規定。具体的には，技術指導の範囲，派遣する技術者の資格・人数・派遣期間・使用言語など技術指導に関する内容を規定。
4	対価条項	ライセンス対象技術の使用対価としての実施料の算定方法とその支払方法を定める条項。当事者にとって最も重大な関心ごととなるため，合意内容について誤解の生じないよう具体的に規定する必要がある。

5	構成品または原材料の購入条項	ライセンス対象技術を実施する際にライセンシーが利用する原材料・部品，更には製造・試験に必要な機械・装置等の購入に関する当事者間での一定の制限を定める条項
6	改良技術の取り扱い条項	ライセンス対象技術について契約当事者が行う改良行為，及び改良行為から生じた成果に関する取扱いについて規定する条項。
7	研究開発の制限条項	ライセンス対象技術またはその類似技術に対し，ライセンシー自らまたはライセンシーが第三者と共同して研究開発を行うことをライセンサーのノウハウ保護等の観点から制限する条項。ライセンシーの自由な事業活動を制約することにもなるため，公益および競争法の観点からの慎重な検討が必要。
8	契約期間条項	契約に基づく法律関連の始期と終期を定める条項。
9	秘密保持条項	技術ライセンス契約の当事者間で開示・提供される情報について，秘密に保持されるべき情報（秘密情報）の範囲を明確にし，相手から殼得た秘密情報を他方の当事者が秘密に保持し，第三者へ開示しない義務，秘密情報の管理方法や秘密保持期間，秘密情報からの除外などについて規定する条項。 本条項を適切に規定し運用することが極めて重要。
10	侵害条項	第三社がライセンス対象技術を侵害した場合，またはライセンシーがライセンス対象技術を実施した結果として第三者の権利を侵害した場合における対応について，各契約当事者の義務や当事者間の責任配分等について取り決める条項。
11	競争品の取り扱い制限条項	ライセンサーが，ライセンシーに対して競争法の製造・販売等を制限または禁止することを定める条項。7.同様，慎重な検討が必要。
12	保証条項	ライセンス対象技術についてのライセンサーの保証と，ライセンス対象技術に瑕疵があった場合のライセンサーの責任について取り決める条項。ライセンサーとしては，何をどの程度まで保証するかを，対価とリスクのバランスを踏まえながら検討することが求められる。
13	不争義務条項	ライセンス対象技術に関する権利の有効性を争わない義務をライセンシーに課す条項。
14	紛争解決条項	契約に関して当事者間で生じた争いの解決方法を規定する条項。当事者間の解決ができない場合を想定し，仲裁機関や裁判所などの第三者機関を利用した解決方法を予め規定しておくことが多い。
15	準拠法条項	締結した契約の成立や効力，解釈等に際して，どの国または地域の法律を適用するかについての契約当事者間の合意を定める条項。準拠法が明らかでないと，当事者間での解釈が異なる恐れがあり，紛争が生じかねないため，当事者間で協議して準拠法を選択するほうが望ましい。
16	言語条項	契約書を複数の言語で作成した場合に，いずれの言語で作成した契約書を製本とするのか，どの言語で作成された契約書により契約書の意味内容を解釈するかを定める条項。各当事者が自ら都合のいい解釈が可能な言語版に基づいて解釈をすることにより，当事者間での解釈が対立するのを防ぐための条項となる。

出所：一般社団法人日本知的財産協会（2014）『アジア新興国との技術ライセンス契約の留意点』pp.3-6 を基に筆者作成。

第７節　管理方法の統一化

技術の保管形態及び流出経路は多種多様となっており，この管理を各部署に任せてしまうと，部門間によって，管理の強弱が発生する恐れがある。そのため，会社として決定した優先度に基づき，技術保管形態ごとの管理を定め，実施することが望ましい。

例えば，優先度を「極秘」，「関係部外秘」，「社外秘」，「供与対象」の４つに分けた場合，「極秘」技術については，経営者，開発役員，関係部署の所属長のみがアクセスできるネットワークにつながっていないPCにデータを保管し，印刷やデータコピーをできないようにすることである。「関係部外秘」については，関係部署の役職者のみがアクセスできるサーバーにデータを保管し，印刷やデータ転送ができないようにする。「社外秘」については，全社員がアクセスできるが，そのログは記録され，データ転送はできない，もしくはデータ転送は役職者にのみ許される。「供与対象」については，供与先と秘密保持契約を結ぶことは勿論のこと，自社社員のアクセスやデータ転送を役職者のみにするなどの対策を自社において統一することが重要となる。さらには，いずれの優先度の技術であっても，その度合いに応じた規定を守るよう，関係者から代表取締役宛の『秘密保持誓約書』を取得するといった対応も必要となる。

なお，いくら厳格な管理を行っても，人の退職・転職による技術流出を完全に撲滅するのは難しく，社内の技術流出の体制や仕組みだけではなく，採用した社員が心地よく働けるよう日常から良好な関係を築くように努めることが，経営層や役職者には求められる。

■管理責任者の明確化

作成した「技術資産リスト」において，管理部門だけではなく，管理責任者を明確にし，その責任者が①で定めた管理方法に基づき，各技術の管理がなされているか，不審な動きをしている社員または取引先等社外の人間がいないかを定期的に監視することが求められる。

■社内規定，技術流出防止マニュアルの作成

自社の財産ともなる「技術資産リスト」を整理し，守る技術の優先度と各対応策を決めた後，その内容を社内に周知し，また技術供与に対する会社としての方針を示すためにも，技術流出防止のための具体的対策も記載された規定をつくることが必要となる。特に海外企業と技術ライセンス契約を結ぶ場合は，自社の技術だけではなく，相手方の技術や情報についても秘密保持条項が結ばれるなど，社内技術だけではなく，社外の技術についても流出を防ぐ必要が生じる。したがって技術ライセンス契約の内容を適切に反映させた社内規定，マニュアルが必要となる。

第８節　教育と監査の実施

次いで，社内規定及び自社の行う技術流出防止策について，全社員に周知をするために教育を行う必要がある。特に，海外進出を行う場合は，独資であっても自社の社員に周知徹底するために，日本語だけではなく，最低でも英語，可能であれば進出先の言語に訳した資料を用い，教育と監査を行うことが必要である。なお，監査については，自社の内部監査部門や管理部門による定期監査には限界があるため，日常的にメールの送受信，サーバーへのアクセス記録，データダウンロードの記録を確認できるようにし，不審と思われる動きがあったら即座にその対象者に確認を取り，経営層に連絡がなされるようにすることが望ましい。中小企業においては，大手企業と同じような潤沢な資金や人材はなく，特に費用が先行する技術漏洩防止策は，相応の費用を投じて万全な対策を講じるということが難しい。しかし，「最悪の事態を想定」したうえで，まずは自社が持っている・守るべき技術や資産を明確にし，その自分たちの技術を守るためにできることから実施をしていくということは，会社を存続させるためにも重要である。近年はIT技術が発達しているため，以前と比べれば添付資料の送付ブロックといったメール配信制限や外部デバイスへの出力禁止といった対応を比較的安価で構築できる環境となっている。こうしたIT技術も用いながら，やはり「人からの流出が多い」ということを考慮し，自社から

流出することがないよう，定期的に社内をはじめ取引先も教育していくことが，自社の技術漏洩のリスクを最小限にする一助となると意識し，愚直に対策していくことが望ましい。

第９節　進出先及び信頼できるパートナーの選定

海外企業と技術ライセンス契約を締結や特許取得を行う場合は，紛争の温床にもなりかねないため，本章第５節，第６節に記載の対応に加えて，進出先の国の法律，特に知的財産や特許に関する法規制がどのようになっているのかという点を十分に確認する必要がある。進出国によっては，いくら契約を結んでも，違反の際にその法的拘束力が弱かったり，訴えられた際に契約がプロテクトとならないことにもなりかねないからである。また，海外進出を急ぐあまり，パートナー選定の際の交渉や調査を綿密に行わずに進出してしまうことも避けるべきである。事例として記載したヒーローホンダ社のように，合弁企業を設立，技術供与を開始して数十年後に合弁が解消となり，結果として技術流出となってしまうケースもあるため，難しいところではあるが，パートナーの企業規模，取引先，親会社等関係会社，経営者の考え方などについてよく聞き取りと調査を行い，必要に応じて，いきなり一度に海外展開を行うのではなく，例えば最初は販売委託を行い，その後，一部品のみ生産委託を行い，お互いの信頼関係が醸成され，技術流出のリスクが限りなく少ないと判断できた場合に限り，合弁企業を設立して生産拡大を図るといった段階的な海外進出も視野に入れて検討する必要がある。

なお，中小企業においては，すでに海外進出している大手企業と比べると情報収集手段や情報量に限りがあるため，日本の信頼できる取引先から情報を得たりするなどの他に，経済産業省やジェトロ，東京都中小企業振興公社といった公益財団法人に連絡を取り，情報を収集することも海外進出する上では不可欠となる。

注

(1)　経済産業省（2015）『外国為替及び外国貿易法第 25 条第 1 項及び外国為替令第 17 条第 2 項の規

定に基づき許可を要する技術を提供する取引又は行為について（20150728貿局第3号・輸出注意事項27第14号 平成27年8月11日）』。

(2)『東洋経済』2018年1月4日号「ホンダのスクーターがインドで爆走する理由」https://toyokeizai.net/articles/-/202893（2019年8月18日閲覧）

(3)『日本経済新聞』（2012）「中国企業へ機密情報か　設計図不正流出容疑2人を逮捕」。

参考文献

一般社団法人 日本機械工業連合会（2014）『平成25年度 機械工業における技術流出防止策の調査研究報告書―技術流出対策調査研究専門部会―』pp.49。

経済産業省（2014）『技術流出防止・営業秘密保護強化について』p.2。

肥塚直人『技術流出リスクへの実務対応』中央経済社，p.18および経済産業省（委託先：三菱UFJリサーチ&コンサルティング株式会社）（2013）『人材を通じた技術流出に関する調査研究報告書』p.55を基に作成。

独立行政法人経済産業研究所（2016）『日本企業の技術ノウハウ保有状況と流出実態に関する質問票調査』p.14図表15，技術ノウハウ流出の有無。

独立行政法人経済産業研究所（2016）『日本企業の技術ノウハウ保有状況と流出実態に関する質問票調査』p.15図表17，技術ノウハウの流出パターン。

日本経済新聞2018年4月10日付『インド二輪は2000万台突破　2位はホンダ』https://www.nikkei.com/article/DGXMZO29235070Q8A410C1FFE000/（2019年8月18日閲覧）

弁護士法人内田・鮫島法律事務所 編集代表 鮫島正洋（2014）『技術法務のススメ―事業戦略から考える知財・契約プラクティス―』日本加除出版株式会社，pp.82-139。

本田技研工業株式会社WEBニュースリリース（2010）『2010年12月16日　インドにおける二輪合弁会社ヒーローホンダの合弁解消及び今後の技術提供について』https://www.honda.co.jp/news/2010/c101216.html（2018年10月15日閲覧）及び静岡県立大学グローバル地域センター主催2015年11月27日講演会『地域に根ざす経営，Hondaのグローバル事業展開』講師：伊東孝紳様（本田技研工業株式会社　取締役相談役・前社長）の講演ヒアリングに基づく。

第8章
主要国・地域の社会保険制度と海外派遣社員のリスク管理

日本の中小企業の海外進出に伴う海外派遣社員のリスク管理で最低限の補償を提供するのは現地における公的保険制度である。しかしながら，その制度，適用範囲，加えてその費用負担についても，各国の状況により異なることから，その制度を理解し，必要な対策を講じることは海外進出の際には重要な検討事項の一つである。

この観点より本章では，東南アジア主要国の公的保険制度の概要，日本の公的保険の海外適用について紹介をし，必要な対応について検討する。なお，本章における社会保険料等の数値等は，特に記載のない限り，2018年現在適用のものである。

第1節　海外における社会・労災保険の概要

1)　中国

中国において海外進出企業に強制適用される公的保険は基礎年金保険，健康保険，労災保険及び雇用保険である。基礎年金保険と健康保険は社会保険制度と個人口座制度の組み合わせであり，補償は社会保険より提供される補償と個人口座へ支給される補償に分かれる。

企業の費用負担は支給給与総額の最大20%（省により異なる）が基礎年金分として，同最大1%（省により異なる）を健康保険の社会保険部分として，同最大6%（省により異なる）を個人口座部分として負担する。労災保険は給与支給総額の平均0.75％（8つの職業カテゴリーにより異なる），雇用保険は同2％を負担する。また，労災については，保険料の全額負担の上，一定程度の障害により退職した従業員に対しては，企業がその医療補助等の一時金を支給する義務を負うなどの規定がある。

従業員は原則として，支給給与総額の8％を基礎年金の個人口座分として，2％を健康保険の個人口座分として負担する。雇用保険については最大1％（省により異なる）を負担し，労災保険の負担分はない。

健康保険の個人口座は本人のみ使用可能で，扶養家族等は，それぞれ個人で公的保険に加入する必要がある。保険医療は指定医療機関のみにて受ける事ができるが，費用は個人口座より支払われる。医療費が地域賃金の600％未満分の場合，請求する事により償還払いを受ける事ができる。600％を超える費用については，民間医療保険の利用等，最終的には自己負担となるなど，制度上複雑な仕組みである。

2)　タイ

タイにおいて適用される公的保険は，老齢保険，障害保険，遺族年金保険，健康保険，労災保険及び雇用保険である。日本同様各保険は社会保険として運用されている。

企業の費用負担は毎月の支給給与総額の3％を年金保険料として，同1.5％を健康保険料分として，同0.5％を雇用保険料分として負担する。一方，労災保険料については，年支給総額の0.2～1％（業種により異なる）を負担する。

従業員は毎月の支給給与総額の3％を年金保険料として，同1.5％を健康保険料分として，同0.5％を雇用保険料分として負担するが，労災保険の負担分はない。

また，政府が毎月の支給給与総額の1％を年金保険料として，同1.5％を健康保険料分として負担している。

タイの健康保険の特徴としては，保険加入後3ヶ月の保険料支払いが医療保険の適用条件となる点と，保険を受けられるのは，健康保険と契約のある1つの病院，診療所のみであるという点である。他の医療機関における診療は緊急及び不慮の事故に限られ認められるが，実費負担の上，一定割合の償還払いに留まる。また，扶養家族等は加入できず，同国の国民健康保険に相当する公的保険はタイ国民に限られるため，海外派遣社員の扶養家族については公的保険の適用がないことも留意すべき点である。

3)　ベトナム

同国において適用される老齢，障害，遺族年金保険，健康保険，雇用保険及び労災保険は社会保険として運用されている。ただし，労災について労災休業中の従業員の給与補償を企業に義務付ける，雇用保険の適用はベトナム国民に限るなどの保障，適用範囲が日本とは異なる点には留意すべきである。

企業の負担は，毎月支給給与総額の14%を老齢，障害，遺族年金保険料として，同3%を健康保険料，同1%を労災保険料及び雇用保険料として負担する。

従業員は毎月支給給与総額の8%を年金保険料として，同1.5%を健康保険料として負担する。現地従業員はこれに1%の雇用保険料を負担する。労災保険の従業員負担分はない。

同国における健康保険の特徴としては，適用される医療サービスに応じて保険の補償が100%，95%及び80%と異なる点があげられる。同様に入院等の専門医療サービスにおける補償も100%，60%及び40%と異なる。

4)　シンガポール

同国における社会保障制度は，CPF（Central Provident Fund）という個人口座への積立を基本とした方式である。積立の一定割合を個人のRA（退職口座），MA（医療口座）とOA（普通口座）に振り分ける方式である。また，公的な労災保険制度もなく，企業が民間保険に加入するか，法律に定められた補償を直接従業員に支払うかの選択となる。加え，雇用保険に相当する仕組みのないことも特徴の一つである。

CPFへの積立の企業負担は，55歳以下かつ月額S$50以上の給与所得者の給与総額の17%，56歳以上かつS$50以上の給与所得者については年齢に応じ7.5%〜13%を負担する。従業員の負担は，55歳以下かつ月額S$750以上の従業員については，支給総額の20%，56歳以上かつ月額S$500以上の授業員は年齢に応じ5%〜13%を負担する。

医療口座については，一般外来診療には使用できず，外来手術や入院費用及び特定の医療行為への支払いおよびCPFが運用するメディシールドという長期入院等の保険及び政府認定民間保険の購入に使用することのみ可能である。従って一般外来については個人負担が原則となることに留意すべきである。

5）インドネシア

同国における社会保障制度は，社会保険制度と個人口座制度の組合せである。老齢年金が個人口座制度であり，他の年金保険，強制生命保険制度，健康保険（一部適用除外あり），労災保険が社会保険制度である。雇用保険の制度はないが，一定理由による離職に対しては法定の退職金の支給が義務付けられている。

企業の負担額は，毎月支給給与総額の3.7%を個人口座分として，同2%を他の年金保険分として，同1%を生命保険分として負担する。健康保険料については，同様に4%，労災保険については，月額支給総額の0.24%〜1.74%（5つのカテゴリー）を負担する。

従業員の負担額は，毎月の支給総額の2%を個人口座分として，同1%をその他年金保険分として，健康保険料は同1%を負担するが，扶養家族1名あたり1%が追加される。強制生命保険と労災保険の負担分なない。

同国における健康保険の特徴としては，特徴的点は，被扶養者については，配偶者及び21歳未満かつ無職の子供3人に限定されていることと，外国人労働者は同国で6か月以上働くことが適用条件となっていることである。赴任後6か月間は民間保険等の活用が求められる。

6） マレーシア

同国における社会保障制度は，EPF（Employees Provident Fund）という個人口座への積立で運用される老齢年金と社会保険方式で運営される老齢年金，障害年金，遺族年金及び労災保険のみである。個人口座は退職用の第1口座と教育，医療等に使用する第2口座より構成されている。積立金の70％を第1口座へ，30％を第2口座に振り分けられる。外国人労働者は対象外となっているが任意加入は可能である。同国には雇用保険制度はない。

企業の負担は，60歳未満で月収5,000リンギット以下の従業員の毎月支給総額の13％，5,000リンギットを超える従業員の12％を負担する。60歳以上75歳未満の場合は同様に5,000リンギット未満で6.5％，5,000リンギットを超える場合は6％を負担する。障害，遺族年金用には45階層の報酬月額の0.5％を負担する。労災保険は障害，遺族年金同様に45階層の報酬月額の1.25％を負担する。

60歳未満の従業員は毎月支給総額の11％を，60歳以上の場合は5.5％を個人口座分として負担する。障害，遺族年金分は，45階層の報酬月額の0.5％を負担する。労災保険の負担はない。医療については，個人口座の第2口座を使用することが可能である。

7） フィリピン

同国の老齢，障害，遺族年金保険，健康保険及び労災保険は社会保険方式で運営されている。同国における健康保険については同国国民のみに適用されるため，派遣社員に適用されない点が特徴である。また，雇用保険については制度自体が存在しないが，一定理由の退職者に対して企業に一時金の支給を義務付けている。

年金保険は毎月支給給与総額を1,000ペソから15,750ペソ以上までの31階層に分けて標準報酬月額を算出し，保険料率を掛けて算出する。健康保険料は9,000ペソ未満から35,000ペソ以上間を25階層に分け標準報酬を算出し，保険料率を掛ける方式で運用している。企業の負担は，年金保険の標準報酬の8.37%，健康保険の標準報酬の1.375%を負担する。労災保険については，毎月の事業所得14,750ペソ以上で30ペソ，14,750ペソ未満で10ペソを負担する。

従業員負担は，年金保険は年金標準報酬の4.13%，健康保険の標準報酬の1.375%を負担する。

8) インド

同国における社会保障は老齢年金用個人口座への積立方式と社会保険の組合せの老齢年金と遺族年金，社会保険方式で運営される健康保険，労災保険及び雇用保険である。同国の社会保障の最大の特徴は，月15,000ルピーを超える収入を得る従業員は，上記全ての保障の対象外である点があげられる。これらの従業員は労使合意の下で，任意加入することは可能である。

企業の負担は，老齢年金用個人口座分として，毎月支給給与総額の3.67%を負担し，これに運用費用分として毎月給与総額の0.5%を負担する。遺族年金については毎月給与総額の0.5%を負担する。老齢年金の社会保険部分については，毎月支給給与総額の8.33%を負担するが，運営費用負担はない。健康保険，労災保険及び雇用保険の費用は従業員国家保険として一括で徴収する。企業の負担額は毎月給与総額の3%である。

従業員の負担は，老齢年金の個人口座部分と従業員国家保険のみである。老齢年金の個人口座用として毎月支給給与総額の12%，従業員国家保険分として同1%を負担する。

医療は従業員国家保険と契約をしている医療機関にて無償で受ける事ができる。扶養家族は，配偶者，21歳未満の子供（学生は25歳未満），扶養する親で一定の所得基準以下の人が認められ，同様に無償で医療サービスを受けることができる。

9）台湾

同国の社会保障制度は，老齢，障害，遺族年金保険，健康保険，労災保険及び雇用保険が社会保険として運営され，被用者年金基金が個人口座として運営されている。この中で，雇用保険と国民年金基金は同国民のみに適用されている。

企業の負担は，毎月支給給与総額の6.65％（2019年以降引上げ予定）を被用者年金分として，最大6％を個人口座分として負担する。健康保険料は毎月支給給与額を49階層の報酬テーブルに基づき，算出された標準報酬に保険料4.69％を掛けて算出された金額の60％を原則負担する。（業種により割合変更あり。）労災保険については毎月支給総額の0.04％～0.92％に0.07％を加えた率を掛けて算出する。雇用保険料は毎月支給総額の0.7％を負担する。

従業員は，毎月支給給与総額の1.9％（2019年以降引上げ予定）を被用者年金分として，最大6％を個人口座分として負担する。健康保険料は毎月支給給与額を49階層の報酬テーブルに当てはめ，算出された標準報酬に保険料4.69％を掛けて算出された金額の30％を原則負担する。（業種により割合変更あり。）被扶養者1人当たり従業員負担額と同額が増額となり，3人以上は＋3人分を負担すればよい。雇用保険料は毎月支給総額の0.2％を負担する。

台湾の健康保険は一分負担金制度があるが，使用する医療機関の種類，診療機関等により負担額が定められている。

10）香港

同国における社会保障制度は，老齢年金用個人口座への積立のみである。健康保険に相当する部分は，行政府による無償の医療提供にて，雇用保険に相当する部分については行政府による所得補償で代替する。なお，労災に相当する部分は企業が負担することとなる。外国人労働者については，母国の社会保障が適用されていれば，適用除外となる。

企業の負担は，個人口座向けとして毎月支給給与総額（退職金を含む全ての支給）の最低5％を負担する。任意で5％を超える支払いをすることも可能である。労災部分については，その全額を企業が補償しなければならない。従業員200人以下の企業では，HK$10億の最低保証額，200人を超える企業ではHK$20億の最低補償額が設定されている。このため，民間保険に活用が必須となる。

第２節　海外派遣社員に対する日本の公的保険の適用

前述した通り，各国における社会保障制度は大きく異なっており，外国人を適用除外とする国も多い。そのため民間の保険を活用する事も考えられるが，日本の公的保険を海外派遣社員に適用する事も可能である。本節においては海外適用も可能である健康保険及び労災保険の加入方法について説明する。

1）　労災保険の海外適用

労災保険には海外派遣社員の特別加入する制度がある。対象は日本国内で労災保険が成立している企業から派遣される海外派遣社員であり，派遣先の事業体が中小企業であれば，役員として派遣される場合も加入可能である（図表Ⅰ-8-1）。

図表Ⅰ-8-1　中小事業主等と認められる企業規模

業種	労働者数
金融業 保険業 不動産業 小売業	50人以下
卸売業 サービス業	100人以下
上記以外の業種	300人以下

出所：厚生労働省「特別加入制度のしおり」2019年3月。

尚事業所の人数は国ごとに企業を単位として判断される。

加入に際しては，企業を管轄する労働基準監督署に対し，現地における業務内容（特に役員として派遣する場合は，労災認定の判断材料となるので業務内容をできるだけ詳しく）届出るとともに，保険料及び保険給付金額の算出根拠となる給付基礎日額を選択する（1日3,500円～25,000円の16等級)。保険料は給付基礎日額×365日×3/1000（年額）で計算されるので，最高日額25,000円の場合でも年額27,375円となる。

保険給付は日本国内の労災に準じているが，医療給付については労災指定病院での現物給付が前提のため，現地での医療費については償還払いが基本となる。医療費の支給に際しては，日本国における医療常識に基づいて適当と認められる部分についてのみが支給対象となるため，必ずしも全額補償されるわけではない。他の給付については，給付基礎日額に基づき国内の労災と同じ計算に基づき支給される。東日本大震災において労災が適用されたように海外においても，労災支給要件に該当すれば天災，テロ等も支給対象となる点は活用したいところである。

本制度は任意加入制度であるため加入義務はないが，一般的な企業であれば就業規則等に労災支給分の民事免責規定を設けていることから，海外進出に際しては，本制度の活用を検討すべきである。

2)　健康保険

日本の健康保険制度には海外療養費制度という保険給付制度がある。これは海外において保険加入者が私傷病による療養を受けた場合，全国健康保険協会が必要と認めた医療費について，その7割を償還払いする制度である。この制度の適用を受けるためには，健康保険の被保険者となっている必要がある。このため日本国内での給与を支給し続け，被保険者資格を維持する必要がある(除く一部社会保障協定国)。この場合，日本及び派遣先国との二重加入状態が生じる事となり，費用負担と民間医療保険料との比較となる。また，これに加え，手続きの煩雑さ（書類の多さ）と支給決定までに時間を要する，支払い先は日本の企業及び日本在住の家族等に限定され，直接受け取れないなどの使い勝手の悪さもある。

一方，社会保障協定国で公的医療保険制度も協定している国については5年未満の派遣社員であれば日本の健康保険制度に加入していることを前提に現地の医療サービスを受ける事ができる。この場合歯科療養等，国によっては公的保険適用外の医療であっても，日本で公的保険適用医療であれば海外療養費の支給対象となるといったメリットも存在する。

また40歳以上の社員を海外派遣しつつ健康保険に継続加入させる場合は介護保険適用除外等該当届を年金事務所に提出する必要がある。この手続きにより介護保険料が免除となるので，忘れずに手続きを行うことである。

3)　民間保険の活用

前述したように，各国の公的保険制度は各様であり，かつ各国民向けの制度であり，現地語での受診が基本である。また，医療水準の違いによる公的保険による給付水準の問題，患者数の多さによる待ち時間の問題等から民間保険の活用も選択肢の一つである。

外務省のホームページにて海外の医療事情を案内しており，日本語使用可能な現地医療機関の紹介もあるが（https://www.mofa.go.jp/mofaj/toko/medi/index.html），日本の民間損保会社の保険に加入した場合，保険会社と契約のある日本語可能な医療機関の紹介サービスを準備しているところも多い。また，キャッシュレスサービスを提供する商品も多く，万一の備えとしては加入を考慮すべきである。但し，日本の民間保険は海外旅行保険が基本となり，オプションとして駐在員特約を付ける形態がほとんどであり，最長1年単位の商品を購入する事となるケースが殆どである。

現地の民間医療保険を義務付けられている国では選択の余地はないが，日本語サービスの観点からも併用も考慮すべきである。

海外出張者の保険加入と合わせ法人加入する事も選択肢の一つである。日本国内における支払い保険料は損金算入の対象となる。

4)　日揮事件に見る労災のテロ事件への適用について

【事例概要】

2013年現地時間1月16日13：20頃，イスラム聖戦士血盟団がアルジェリア共和国のイナメナスにあるガスプラントを襲撃した。同プラントには日系企業の日揮が参加しており，同社の社員，協力会社の社員も働いており，最終的には邦人10名の死亡，7名の生存が確認された。

【労災保険給付】

この事件において労災保険の海外派遣特別加入していた被害を受けた社員に対して労災が認められて必要な給付が行われたことについてはあまり知られていない。本来的に労災の給付については，個人情報の問題もあり被災者，企業及び関係行政機関以外へ書面等の開示は行われないため，筆者が2018年8月，東京労働局労災補償課にて確認した内容は以下の通りである。

①　本事件に限らず，個々の支給の事実を公表することはない。

②　支給については労災の支給要件を満たし，かつ本人あるいは企業からの申請があること。

③　日揮の事件を考えた場合，襲撃された場所に従業員が行く必要があったか，この襲撃がその場所において潜在的な危険が顕在化したかが判断材料となる。

④　日揮のケースを考えるとその時点において外務省の安全情報においても危険情報が発せられていた事実は危険が顕在化した事を証明する有力な材料となる。

⑤　労災においても戦争免責事項はあるが，想定している戦争とは全面戦争を想定しており，民間保険の戦争免責とはその範囲が異なる。

この説明に基づけば，日揮事件については，当時仏軍による隣国マリへの介入によりアルジェリアについて外務省の海外安全情報において退避勧告がなされていたことにより潜在的危険があり，実際の襲撃に至ったことにより危険が顕在化したことにより事件に至ったと判断して良いかとの問いについては，その理解で問題ない旨の回答を得た。

また　同課の説明によると東日本大震災についても同様の判断により労災支給が認められたとのことである。同様に米国における9.11事件についても，当時の米国はテロとの戦いを宣言しており，対テロ警戒レベルを上げていた状況であったこと（＝潜在的な危険があった)。その状況下においてテロが起きた（＝危険の顕在化)。そして巻き込まれた特別加入している従業員（＝事件当時ワールドドトレードセンターに居る必要があった）がいたことが支給要件を満たすとの見解を入手した。

この他，通常の労災認定の他の要因（勤務時間中である事等）を満たすことも必須であるが，その点については厚生労働省の「労災保険給付の概要」を参照頂きたい。

5)　社会保障協定とは

第1部にて説明したように海外派遣社員は，一部の国を除いて現地の社会保障システムに強制加入の義務が生じることになる。医療については，その恩恵を受ける可能性は充分ありうるが，特に年金システムについては掛捨てになる可能性が極めて高い。一方，日本における年金記録を維持するために継続加入すると二重加入状態となり，企業，従業員双方とも経済的負担が重い状態となる。この問題を解決するために締結されるのが社会保障協定である。現在日本は20か国と締結している（図表Ⅰ-8-2を参照)。

海外派遣を行う場合に企業にとって最も重要なのは適用調整である。

(1)　適用調整

適用調整とは派遣先国への派遣期間が5年を超えない見込みの場合は，現地の法令を適用せず，日本の法令を適用し，5年を超える見込みの場合は派遣先国の法令を適用し，日本の法令を適用しないというものである。

5年未満の派遣の場合，日本の当該社会保険に加入している事を条件として，現地の社会保障システムへの強制加入が免除され，5年を超える場合は日本の社会保障システムから脱退し，締結国の社会保障システムに加入が義務付

図表Ⅰ-8-2　社会保障協定締結国

国名	対象社会保障制度	通算制度
ドイツ	公的年金制度	○
イギリス	公的年金制度	
韓国	公的年金制度	
アメリカ	社会保障制度（公的年金制度） 公的医療保険制度（メディケア）	○
ベルギー	公的年金制度 公的医療保険制度 公的労災保険制度 公的雇用保険制度	○
フランス	公的年金制度 公的医療保険制度 公的労災保険制度	○
カナダ	公的年金制度	○
オーストラリア	公的年金制度	○
オランダ	公的年金制度 公的医療保険制度 雇用保険制度	○

出所：2019年9月7日時点の日本年金機構HPより筆者作成。

国名	対象社会保障制度	通算制度
チェコ	公的年金制度 公的医療保険制度 雇用保険制度	○
スペイン	公的年金制度	○
アイルランド	公的年金制度	○
ブラジル	公的年金制度	○
スイス	公的年金制度 公的医療保険制度 雇用保険制度	○
ハンガリー	公的年金制度 公的医療保険制度 雇用保険制度	○
インド	公的年金制度	○
ルクセンブルク	公的年金制度 公的医療保険制度 公的労災保険制度 公的雇用保険制度	○
フィリピン	公的年金制度	○
スロバキア	公的年金制度	○
中国	公的年金制度	

この他イタリア，スウェーデンとは署名済み。

けられる。

社会保障協定締結国へ派遣社員を送る際には，対象社会保障制度を確認の上，年金事務所，ハローワーク及び労働基準監督署に手続きについて事前に相談すべきである。

(2)　年金通算制度

図表Ⅰ-8-2にある通算制度とは年金通算制度の事である。5年を超えて社会保障協定国に派遣される海外派遣社員については，現地の公的年金制度に加入するが，この派遣期間中の現地での保険料掛捨てを防止するため，現地での保険料納入期間を日本の年金保険加入期間として通算し，年金受給資格の確保及び保険料の掛捨てを防止するものである。

尚，英国，韓国及び中国は通算協定が存在しないことに留意すべきである。

参考文献

i 保険『海外旅行保険比較サイト』https://www.youtube.com/watch?v=q8PMT79a0K0（2018年6月23日閲覧）

技術情報協会（2015）『2015年度刷新版世界の薬価，医療保険制度早引き書』技術情報協会，pp.84-85。

厚生労働省（2018年3月）『2017年海外情勢報告』https://www.mhlw.go.jp/wp/hakusyo/kaigai/18/（2018年5月1日閲覧）pp.318-326, 369-371, 393-395, 411-414, 433-435, 445-449, 467-469, 489-493。

厚生労働省『労災保険特別加入のしおり〈海外派遣社員用〉』2019年3月。

厚生労働省『労災保険給付の概要』2019年3月。

厚生労働省『海外で働かれている皆様へ（社会保障協定）』https://www.mhlw.go.jp/stf/seisakunitsuite/bunya/nenkin/nenkin/shakaihoshou.html（2018年7月15日閲覧）

在アルジェリア邦人に対するテロ事件の対応に関する検証委員会（2013年2月）『在アルジェリア邦人に対するテロ事件の対応に関する検証委員会報告書』。

全国健康保険協会（2018年3月）『海外で急な病気にかかって治療を受けたとき』。

日本年金機構（2019年9月）『社会保障協定』。

藤井恵・上西佐大信（監）(2016)『中堅・中小企業のための海外出張・赴任にまつわる社会保険と税務』税研情報センター，pp.38-45，97-98。

US Social Security Administration, March 2019. Social Security Programs Throughout the World: The Americas, 2017. https://www.ssa.gov/policy/docs/progdesc/ssptw/2018-2019/asia/ssptw18asia.pdf（2019年9月7日閲覧）pp.80-86, 95-99, 101-107, 108-112, 172-178, 210-214, 228-233, 251-259, 264-270, 283-290.

第Ⅱ部

応用編

中国および東南アジア諸国における経営環境

—国別の経営風土の特色および現地従業員の文化価値体系—

第1章
中国の経営風土の特色および現地従業員の文化価値体系

第1節　文化環境の特色

中国の文化は日本のそれと異なる点が多い。外見が似ているからといって，日本文化の視点で物事を捉えていると，その差異に悩まされることになる。中国人は血縁関係を重んじる文化である。中国の長い歴史から，他人は信用できないという気質が染みこんでいる。逆に身内となれば，衣食住のサポートから仕事の斡旋，学業面の助力など様々な面で助け合っている。ここで言う，『身内』とは家族，親族，同郷人（地縁），友人，職場の同僚など広い意味で適用される。ビジネスの上でも，親友・仲間と認められることが重要であるといえる。日本で言われる「お客様は神様」といったような感覚は全くない。これは，客であっても店員であっても対等，という認識が強い影響であるといえる。

面子を重んじるといった文化も中国ならではの特徴である。中国人の面子とは，「自身の財力や能力の世間からの評価をより良く保ち，それを傷つけないこと」といえる。この倫理観が社会性や文化と密接に絡み合い，ビジネスにおいても物事を複雑化している。この為，人前で叱責をしない，成果には誠意をもって賞賛する，要求を無下に拒否しない，など面子を保つ上での配慮を欠かさないことがコミュニケーションを円滑にする手段である。「面子を潰された」という言葉は中・日両国に存在するが，その意味合いが大きく違うことを認識するべきである。

第2節　日中両国間の文化的な差異

図表Ⅱ-1-1は，筆者が作成した日中両国間の文化的な差異を示したものである。これによると，曖昧な点が多い日本文化の特徴に対し，中国文化はほぼ欧米文化に等しく明快である。特に，同質社会のシンボルともいえる「和を尊ぶ」ことを美徳とする日本人に対し，中国人は全く逆に等しい「差（違い）を尊ぶ」のである。また，「横並び主義」の日本人に対し，中国人は，欧米人同様に「能力・個人主義」を重んじるのである。

中国において日本人ビジネスマンが一定期間業務の経験をすれば，大部分の人は，図表Ⅱ-1-1に示したような様々な文化的差異を感じるといわれる。このような日中間の文化的差異を理解しなければ，中国でビジネスを展開する日系企業の思わぬ経営リスクに結び付くことがある。

また図表Ⅱ-1-2に示したような日中両国間の企業活動における職業観についても，その文化に根差した相違点が多く存在することを認識する必要がある。

フランスの歴史人口学者・家族人類学者であるエマニュエル・ドットは，日本と中国の家族の分類からその違いを掘り下げている。日本は権威主義家族で

図表Ⅱ-1-1　日中両国間にみられる文化的な差異

日本文化の特徴	中国文化の特徴
和を尊ぶ	差（違い）を尊ぶ
集団主義	個人主義
自己主張が弱い	自己主張が強い
表現が曖昧	表現が明確
細部にこだわる	大雑把にとらえる。
横並び主義（出る杭は打たれる）	能力・個人主義（個を尊ぶ）
以心伝心	以心伝心は通用しない

出所：筆者作成。

図表Ⅱ-1-2　日中両国の企業活動における職業観

日本人	中国人
中長期的な投資回収	短期的な投資回収
リスク分散型のボトムアップ方式（決断）	スピード重視のトップダウン方式（決断）
集団主義でリスク回避的	独立心が旺盛でリスクをとる
規則順守・従順	規則の抜け穴を探し，スピード重視
日本人だけに経営を任せる姿勢	積極的な外部登用
品質と手順重視	効率とスピードを重視
技術に対し自社・自前育成主義	技術に対し積極的なM＆Aによる取得
ミスに対しすぐ謝罪する	ミスに対し謝罪しない

出所：筆者作成。

図表Ⅱ-1-3　日本と中国の相続の相違

順位	日本※1	中国※2
第1順位	子	配偶者・子・父母
第2順位	直系尊属	兄弟姉妹・祖父母
第3順位	兄弟姉妹	

※1　日本では，配偶者は常に法定相続人になる。
※2　第1順位には，義父母を扶養していた「子の配偶者」が含まれる場合もある（中国相続法12条）。
出典：筆者作成。

あり，中国は外婚制共同体家族の特徴を示している。トッドによると，権威主義家族の特徴を示す日本は，ドイツ，スウェーデンは同じ分類に入り，図表Ⅱ-1-3に示したように，相続上の規則によって兄弟間の不平等が定義されている－財産の全てを子供たちのうち一人に相続。結婚し相続する子供と両親の同居。ふたりの兄弟の子供同士の結婚は僅少，もしくは無。一方，外婚制共同体家族の特徴を示す中国は，ロシア，ベトナムと同じ分類に入り，相続上の規則によって兄弟間の平等が定義されている。結婚している息子たちと両親の同居。しかしふたりの兄弟の子供同士の結婚はない。さらに，トッドによると日本は，遺産相続を一人の子供だけがもつ権威主義的な直系家族構造とし，直系家族の社会では，人は平等ではない。階級がある，という考えを重んじる。そこから，十九世紀末のドイツ，日本では，自民族を中心と考え，優越感をもって他国を支配しようとする考えがでてきた。そうした国が自国の優位を失うと，今度は他の大国の優位を認めて，その保護を受けるのを当然と考える[(1)]。一方，中国のような外婚制共同体家族が，都市化，識字化，工業化などのいわゆる近代化のプロセスによって解体されながら，その権威主義的で平等主義的な価値を新しい社会に伝えているのである[(2)]。中国の政治体制が共産党独裁という権威が頂点にくるが国民は平等であるという構造に似ており，こうした中国やロシアのような伝統的な家族形態は，共産主義が浸透しやすいといわれる。その考えは日本では戦前のいわゆる軍国主義により優位性，後者では共産主義による平等という価値観に起因すると考える。

こうした観点から，中国のビジネス方式が多くみられ，現在の中国の共産党独裁体制によるトップダウン思考と同様の形態が存在していることがわかる。つまり，家族主義の視点から兄弟間の平等を認めるように事業間・企業間において比較的フラットな競合関係が生まれやすいのである。

中国の現在の改革開放以来の社会主義市場経済のもとで，国有石油会社のCNPC（石油天然ガス集団），SINOPEC（石油化工集団），CNOOC（海洋石油集団）のほか，中国の銀行業界の4大銀行である中国工商銀行，中国農業銀行，中国銀行，中国建設銀行も同様の共産党員を経営トップとしたフラットな組織である。それぞれの大手国有組織が各業界において強大な権力を握っている。

一方，国営企業とは別に民営企業においても同様のことが見られるが，中国共産党が直接支配する国営企業とは異なり，企業統治などにおいて不透明さが否めない。民営化（株式会社）の歴史が浅いこともあり，日本よりも経営（経営者）と所有（大株主）の区別と倫理性が乏しく，意思決定が不透明である。組織において職責に応じた分業体制が乏しく，過度にトップダウンに頼りすぎることがある。

以上の観点から，人治的な統治の色合いが強くなり，マネジメントおよび意思決定において恣意性の発生や権限の委譲が順調に進まないことが多い。現在の中国は，世界第2の経済大国となり，その結果個々の企業規模が拡大しており，共産党指導による国営企業を中心とした経営指導に，民営企業も極度に依存している。そうした点も理解しておく必要がある。

第３節　日系中小企業が留意すべき中国の経営環境

1)　中国の経営風土の特色

中国では中国系企業でも国営系，民間系企業とで大きな経営風土の違いがある。加えて日本をはじめ，外資系企業も多数存在していることから，経営風土を一纏めに語ることは難しい。次項以降にて各企業風土について詳細を述べたい。

2)　国営企業の代表的な経営風土

そもそも中国の企業基礎は国有・国営企業である。社会主義のもと，国内大企業の殆どは国営企業であり，企業の経営方針や資本運用などは中国中央政府，即ち国務院により支配されている。国営企業は国務院の政策に従い，国外貿易往来の仲介役を務めており中国の計画経済を具体的に実行する企業といえる。

国家基幹産業部門を中心に，電力，交通，通信，銀行といった重要産業も包括している。しかし近年，国営企業の経営赤字が相次ぎ，政府の補助金も増大することになるため，取り潰しや経営の抜本的見直しが本格化している。政府のこうした動向から，経営者は資金の民間調達や優秀な人材獲得に奔走し体制の立て直しに必死である。

3)　最近の民営企業を取り巻く経営環境

1997 年の中国共産党第 15 回大会決議のなかで，私有企業が「社会主義経済の補足」から「社会主義経済の重要な構成部分」に格上げされたのを契機に，中小規模の国営企業においては，企業の所有構造自体にメスを入れ，企業全体ないし企業の株式の一部を民間人に売却すること（すなわち私有化）によって，経営の自立を促すという方策がとられるようになった。しかし，その後も国営企業優遇，民営企業が行政や金融面など様々な面で冷遇される時代が続いている。

4)　外資系企業における経営風土の実態

(1)　欧米系企業

一般的に，中国人が就職したい会社としては日系企業より欧米企業のほうが人気が高い。通商白書2018年版によれば，現地の最高責任者が現地社員である割合が日系企業の28.6％に対し，欧米系企業では76.9％である。また，販売部門の責任者も日系が54.5％であるのに対し，欧米系は90％を超えている。明らかに欧米系企業は現地化が進んでいるといえる。

(2)　日系企業

日系企業は欧米や韓国，台湾など他地域の企業と比べ現地化が遅れているのである。進出企業では派遣された日本人が中心となって企業経営を行い，中国人を経営の中枢に据えずに権限を与えていない，ということがよくいわれている。

日系企業に入社しても出世は限られていて，経営をまかされるまでには至らない。能力に見合った人事評価を受けず，給与も低い。そのため，優秀な人材の確保が困難ともいわれている。中国人の入社したい企業ランキングで，日本企業は常に低位である。また経営の意志決定が現地法人ではなく日本本社でなされるため，本社との連絡，決定待ちにより常にタイミングがずれることとなり，効率的なオペレーションやビジネスチャンスを逃がす結果となる。駐在員は本社にばかり顔を向けて中国に目を向けた経営を行っていない，との批判すら出てくる。その一方で，台湾企業は社長自ら現地に駐在し，即断即決で事業を次々と拡大していくという。

他方，経営の現地化に成功した日系企業は，中国人に中国人をうまく管理させ，罰金，奨励金制度の運用や地元政府との折衝や現地部品の調達にも強みを発揮しているところが多いのである。加えて，日本人の駐在員を使わないことによりコストを削減できる。

日本の経営者が日本的な考え方で中国人に命令しても，思うように働いてくれず，むしろ中国人にまかせて，中国人が中国人に対して命令し，事業を遂行する方がよい。つまり日本人の管理より，よりコミュニケーションがたやすくとれる中国人による経営・管理の方が現地企業の経営の効率化や収益の拡大を図れるという声もしばしば聞かれる。

このような背景のもとに多くの日系進出企業は効率的な経営ができず，利益率も低いままとなっている。一方で欧米企業の多くは現地化が進んでおり高収益をあげている。日系企業の収益率が欧米企業に比べて低いのは経営の現地化の遅れが最大の要因といえよう。

第4節　現地従業員の文化価値体系

1)　中国における文化価値体系の複雑性

中国は同じ国民であっても地域性，民族性，生活習慣，宗教観などの多くの面において価値観に相違がある。たとえば，共通言語として標準語とされる普通語（マンダリン：いわゆる中国語）が話されているが，地域による方言により差異は大きく，上海語や南方で話される広東語などは普通語しか話せない人は全く聞き取れない。ある都市の言葉がある程度聞き取れるようになっても，また別の街に行けば聞き取れるようになるまでにしばらく時間がかかる。また，食文化も地域によって大きく異なる。味付けは，全体的に北方は塩辛く，南方は甘い。また，山西は酢を好み，湖南や四川，貴州の一部では唐辛子を好み，特に四川は唐辛子の辛さに加え，花椒の痺れる辛さも加わる。

また中国人は野菜や肉類，魚類などは加熱してから食べ，一般に生は食べないが，最近では日本の刺身や寿司も人気がある。南北とも朝食は簡単である。お粥と漬物，油条（揚げパン），牛乳や豆乳などを口にする程度である。最近はパンとコーヒーなど，洋風の朝食をとる人も多い。農村では昼食を，都市部では夕食を第一に置くことが多い。

2)　中国における民族

中国は多民族国家で，漢民族を含め56の民族で構成されている。そのうち漢民族は人口の約92%と圧倒的多数を占め，残りの55民族を少数民族と呼んでいる。現在，少数民族が集中して居住する地域では，各民族による自主管理が認められており，区域自治の原則に基づいて，5つの自治区，30の自治州，123の自治県が設けられている。各民族とも独特の文化をもち，イ族の火把祭や，タイ族の水かけ祭などは旅行者にもよく知られている。

少数民族に対し，中国は保護政策を採っている。少数民族政策は，文化大革命という紆余曲折の時代を経て，1978年以降回復された。少数民族を保護し，特権を与えるなどの政策の転換によって，その人口も急増の一途をたどった。1990年と2000年に行われた2度の国勢調査結果を比べると，漢族人口の増加率は11.22%（11,692万人増）だったのに対し，少数民族人口は10年間で16.7%の増加（1,523万人増）だった。増加の第一の要因は，漢族に対する厳しい一人っ子政策が少数民族には行われず，少数民族に対する計画出産規制が緩和されたことがある。

また，漢族と少数民族の「通婚」が増える傾向にあるが，その間に生まれた子供が優遇政策のために少数民族を名乗ることで，人口が増えている部分も大きい。具体的な少数民族優遇政策は，①計画出産規制の緩和で第二子（農村では第三子）の出産を許可，②上級学校への進学時に漢族より有利（合格点数・宿舎費・奨学金），③少数民族家庭に支給する一人っ子手当てが漢族家庭の2倍，④政治的に優遇され，幹部にもなりやすいケースがあるなど。このような優遇政策により，少数民族の政治的・社会的・経済的地位も向上してきた。

中国の少数民族政策はあまり海外では知られていないが，多民族国家である中国の統一にとって欠かせない政策の一つであり，社会安定に重要な意味を持っている。

3)　中国における言語

図表Ⅱ-1-4は，中国で使用されている言語比率を示している。国の公用語は，国民の大多数を占める漢族の言葉である「漢語」のなかの北方方言を主体にして造られた普通話である。中国は広い国土と，他民族ゆえに多数の言語が存在するが，国民の意思疎通を容易にするため，中央政府の標準語政策により，北方方言の発音・語彙と近代口語小説の文法をもとに作られた「普通話」(pǔtōnghuà) が義務教育の中に取り組まれている。ほか民族ごとにそれぞれの言語を持つ。中国語は，シナ・チベット語族に属する言語で，中国・中華民国（台湾）のほかに，シンガポールなどの東南アジアや，日本，アメリカなどの世界各国にいる華僑・華人たちの間で話されている。

国民の意思疎通を容易にするため，中国では，中央政府の標準語政策により，北方方言の発音・語彙と近代口語小説の文法をもとに作られた「普通話」が義務教育の中に取り組まれ，若い世代を中心に成果が上がっており（一般的に，全人口の7割程度が理解するといわれている)，標準語・共通語となりつつある。台湾においても，日本の敗戦後に施政権を握った中華民国政府が「國

図表Ⅱ-1-4　中国において話される言語の割合（2012）

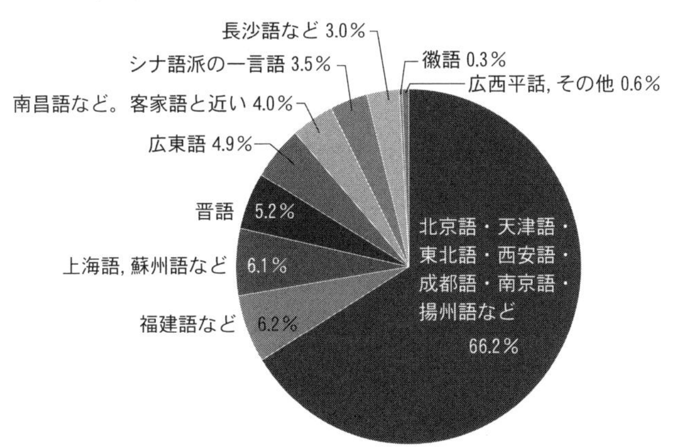

出所：Chinese Academy of Social Sciences (2012) を参考に筆者作成。

語」(guóyŭ)(「普通話」とほぼ同一で相互理解は可能だが音声と語彙に差異がある)による義務教育を行ってきたが，現在では台湾語，客家語，原住民諸語の学習時間も設けられている。

4)　中国における宗教

図表Ⅱ-1-5は，中国での宗教比率を示している。中国は国を統一する有力な宗教というものはなく，国教というものが曖昧な国である。

中国政府が公認している宗教は，カトリック，プロテスタント，イスラム教，仏教，道教の5つである。キリスト教はカトリックとプロテスタントで2つとしてカウントされているが，イスラム教はスンニ派やシーア派もまとめてイスラム教と定義，仏教も同じく真言宗も禅宗など宗派問わず仏教という扱いとしている。宗教活動が認められるのは，教会や寺院，モスクなどの建物内や敷地内のみで，敷地外での活動は禁止されており，講演や募金，福祉活動なども宗教活動としては行えない。1949年に中国が建国以来，共産党政府は一貫して宗教は国家統治のマイナス要因との認識を変えていない。かつて毛沢東が「宗教は毒」と発言したこともよく知られているし，チベットの状況を見れば

図表Ⅱ-1-5　中国の宗教　2010年

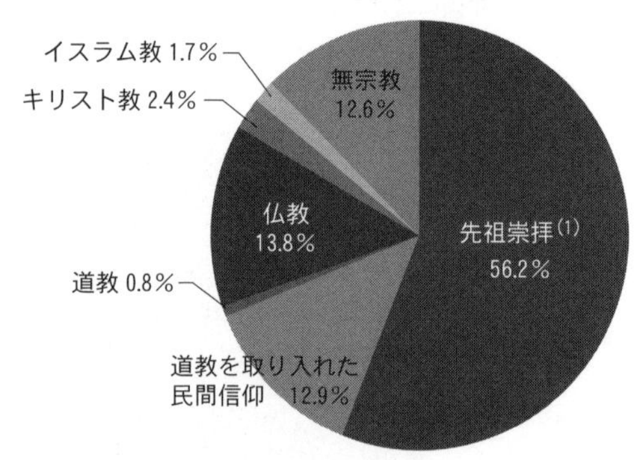

注：(1) 先祖崇拝　中国古来からの文化で，子孫の幸福のために祖先を祀るという考え方。祖霊信仰とも呼ばれる。日本でもお盆や彼岸にご先祖様を祀る行事は祖霊信仰に属する。

出所：Chinese Spiritual Life Survery, published in 2010を元に筆者作成。

それはよく分る。あくまで宗教は国家，共産党を超えるものではなく，政府の監視下に置くというのが中国政府の宗教政策となる。

中国政府にとって宗教は，信仰の自由よりも政府のための道具であることが重要視され，たとえば，カトリックは，総本山バチカン市国承認の司教ではなく，中国が独自に認めた司教が取りまとめている。そのため，世界中のカトリック信者から見ると中国のカトリックは本物ではないと認識されている。特に中国政府が目を光らせるものは，集会等で不特定多数の人が集まることである。そして，それが反政府や反共産党勢力となることである。

一度，中国政府が，反政府団体とみなすと徹底的に規制して団体を壊滅へと追い込む。1999年に起きた，「法輪功（法輪大法）」弾圧などが良い例である。

5)　多様な労働観

(1)　戸籍による差異

中国の労働市場は一つではない。主たる要因は，国民を二分する戸籍制度にあり，非農業戸籍（都市戸籍）と農業戸籍（農村戸籍）に分かれる。計画経済期には，労働者は国家により配置された。都市戸籍を有する国民は，国営企業（当時）で雇用労働者として働き，住宅，教育や医療なども保障され，今なお残る男女別定年制に基づき退職した後は年金で安定した生活を送った。

農村戸籍の国民は，原則として生まれた農村から離れることはできず，現在でも，都市部の中核的な雇用労働者になることは無いに等しい。すなわち中国の戸籍制度とその規制は，現在の日本のように単純ではない。農村部から離れて豊かな都市部に行くためには，2つの方法がある。一つは大学を卒業し都市で就職して都市戸籍を取得することであり，もう一方は農村戸籍のままで「農民工」（出稼ぎ労働者）として都市部の非中核的な仕事に従事することである。両戸籍の差は，所得，社会保障のみならず投票権など随所に亘る。彼（彼女）達は，中国全体で2億2978万人，そのうち外地就業の農民工は1億4533万人に上り，経済に及ぼす影響は大きい。

(2)　年齢層による差異

近年の少子高齢化による労働力人口の減少を背景に，中国政府は1979年から続けてきた「一人っ子政策」の廃止を決定し，世界的に大きく報道された。この政策下に誕生したバーリンホウ（「80後」「80后」）といわれる1980年代生まれはすでに結婚年齢で，続くジウリンホウ（「90後」「90后」）といわれる1990年代生まれも結婚可能年齢を迎えている。彼らは一人っ子ゆえに両親・祖父母から「小皇帝」「小皇后」と呼ばれ寵愛を受けつつ，改革開放政策の中で中国の発展とともに成長してきた世代である。

「80後」は中国語で1980年以降に生まれた人という意味で，1980年から89年生まれの人を指す。日本式に言えば80年代生まれ。中国で「80後」が話題になるのは，彼らがそれ以前の世代の人々とは全く異なる嗜好やライフスタイルを持っているからである。同時に，次世代の消費リーダーであり，産業界としても無視できない存在になっている

(3)　性別による差異

1995年から2002年にかけて中国の都市部において，男女間賃金格差が拡大した。第2に，男女間賃金格差に与える影響は，非属性格差が属性格差に比べて大きい。第3に，人的資本および賃金決定制度が男女間賃金格差の拡大に影響を与える。

ただし，賃金決定制度の影響が人的資本に比べて大きい。第4に，男女間賃金格差の拡大は，低賃金所得層が高賃金所得層より顕著である。計量分析の結果により，男女間賃金格差を縮小するため，競争的な市場経済に任せず，男女平等の労働政策を実施することが今後の重要な課題であると示唆された。

計画経済期（1949～77年）には，男女平等が社会主義のイデオロギーとして強調され，男女間賃金格差を解消するための労働政策が実施された。そのため，1980年代までは男女間賃金格差が小さかった。しかし，1990年代以降，市場化改革に伴って男女間賃金格差が拡大した。次に男女間賃金格差の決定要因についてみると，人的資本の量の男女差異と，人的資本に対する評価の男女格差が男女間賃金格差に影響を与えることを示している。

職業分布の男女差異と，同一職業における男女の差別的取り扱いが男女間賃

金格差に影響を与えることを示している。雇用調整などの就業状況の変化，経済グローバル化が男女間賃金格差に影響を与えることを指摘している。また，市場化改革に伴って賃金決定制度が大きく変化したことが男女間賃金格差に影響を与えると考えられる。具体的にいえば，計画経済期には，国営企業が賃金決定の自主権を持たず，賃金総額，賃金水準，昇級・昇給がすべて政府によってコントロールされていた。しかし，市場経済期には，企業改革の実施とともに，国営企業は，賃金決定の自主権が拡大した。また，企業所有制の改革に伴って非国営企業（たとえば，外資企業，民営企業）が増加した。非国有企業は最初に賃金決定の自主権を持つことが多い。このような賃金決定制度の変化が男女間賃金格差に影響を与えると考えられる。

以上の観点から，中国においては市場経済期に人的資本の量や男女の差別的取り扱い，さらには賃金決定制度が男女間賃金の格差に影響を与えると考えられる。

第5節　事例研究

【事例1】中国の海外子会社における横領

【同社概要】

中国で検査装置を製造，販売しており，国内に3か所の現法，10か所の支店を有する。

【失敗事例】

中国現地法人に出向していた日本人駐在員は，商社との関係が良好で日本から輸入した装置を商社経由で中国国内向けに販売し実績を上げていた。駐在して2年程経った頃，日本円で約5千万円の検査装置の売上債権（装置検収後10%）が1年以上未検収，未入金となっており，日本本社では長期滞留案件として問題視されていた。経理部門で調査を行った際，不審な点があったため中国現地法人で調査をしたところ，商社から日本人駐在員へキックバック（謝礼名目で授受される金銭）があったことが判明した。日本人駐在員は，装置納入後の不具合についてお客様に迷惑をかけたとのことから，本社に相談することなく残金支払免除の覚書をお客様と締結しており，更にその残金分のいくらかが商社経由でキックバックされていたことが，後に商社幹部のヒアリングで判明した。日本人駐在員は後日，本社の懲罰委員会にかけられ，懲戒解雇された。最終的には，残金の入金目途が立たないため，約5百万円を損金計上した。また，日本人駐在員が懲戒解雇された後，本社経理部門の担当者が中国現地法人の残務処理で関係書類を整理していたところ，実体のない架空発注，架空検収により中国現地法人口座から約3百万円を日本人駐在員の口座に送金し不正着服していたことも判明した。調査するにしたがってその目的は現地クラブの設立資金に用立てていた事が書類から判明した。日本人駐在員は現地のクラブのママと深い関係になっており，クラブ設立資金を要求されていたと思われる。

【失敗の原因及びあるべき対応】

中国現地法人では，日本人駐在者が支払処理を一人で行う仕組みになっていて，受発注，検収，送金処理を行えたことが今回の原因となっている。実際の送金処理は中国人が行っていたと推察されるが，日本人駐在者が責任者だったため，中国人担当者は責任者からの指示通りに業務を行っていたと思われる（日本人駐在者が中国人担当者へキックバックがあったとも推測される）また，それを監査する本社の仕組みもなかったことが原因である。中国に限らず本社から目の届きにくい現地法人では，外部業者（例：社有車リース，旅行，保険，不動産等）と結託した会社資金の着服，不正流用等が行われる可能性がある。これを防止するためには，以下の仕組みを作り，教育を継続的に行うことが必要である。

① 送金時の決済システム構築。帳票照合で複数承認による決済システムを盛り込む。

② 本社の定期的な内部監査により上記処理が適正に行われているかチェックする。

③ 購買，経理，調達部門など送金，検収業務を行っている部門は，外部業者，代理店等との癒着が起こらないように定期的なローテーションを行

う。

④　ルールが形骸化しないようコンプライアンスに関わる教育を本社同様，現法にも定期的に行う。（違反が発生した場合の本人への懲罰等を周知させる）

⑤　日本人駐在者への適性検査，駐在前教育を行い，コンプライアンス遵守を徹底させる。

【事例2】会社資産の横領・流用

【同社の概要】

中国で医療器具を製造・販売している。2011年より上海に現地法人設立。拠点は上海のみ。

【失敗事例】

上海の日系進出企業で経理担当者として勤務していた現地人社員Aは，2016年8月～2016年11月までの間，その職務を利用して，不動産投機目的のために会社の運転資金から80万元を私的に流用した。会社側は2016年12月に行った帳簿検査の際にAの不正行為に気づき，公安当局に届け出た。公安当局による捜査の結果，Aが偽造した領収書（発票）を発行して清算する方法で会社の資金約10万元を騙し取っていたことが判った。Aは検察当局が起訴する前に，会社側に不正に流用した金銭の全額を返還した。

法院は，Aには資産流用罪，業務上横領罪が成立していると判断したが，情状従軽或いは刑罰の軽減の余地があることから二つの罪に対して個別に懲役1年と懲役6ヵ月の二つの刑を言い渡し，それらを合わせて1年3か月の懲役に処すことを決定した。

【失敗の原因及びあるべき対応】

Aは会社での勤務期間も長く，日本語も堪能であり，経営層からも信頼を得ていた。そうした立場を利用し，不正を働くようになった。この会社は50人未満の小規模な会社であり，経理の主業務をAひとりに任せていたことも原因の一つである。また，Aは日系人材会社からの紹介で採用に至っている。

中国では本人の人間的な資質が最も重視されるべきところ，信頼できるかどうか見極めもせずに日本語が堪能というだけで多大な権限を与えてしまったことも，原因として挙げられる。

・会計と出納を兼務させない。現金を管理する者は会計の最終処理をしてはならず，会計処理権がある者は現金に触れてはならない。会計と出納の業務担当は必ず分け，相互チェックのルール作りが必要である。また，言うまでもなく，財務部長や総経理といった統括責任者の定期的な監督はより重要となる。

・日系企業は通常，複数の日系銀行・付近の地場銀行に多数の口座を開設して資金が分散している。資金効率も悪く不正が発生しやすい。総経理や財務部長は，通常ステートメントを確認しない。確認したとしても，各銀行からのステートメント入手時期が異なるため，出納人員による資金流用の余地を残すこととなる。

・内部統制システムの構築も有効な手段である。日系企業では通常，何らかの内部統制システムがある。少なくとも業務フロー，認可手順は存在する。問題はこれらが現地に即した実務上合理的なものとなっているか，である。全てを作り変える必要なく，① 全ての業務・事務をカバーしているか，② 実際の手順と規則は一致するか，③ 業務フローの各段階で不正が発生する余地があるか，といった点に注視し再評価する。

注

(1) エマニュエル・トッド（2008）（荻野文隆訳）『世界の多様性』藤原書店，p.78，p.108。

(2) エマニュエル・トッド（2010）（石橋晴巳編）『自由貿易は，民主主義を滅ぼす』藤原書店，pp.210-211。

参考文献

赤染久（2001）講演1「海外ビジネストラブル事例」公益財団法人富山新世紀産業機構　アジア経済交流センター。http://www.near21.jp/kan/publication/journal/40/akazome.pdf（2017年12月17日閲覧）

アセットマネジメントOne株式会社（2017）中国経済工作会議に見る2018年の中国経済政策。http://www.am-one.co.jp/pdf/report/1776/171221-researchgr_China.pdf　https://www.nhk.or.jp/kokusaihoudou/archive/2017/05/0530.html（2017年12月21日閲覧）

岩田龍子・沈奇志（1997）『国際比較の視点で見た現代中国の経営風土―改革・開放の意味を探る』pp.30-50，pp.80-112。

エドワード・ルトワック，奥山真司（訳）（2016）『中国4.0―暴発する中華帝国』文藝春秋，pp.29-

32。
王元，張興盛，R・グッドフェロー，代田郁保（監訳）田中一博・郝暁彤（訳）(2000)『中国のビジネス文化―中国の経営風土と交渉術』人間の科学社，pp.50-82。
大前研一 (2002)『チャイナ・インパクト』講談社，pp.214-232。
加藤隆則・竹内誠一郎 (2013)『習近平の密約』文藝春秋，pp.87-89。
加藤徹 (2011)『中国人の腹のうち』廣済堂，pp.127-129。
経済産業省通商白書 2018 年版。
近藤大介 (2016)『パックス・チャイナ中華帝国の野望』講談社，pp.77-85。
佐藤賢 (2011)『習近平時代の中国――一党支配体制は続くのか』日本経済新聞出版社，pp.292-302。
肖敏捷 (2017)『中国　新たな経済大革命―「改革」の終わり，「成長」への転換』日本経済新聞出版社，pp.141-185，pp.221-227。
中華人民共和国国務院第4回（1990 年度）国勢調査。
中華人民共和国国務院第5回（2000 年度）国勢調査。
張車偉・趙文 (2018) 中国社会科学院リポート　中国の所得分配の現状と格差縮小に関する考え方―社会的安定の維持のために政府が打つべき施策，日経ビジネス ONLINE。http://business.nikkeibp.co.jp/atcl/report/16/111400180/（2018 年 7 月 20 日閲覧）
沈才彬 (2016)『中国の越えがたい「9 つの壁」』角川書店，pp.289-292。
富坂聰 (2014)『中国の論点』角川書店，pp.159-234。
丹羽宇一郎（(2014)『中国の大問題』PHP 研究所，pp.132-139。
馬英華 (2003)『中国人女性弁護士が伝授する最新中国ビジネス果実と毒』光文社，pp.123-125。
畑村洋太郎 (2015)『技術大国幻想の終わり―これが日本の生きる道』講談社，pp.58-77，pp.130-141。
弁護士法人キャストホームページ，https://legacy-cast.com/page-44/page-50（2020 年 5 月 10 日閲覧）
マーティン・ジェイクス，松下幸子（訳）(2014)『中国が世界をリードするとき―西洋世界の終焉と新たなグローバル秩序の始まり（上)』NTT 出版，pp.335-391。
マーティン・ジェイクス，松下幸子（訳）(2014)『中国が世界をリードするとき―西洋世界の終焉と新たなグローバル秩序の始まり（下)』NTT 出版，pp.167-248。
峯村健司 (2015)『十三億分の一の男　中国皇帝を巡る人類最大の権力闘争』pp.294-298。
三井住友アセットマネジメント (2017) 2018 年中国経済の見通し。http://www.smam-jp.com/market/report/marketreport/china/news171222ch.html（2017 年 12 月 22 日閲覧）
Richard C. Koo (2008)『日本経済を襲う二つの波』徳間書店，pp.276-299。

第2章
東南アジアの国別経営風土の特色および現地従業員の文化価値体系

第1節　タイ

1)　タイの歴史，宗教，文化的特長

タイ人を理解するには宗教，民族，気候といった自然環境と歴史を理解することが必要である。図表Ⅱ-2-1に示したように，一般的に仏教は，大乗（大衆部），小乗（上座部）の2系統に分かれ，タイ国民の多くは小乗仏教を信仰している。

個人の差異はあるかもしれないが宗教的な見地でタイ人の気質をネガティブに分析すると職場におけるタイ人気質には下記があげられる。

・自分自身の仕事に関心があるが他人の仕事に関心がない。

・教わったことを他人に教えることが少ない。

・受動的であり，指示待ちの状態になる。

会社組織を運営するにあたりタイ人の宗教的な見地で仕事の役割分担を考えていかなければならない。

図表Ⅱ-2-1

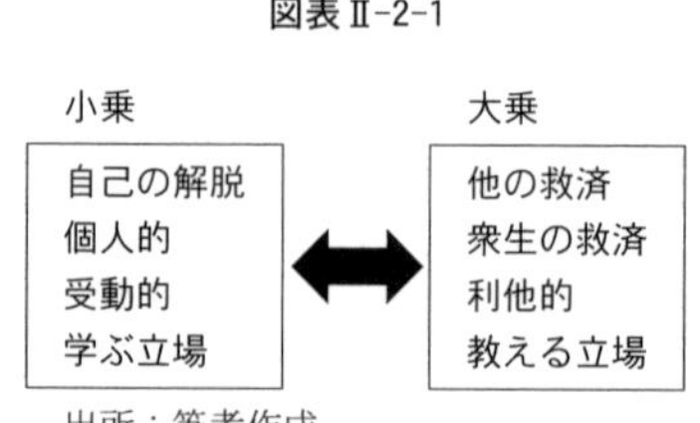

出所：筆者作成。

2)　歴史的側面から見た特徴

タイは歴史的に見て東南アジアでは欧米列強の植民地支配を受けなかった唯一の国家である。外国勢力との直接衝突を避けながら外国勢力がタイ国に武力駐留を認めつつ独立を維持した側面がある。タイは国王を元首とする立憲君主制を維持しており，歴史的にみて自尊心が高い民族といえる。

(1)　タイ人の特徴

タイ人は常に精神的にサバイ（日本語で言う「快適」な状態を意味する。）の状況でいることを望む。精神的に快適或いは安定的な状態でなくなると，彼らはその場から逃避する傾向にある。その国民性は享楽的であり，忙しい状態にストレスを感じる。

通貨危機が起きた1997年12月にプミポン国王が70歳の誕生日の祝賀会にて，「(経済の) 虎になることが大切でなく，ちょうど生活ができるだけの自給自足的な生活こそが大切」だと述べた。仏教思想に根差したこの談話は必要以上の富を求める経済ではなく，国民全体がほどほどの生活が送れることが必要であることを述べている。精神的な安定状態でいること，つまりサバイな状態でいることが望ましいと国王陛下さえも述べている。

(2)　対日感情

歴史的に見て日本と敵対関係になったことはない。タイ国は国際情勢に敏感であり，協調関係にある国が不利だと分かれば直ぐに有利な相手と組むという変わり身が早い国である。反日感情はないが日本に対する感情はあくまでも日本の経済的優位性に対する羨望的な感情であり，これは経済的な優位性に比例するものと捉えるべきである。したがって，日本の経済的優位性が薄れれば親日的感情は薄れると考えるべきである。

3)　タイの労働市場

近年，日系中小企業のタイ進出が増加している。進出理由としては取引先からの要望がもっとも多いが，ASEAN 市場の発展，生産コストの削減を目的としたものも多い。

(1)　タイ人の職業意識

タイの離職率は業種によって異なるが平均 10％と言われている。特に離職率が高い年齢層は 20 代から 30 代前半の若い世代の労働者である。彼らはより良い給与，役職，待遇を求めて転職することは当たり前のことと思っている。そのため折角，育った社員がより高い給与を提示されてライバル企業に移ってしまうことは日常茶飯事であり，長期に渡る従業員の雇用に向けた大きな障害となっている。

日本企業の場合，タイ人技術者を技術習得の目的のため一定期間，日本の親会社に技術研修に出向させることが多い。しかし日本に研修に出したタイ人技術者がタイに戻って間もなく，より高い給与で他の会社に引き抜かれてしまう事例は少なくない。これを防ぐため日系大手企業はタイ人技術者を日本の親会社の研修に出す前に個別の雇用契約を結ぶことが多い。契約内容は研修に出す条件として，タイに戻ってから一定期間の離職を認めず，契約期間内に離職した場合は日本の渡航費用，経費の負担を求めるといったものである。このようにタイ人技術者を長期に渡る雇用の維持に向けた技術者の引き留めは容易なことではない。そのためには，毎年の給与のベースアップが必要であり，他の従業員との給与格差をどう説明するかという問題が発生する。製造業の場合，結局のところ重要となる部署には日本人技術者が必要であり，有能なタイ人技術者がいなくなった場合でも生産が滞ることが無い様にする必要がある。

(2)　タイにおける労働コスト

タイ政府によって地域別に最低賃金が規定されており，労働者に最低の日給が保証されている。工場の単純作業に従事する従業員がこの最低賃金の対象となるが景気が良くなると，どこの企業も人手不足になり，最低賃金では新規雇用が難しい状況になるケースが多い。

大手自動車メーカーのエンジン工場での増産対応の際，最低賃金では新規雇用するにも従業員が集まらず，最低賃金以上の給与を出さないと人が集まらなかったケースが見られた。このため景気動向によっては新規雇用の確保のため，想定以上の人件費の増加を見込む必要性がある。

4)　タイ人従業員の採用と課題

従業員が多い工場などは，マスメディア等での募集を行うが，従業員数が数名，数十名のような企業の場合は，人材派遣業者から希望する人材の紹介を受け，面接を経て採用をする。バンコクの場合，人材派遣業者は多数あり，毎年新しい人材派遣会社が設立されている。紹介手数料は採用者の月給の2~3ケ月となっている。

タイには日系資本，現地資本の派遣会社が多岐に存在する。一概にどの業者が優れているかを見分けるのは困難であるが，重要なのは，企業の要望に対して親身になって考えてくれる業者を見つけることである。人材派遣業者にとり，登録する人材は彼らの商品であるので，その商品が定期的に会社を変わり，同じ人材派遣業者がその人材を別の会社に紹介して，採用させれば儲かる仕組みになっている。

タイ人は日本人のような会社に対する忠誠心は乏しく，給与が安いと，すぐに人材派遣会社に登録して，別の会社からのオファーを待つ。人材派遣会社にとっては非常に良いビジネス環境である。このような背景をよく理解して，派遣会社を選択し，人を選ばなければならない。多くの人材派遣会社は，保証期間と銘打って，採用後の人材がきちんと勤務しているか確認するサービスを提供している。このサービスを性善説としてとらえるのは典型的な「お人好し」会社である。採用後に人材派遣会社が採用人材に連絡を取る目的は，採用した企業の情報を得るためであり，新しい売りこみ等々に活用するためである。さらには，その企業に所属している社員の中で転職希望者がいないかどうか，採用させた人材から情報を得るためでもある。こうした点から，現地従業員の採用後に派遣会社が採用した人材に連絡をとることを全面的に禁止すべきである。

したがって，良い人材を獲得するには良い人材派遣会社に依頼することである。また，人材派遣会社以外の現地従業員の採用方法として，従業員に友人や知人を紹介してもらう方法もある。人材派遣会社に一辺倒に頼るのではなく，自社の信頼できる従業員からの紹介も考えるべきである。

(1)　新卒を採用すべきかそれとも経験者か

小規模の企業の場合，採用した人材を教育する体制が整っておらず，前の会社での勤務経験者（以下，「経験者」と記す）は即戦力という考えを強く持ち，経験者を採用する傾向がある。経験者というデメリットをよく理解せずに，兎に角人が欲しい，という切迫感で人を採用している場合が多い。経験者，すなわち，前の会社を辞めて再度会社を探す人物のほとんどは前の会社の給与，待遇に不満を感じ，新しい会社を探しているのである。給与を上げるために，転職をするという理由を十分に理解しておかねばならない。そのような人材の多くは，転職の理由に「新しい挑戦をしたい」，と履歴書に記載をする。その挑戦とは何かと聞くと，まともに答えることができる者はほとんどいない。資格を持っているから大丈夫かというとそうでもない。一番良いのは，自社に所属するタイの従業員に直接専門分野の話をしてもらい，その受け答えを注意深く観察して判断した方が良い。また，経験者が，経理ができると言っても，前の会社での経理ができるイコール次の会社の経理ができるということにはならない。経理システムが違えば，仕事ができない者もいるので，注意が必要である。それでは，新卒の場合はどうだろうか。給与面では一番安いが，社会人になったばかりなので，多くの人間は仕事に前向きである。問題は採用後の教育である。企業内にタイ人の新卒社員を教育するシステムが整っていないと，採用したが与える仕事がない，仕事を与えたいが教える人がいない，タイ語ができないから教えることができない等の問題が発生し，採用した人材が数ケ月で辞めてしまうことがある。

タイ人の場合，日本人と劣らぬ程，英会話は苦手である。TOEIC900 点台であれば漸くコミュニケーションができるレベルである。このような言語的障害があるため，教育ができず，すぐに辞めてしまうリスクに直面する。

英語能力が高い者には直接教育することが可能である。それ以外は，信頼できるタイ人に教育を全て任せるべきである。そうすれば大抵の新人は早期に辞めずに，まじめに仕事を続けるという。ちなみに，信頼できるタイ人により教育された新卒が最もよく働くという評価がある。経験者であれ，新卒であれ，2～3年後には退職するリスクが高くなるということを認識しておくべきである。

こうした点から，日本人駐在員の言語レベルを熟知した上で，きちんとコミュニケーションを取れるタイ従業員を採用することである。人選にあたってはタイ人従業員の意見を尊重するべきである。

(2)　タイ国内に居住している日本人を採用する場合

タイには日系進出企業で求職活動をするため，日本からわざわざタイに渡る日本人がかなりいる。彼らの多くはタイの一般事情にある程度精通しており，コスト的にも現地採用枠で採用する利点がある。しかしながら，タイで日系企業に就職しようとする日本人の中には様々な事情を抱えている者もおり，採用する企業のニーズに合致しないことがあることに注意しなければならない。現地で日本人を採用する場合，その人材がどのような経緯で日本を離れたか等，その事情を十分に確認することである。単に日本に嫌気を差して国を飛び出している場合，現地語を操るといった現地採用のメリットを全く生かすことができないのである。ある日本企業の場合，日本から渡航してきた日本人女性の能力を見込み雇用したが，1年で解雇することになった。この社員は現地採用でありながらもタイ語を操ることができず，現地人従業員との意思疎通を図ることができなかった。その結果，現地人従業員の中に「自分たちと能力が変わらないのに，日本人というだけで給与が高い」という不満を生んでしまったのである。結果的に現地人従業員に評価されなかったこの社員は，組織に不協和音を生むことを理由に退職させられた。

(3)　タイ人とのコミュニケーション

現地で採用した日本人社員に活躍してもらうためには，タイ語でコミュケーションができることが望ましい。しかし，タイ語で流ちょうにコミュニケーションができる日本人は極めて限られている。日本の大学でタイ語の講座を開講している大学は数えるほどしかない。日本人でタイ語を使ってビジネスができる人材は希少である。そのため，多くの日本企業は日本語を習得しているタイ人を通訳として採用し，そのタイ人通訳を介して，日本人派遣社員は現地従業員とコミュニケーションを図ることが多い。この場合，通訳のタイ人が特権を持つようになるので注意を要する。つまり，日本人上司（派遣社員）の言い分を正しく訳さずに，自分の意見を加えたり，日本人上司の代理人としてふるまうことがある。日本人上司は，タイ語が理解できないので，正しい通訳をしているかどうかわからない。そのため日本人派遣社員は，常に通訳とばかり話をするようになり，通訳の意見を，タイ人従業員全員の意見として勘違いすることがある。このような問題をなくすためには，人件費がかかるが通訳として採用した人物のほかに，別のもう一人の日本語が理解できる現地従業員を採用し，その従業員に通訳の内容が正しいかどうか確認させることである。

このほか，英語がある程度できる従業員のみを採用して，英語をコミュニケーション手段として統一することもできる。大切なことは，日本人の管理責任者は現地従業員に対して平等に話しかけることである。いつも同じ従業員とのみ話すことは好ましくない。

(4)　出勤率

タイには労働法で決められた「Sick Leave（疾病休暇）」というユニークな制度がある。これは，病気であると認識したら，その旨を会社に伝えるだけで有給休暇がとれる制度であり，休暇を取る場合，連続2日までであれば，会社に病気である旨を伝えるだけでよいことになっている。ただ，3日間連続休暇となると医師の診断書が必要となる。不心得な者は，木曜日，金曜日をこのSick Leaveで休み，土曜，日曜と繋げて4連休をとるケースが多いが，タイの労働法で認められているので黙認せざるを得ないのである。この疾病休暇は年30日間認められており，従業員は「Sick Leave」を理由に毎月2~3日有給で会社を休むことができる。

タイ人従業員の出社を促す対策として，出勤率をボーナス査定に取込む方策をとっている企業もある。事あるたびに，従業員に健康管理の大切さを教育したり，細かい業務管理を行うことで，「Sick Leave」の悪用を防ぐことがある程度可能となる。新卒従業員の場合，大半は「Sick leave」制度を知らずに入社してくる。この「Sick Leave」制度のメリットを知るのは大抵先輩従業員からである。そのため，組織全体に「Sick leave」の悪弊を理解させておくことも大切である。

タイには通常の有給休暇のシステムもある。有給休暇買い上げシステムを導入して，急な欠勤を防ごうと努力している企業も多い。従業員の出勤を促進する方策として，① 通勤手当の支給，② 昼食補助，③ 皆勤手当を出している企業も少なくない。

いずれにせよ，従業員の権利である「Sick Leave」を否定することはできない。日本企業は，「Sick Leave」を受け入れた上で，従業員には，出勤した方がメリットがあると思わせる施策を講じることである。

(5)　問題社員への対処の方法

タイにおける現地経営においては，素行や勤務態度の悪い問題社員との遭遇は避けられない。日本人と比較して賃金の安い現地人従業員に完璧を求めることは困難であり，領収書の改ざんなどの不正には十分な警戒が必要となる。

バンコクのタクシーの場合，ほとんどのタクシーは領収書の発行機能がないメーターを使用している。その結果，領収書はすべて手書きとなるので，従業員自ら実際の支払金額以上の額を記入することが可能となる。日本企業は，請求された金額に疑念が生じた場合，その請求金額が正当であるかどうかの情報を収集し，本人からヒアリングを行うことである。話し合いを行う場合，公平性や言葉の問題を解消するため第3者の立ち合いが必要である。

現地人従業員の人的資源管理で最も困難なのが業務の遂行ができない（能力不足が明らかな）社員の解雇である。企業としては，業務を遂行できない言い訳を「企業側の教育不足」とされぬように，第3者機関を使ってでも十分な教育を施した証拠を提示できるように準備し，それでも業務対応ができなかったという根拠を揃えることである。日本企業はこうした証拠を整理したうえで解雇を通知することになるが，こうした社員との対話が困難な場合はタイ人弁護士を通じて行うことになる。タイ語が理解できない日本人社員では上げ足を取られ問題解決を先送りにされるリスクが発生するからである。またこうした事案に対応するためにも，採用時には，単純に「営業管理」「経理」などの職務枠で採用することなく，企業が期待する業務内容を細かく記載した労働契約書を準備することである。

(6)　従業員のモチベーションを維持，向上

タイ人が日系企業に入社したがる主な理由は，「日本が好きだから」というのが最も多い。タイには多くの日系企業が進出しており，日本の製品，商業店舗が満ち溢れている。日本の企業に勤め，同僚は日本人，昼食は近くの日本食レストラン，夜は日本の居酒屋，買い物は日本のスーパー，テレビは日本のインターネットテレビ，子弟は日本人学校となると，駐在者は自分が一体どこに住んでいるのかわからなくなる。このような環境が成立するタイであるが，多くのタイ人は日本，日本人に対して悪い印象は持っていない。それどころか日本の企業に就職するために，泰日技術振興協会を設立母体とする泰日工業大学に進学する学生もいるくらいである。入社する従業員の動機は，日本が好き，というのが多いが，日本が好きというから，今就職した会社が好きで，長期にわたり勤務する，会社のために貢献するということではない。いくら日本好きでも，入社した会社が面白くなければ直ぐに辞めてしまう。時間をかけて面接した社員が１日だけ出勤し，翌日に辞めてしまったケースがある。もっと楽しそうな日本企業がある，というのが退職理由であった。この社員は，タイの超一流大学として知られている国立チュラロンコン大学を卒業し，英語は堪能，両親は大学職員という良家の子弟である。

バンコク市内の若年層には２つのパターンがある。ひとつは，お金に困っていないが，仕事をしないと体裁が悪い，もうひとつは生活のために働く。学歴がある若年層は，親がその学歴を与えるだけの資力がある場合が多く，生活のために働くという意識が弱く（お金があるので，生活には困っていない），入社した会社で，どのような仕事ができるかとういう大学の延長線上のようなことを期待する傾向がある。この見極めが肝心である。

5)　信用できる外部のパートナーとの関係構築

現地に会社を設立する場合，外部のコンサルタント会社と契約して，会社登記，役員登記，就労ビザ等々の手続きが必要である。タイの公文書は，すべてタイ語により，タイの年月日で書類が作成されるので，どうしても外部のコンサルタント会社を利用せざるを得ないのである。外部のコンサルタント会社は大手会計会社グループから，個人のコンサルタントまで多く存在する。

初めて進出する場合，事情が何もわからないので，政府機関に頼る傾向がある。政府機関の紹介は大手のコンサルタント会社が多く，費用も高額である。大手のコンサルタント会社は，信用度が高いが，法人設立後のアフターサービスなどを考えて選ぶ必要がある。このほか資格を持った日本人が運営し，経験豊富なタイ人スタッフ（政府機関，警察OB，弁護士，会計士）を抱えているコンサルタント会社もある。

また，コンサルタント会社はできるだけ事務所の近くに所在するのを選ぶべきである。タイはある日突然制度が変わる。特に，軍事政権下では，民主的な手続きなしに法律が決まる傾向がある。そのためにも，近くにある方が，短時間で必要な対処ができる。また，トランスペアレンシー・インターナショナル（Transparency International）が毎年発表するCorruption Perception Index（腐敗認識指数）では，2017年のタイのランクは180ケ国中で96番目であることへの認識が必要である。東南アジアではシンガポールが6番目，マレーシア62番目，インドネシアは96番目。日本は20番目である。腐敗が多いということは，そのリスクへの対処を考える必要ある。対処の一つとして現地に根付いたコンサルタント会社を活用することがある。タイでは思わぬ理由で法外な罰金を請求されたり，警察への出頭命令が来ることがある。こうした偶発的な問題を解決するためには，外部のコンサルタントのサービスを活用する方法がある。外部のコンサルタントは，小回りが利き，人脈が多い会社を選択すべきである。

6）事例研究

【事例 1】三菱日立パワーシステムズ（株）のタイ公務員に対する贈賄

【同社概要】

進出国：タイ

会社概要：三菱日立パワーシステムズ（株）　従業員（連結会社計）18,647人（2018 年 10 月末現在）

進出の背景：タイにおける火力発電所の建設

三菱日立パワーシステムズ（株）（以下「MHPS」）は，三菱重工業（株）と（株）日立製作所が出資して設立した合弁企業で，日本を代表する発電ビジネスの大手企業。

【失敗事例】

タイ王国ナコンシタマラート県カノム郡において当社が請け負っていた火力発電所の建設工事をめぐり，2015 年 2 月，MHPS 社が建設資材の海上輸送を依頼していた物流業者の下請け輸送業者が，発電所の建設現場近くに設置された桟橋に資材を荷揚げしようとしたところ，地元港湾当局の関係者と思われる複数の人物によって桟橋を封鎖されてしまった。そして MHPS の資材運輸部門の担当者に 2,000 万バーツの金銭を支払うように連絡があった。

MHPS が依頼していた物流業者が，桟橋使用許認可の取得手続きを適切に実施しなかったことが問題になったのである。これにより資材の荷揚げが遅れた場合，発電所の建設工事が遅延し，MHPS が多額の遅延損害金等を支払う義務が生じることになることから，これを回避する目的で，MHPS 関係者は，要求に応じるべく 2,000 万バーツを輸送業者に支払い，桟橋の封鎖を解除させた。この資金は，MHPS が関連業者に架空発注をすることによって捻出したものであった。

また，日本で初めての司法取引に応じ，企業の不起訴を勝ち得た事例となった。

【失敗の原因及びあるべき対応】

この事件が発生した背景には，資材を陸揚げできないと建設プロジェクトの納期が遅延し，発注元との間で多額の違約金が発生してしまう問題があった。「コンプライアンス」に違反してでもプロジェクトの利益を優先させた方が良いと考えて決定したことであった。当然なことながら，社内には法令に違反しても利益を優先する暗黙の了解があったと思われる。

ただし，その中でも今回の決定を問題視する関係者がおり，内部告発によってMHPS本社が事態を把握。日本の不正競争防止法が禁止している「外国公務員に対する贈賄」にあたるとして，自主的に東京地検に情報を提供し，捜査に全面的に協力した結果，会社の責任は免れることになった。

不正が明らかにされる通報システムが社内に設けられ，本事案が明かるに出たことは評価に値するが，MHPSにはコンプライアンス違反が大きな社会的影響を招くという認識が欠けていたため，法律に準拠することよりも利益を優先させてしまったのである。MHPSは，コンプライアンスのさらなる徹底やコンプライアンスのチェック機能，罰則規定を設け，実践することにより，贈賄等の法律違反は決して起こさないという社内の雰囲気を醸成する必要がある。

【事例2】職場の麻薬汚染（タイ）

【概要】

タイは，安価な労働力を背景に80年代後半から多くの日系企業が進出し，特に自動車（2輪含む）産業は，進出の規模・量ともにタイをASEANの勝ち組にまで引き上げた。また，安さと安全性の面から観光業もGDPに占める割合が高く，昨今では日本人や欧米人だけでなく，中国やその他アジアからも多くの観光客が訪れる場所となっている。

【具体事例（リスク）】

タイの中小企業工場では日常的に麻薬の抜き打ち検査が行われている。バンコク東南に位置するチョンブリー県にある金型メーカーのAutomotive Mold Technology（以下AMT）社（従業員100名・売上25億）では，1年に2回から3回，この抜き打ち麻薬検査を行っている。

検査方法は，検査員が従業員の作業服をまくり上げ，背中をガーゼでこする。皮脂を採取し，検査機にかけ，20秒以内に麻薬反応の有無が判明する。しかし，AMT社では，麻薬反応の結果だけを従業員に伝えるが，当該検査を通じ，麻薬使用の常習性を把握している。

また，抜き打ち検査を実施することにより，抑制効果と使用の疑いのある従業員をリスト化できるメリットがある。

当該抜き打ち検査は，尿検査のようにすり替えができず，検出できる麻薬の種類も多い。尿検査では検出ゼロだった企業でも，この検査では検出率が6%であった。費用は，1人当たり300～1,000バーツと，同50バーツの尿検査に比べると割高だが，それでも面倒なリスクを回避するための必要経費として，サービス開始（2016年）から1年余りで，既に約200社が採用している。

【失敗の原因とあるべき対応】

タイでは麻薬は日本以上に入手しやすい。たとえば，工場の生産ライン長が売人で，ラインの従業員全員にいつの間にか麻薬が蔓延していたというケースが見られる。また，運送業では特に使用率が高く，眠気覚ましに覚醒剤を使う長距離運転手が多い。麻薬を入手するために会社の金品を横領する従業員もいるほど，進出企業にとっても深刻なリスクとなっている。

タイは，ミャンマー，ラオス，カンボジア，マレーシアの計4カ国と国境を

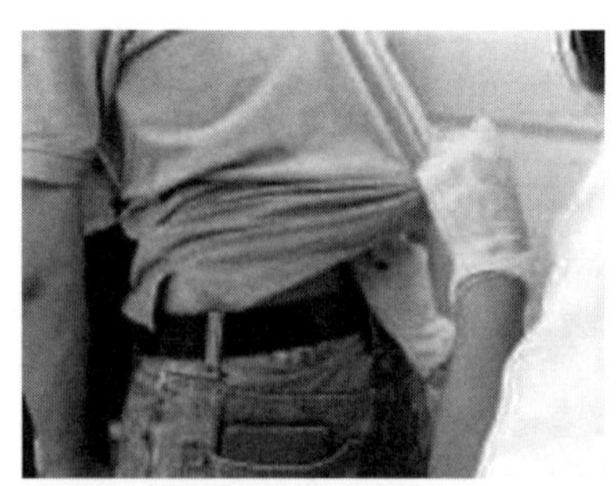

写真Ⅱ-2-1　皮脂で麻薬反応の有無を検出するサービスが広がる（タイの日系企業の工場）

出所：『日本経済新聞』2017年2月9日。

接し，地政学的にもASEAN（東南アジア諸国連合）の麻薬ルートの要衝となっている。

ここから学ぶべきは，日系企業間で情報共有をし，日本国内には存在しないリスクに備えることである。特に中小企業単独では，潜在しているリスクを全て把握するのにコスト・時間・情報量の観点から難しい。AMT社では，大手日系企業とも情報交換することで，各種リスクに対して効果的に対応している。

第2節　ベトナム

1)　ベトナム人の気質と職業意識

まずベトナムを一つの国として見ると様々な問題や誤解を生むことが多い。特に，ベトナム北部（旧北ベトナム）の特徴は，過去の社会主義・計画経済を色濃く反映し，年齢や勤続年数に応じた公平な年功序列を重視していることである。また会社丸抱えの福利厚生が当然との認識があり，帰属意識は高いものの，会社と従業員の受益の境目は曖昧で，会社資産の私的流用リスクがある。また過剰なまでの文書化と，責任回避のために幹部が承認した証拠を必要とする傾向が強い。また高学歴の人材の多くは，幼少期から学業成績で一番になることを求められていることから，あらゆる手段で他人を蹴落としてでものし上がろうとする側面がある。自身の防衛組織としてムラ社会を作ることにも長けており，部署間のチームワークやコミュニケーション向上には多大な労力を要する。したがって，日本人管理者は，誰が小集団のキーマンであるかを見極め，適切に対処しないと組織運営が困難を極める場合がある。彼らの思考は極めてポリティカルであり，交渉や駆け引きに非常に長けている。また，彼らは上司の意向に同意を示すことが重要であるため，命令に対し表面上は了承していても，実際には行動が伴わないことも多いのである。また，その他には四季があることから将来の備えに敏感であり，貯蓄性向も高い。家族との生活（時間）を最も大切にする傾向がある。

一方，ベトナム南部（旧南ベトナム）は，温暖な気候や米国資本主義の影響で，北部とは全く異なる気質を持つ。物事に対してストレートに反応を示し，直接的な経済的メリットを重視する。駆け引きなどは総じて苦手である一方，恩や人間関係を大切にし，人間味のあるチームワークを重視する。この地域は果物や農作物が豊富であり，生計を立てる上では「何とかなる」という感覚を抱えているためか，北部よりも貯蓄性向が低く，将来のリスクに対する感度は総じて低いといえる。

南北共通のものとしては，礼節や感謝の気持ち，人間関係を重視するハイコンテクストな価値体系を持つなど，メンタリティーは総じて仏教国でもあり日本人に近いものがある。92年に放映され，絶大な人気を博した「おしん」やアニメーションなどのサブカルチャー・コンテンツを通じた日本への親近感や，多額の経済支援，戦後の復興と高い技術力，商品や人に対する高い信頼性という面などから，対日感情は極めて良好であり，尊敬の念をもって接してくれる。一方で組織におけるマネジメント層には統率力のあるリーダーを求める傾向にある。現地従業員は上司に対し，常に“意思決定”を求めるため，優柔不断な人物や発言に一貫性のないリーダーは信頼を失うことになる。したがって通常，「和」を重んじる日本的意思決定スタイルは顧客のみならず従業員からも受け入れられないのである。一方で責任を負うべきトップが「黒」と言えば，現実が「白」でも表面上「黒」と振る舞う傾向が強い。このようなケースでは彼らに意見を求めても本心を聞くことが極めて難しいため，不正防止対策という観点からも優秀で信頼できるベトナム人幹部を育成することが極めて重要となる。その他ベトナムは，年齢によって人称代名詞が変わるほど年齢を基準とした上下関係が重んじられるため，組織設計や昇格時には年齢と勤続年数を十分に考慮しなければならない。

2)　ベトナムにおける経営環境

(1)　政治，税制，法制度，治安等

一党独裁であるがゆえに，明確な文書による規定よりも党や上位者の意向が強く反映されるため，各種政令や規定などは突発かつ表現が曖昧な規制が多

く，上位組織に確認しないと解釈が異なるケースが多い。ベトナムでは国会が定めた法律だけではなく，その具体的内容を定める政令や頻繁に出される通達にも十分に目を配る必要がある。JETROの調査結果でも課題として挙げられているように，日系企業ではその確認自体にかなりの時間を要する傾向にある。また省庁や階層，州政府によって見解が異なる場合があり，曖昧で運用が統一されているわけではないことには，十分に気を配る必要がある。先般の突然の自動車輸入規制（国内生産車の保護を目的とした各種検査資料の提出指示他）はその代表例である。

2013年の家電省エネ規制導入時に，流通在庫の取扱い等の規定の不明瞭さ，施行直前の開始時期変更，認可機関の検査能力不足による審査遅れなどで混乱したケースがあった。一方，産業育成の遅れとインフラ投資を海外支援に依存している状況から，政府債務増大，財源と外貨の不足により税制面でも混乱をきたすケースが多発している。その他，不明瞭な理由による追徴課税があり，特に部材や商品輸入時の関税のベースとなる仕入れ価格の見解相違によるコンテナ差し押さえなどは常態化しているため，コスト算出や納期管理には注意が必要である。また最大の課題の一つは未整備なインフラである。場合によっては，僅か100kmの搬送に4時間を要することもあり，物流費は相対的に割高である。

ベトナムの政治・宗教・治安は比較的安定しているとはいえ，侵略と支配への闘争の歴史などから反中感情は民衆の間で根強く，米中貿易摩擦による余波を含め，不確定要素が増している。実際，2014年5月，南シナ海領有権問題をめぐって反中デモの一部が暴徒化し，中国企業が標的となったのである[(1)]。当局との衝突の結果，死者が出る事態となった本件では，同じ漢字を使用する日系企業が巻き込まれるリスクがあったのである。

標準法人税は日本の実効税率と比較すると20％と比較的低い。取引には消費税に似た付加価値税を採用しており，ほとんどの場合は10％（2018年1月現在）である。事業の過程で創出する付加価値に課税され，取引の都度徴収と支払いが発生する。その際にはRED INVOICEと呼ばれる赤い紙に社印を押した書類の添付が必須である。尚，現在では電子化が奨励され浸透し始めている。

また移転価格税制に対する個人給与の取締まりも強化されており，注意を要する。税制は規定変更が頻繁に発生しており，常にモニタリングをしておかないと後々追徴課税等で大きな損失を抱えかねないのである。個人所得税の最高税率は35％（累進課税）で，家賃手当，通勤手当等も課税対象となる。駐在員を派遣した場合は高額の費用がかかり，移転価格税制には注意が必要である。

(2)　商習慣

急速なインターネットの浸透により変化が見られるものの，ベトナム人は基本的に「現物主義」あるいは「現金主義」である。特に現地企業の経理部門の最大のミッション，評価は支払いをいかに遅らせるか，あるいは支払いを回避するかという場合が多い。また，財務状況は極めて不透明なことが多く，回収や資本提携・買収には慎重に慎重を重ねておく必要がある。知的財産や模造品対策に対する意識は低く，契約文化もあまり根付いているとはいえず，未だ人間関係や政府関係機関とのパイプで決定されることが多い。

警察の判断や裁判も同様にそうした背景で決まることが多く，注意が必要である。また商習慣で最も警戒すべきはキックバック等のコンプライアンス問題である。ベトナム語で会話がなされ，人間関係で取引される為，日本人が探知することもそれを立証することも極めて困難である。基本的に日本では考えられない取引の形態があるものとして疑って構えておく必要があり，ジョブローテーションや仕組みなどで自らを防衛していく他はない。

3)　現地人の採用と雇用・評価制度

前述したように，特に北部出身者に関しては極めて粘着質なところがあり，一度揉めると相手が日本人やベトナム人に限らず，執拗に嫌がらせを受けることになる。

公平かつ透明な人事給与体系や評価，応対方法で敵をいかにつからないかという点が従業員マネジメントの基本である。また，南北共に年功序列を強く意識しているため，最初から可能な限り透明かつ公平な評価・登用基準を明示しておく必要がある。また従業員からのフィードバックを含めた現地従業員との日頃のコミュニケーションは大変重要である。

さらに，「情報管理」については十分な留意を要する。かつての戦時下では情報が極めて重要であったこと，また社会主義経済システムの中で，情報＝実利であることから，ベトナム人は常に社内外で部外者とコミュニケーションをとっていると考えた方が良い。道中での会話を含めて，社内情報管理には細心の注意を要する。

最低賃金は4つの地域でそれぞれ設定されており，最も高い第一地域（大都市圏等，2018年1月現在）で398万ベトナムドン（約175米ドル）である。過去，10%超えていた平均賃金の伸び率は，投資誘致の観点から，ここ数年は7%前後に抑制傾向にある。ただし，ホワイトカラーの給料は金額差が極めて大きいのが特徴で，各種紹介資料では，ホワイトカラーの非管理職は月給400〜800米ドル，課長職クラスは1,000米ドル前後となっているが，職種によって大きく異なるのが実態である。特に海外からの事業進出が急増しているホーチミンやハノイでは，人材獲得競争が過熱している。こうした環境下では，現地社員が採用された時点からすぐに条件が勝る次の職を探すことは日常であり，2〜3年という短期間で転職を繰り返すのである。日系企業が大きな課題として掲げる彼らの転職であるが，会社への帰属意識よりも家族の生活を重んじる彼らにとっては，生活の質の向上が最優先であり，キャリアアップを目指す傾向を妨げるのは困難である。

最近では海外の大学で専門知識を得た若い人材が増加傾向であるが，特に有能な中間管理職の層は極めて薄い。若者は，いわゆる欧米式の専門職システムに慣れた人材が多く，日本企業が求めるマルチタスク（同時にいくつかの仕事をすること。また，そのさま。）の国際人材は限定的である。さらに若い人材ほど流動率が高いため，離職率は高くなる。求める人材の質にもよるが採用は難航する一方で，2〜3,000ドルの好条件で他社に引き抜かれるケースも多くなっており，販売やマーケティング会社では幹部クラスで年収3,000万円を超えるオファーをされるケースも見受けられるのである。

期限付き労働契約は最長36ヶ月で契約可能で，契約更新をした場合は，2度目の更新時には期間の定めない雇用契約となる。社会主義独特の労働者主体の概念のもと，労働者の権利を保護するための労働法が基準となり，職種の変更，部署異動も雇用契約と照らし合わせて基本的に本人の同意が必要となる。解雇は管轄労働局等への報告義務があり，余程明確な損害を立証するか，事業撤退などの事情がない限りはできないと考えた方がよい。

4)　ベトナムにおける経営上の留意点

筆者は 2018 年 7 月に JETRO ホーチミン事務所においてヒアリング調査を行った。以下は，そのヒアリング結果である。

製造業においては，特に人件費が安く，当面は安定した事業展開が可能であると考えられる。しかしながら，経済発展に伴う環境変化のスピードは日本とは比較にならないほど速いため，中長期的に見れば中国に見られたような消費者物価や人件費の急激な高騰も考えられる。さらには日系進出企業の「現地調達率」が 3 割程度に留まっている点や為替リスク，輸入通関リスクなどには十分な留意が必要である。このような経営リスクや激化する競争環境を踏まえ，現地企業や他国への輸出先開拓，撤退も見据えたアセットライト（資産を軽くする）経営などのリスクヘッジ策の策定・推進が重要である。

労働市場を見ると，すでに日系企業間での人材獲得競争は激しくなっており，賃金上昇の傾向が顕著である。特に前述した中間管理職やエンジニアの供給不足を経営課題に挙げる企業が多い。こうした背景をもとにした人件費の高騰に加え，燃料費，材料費などのコスト高騰は予見できるものであり，現在のビジネス環境の水準を前提とした事業プランは早晩立ち行かなくなる。

ベトナム進出にあたっては，他の ASEAN 諸国とも異なる法規制や社会システム，さらには地域別の国民性などについての地域研究を入念にすることである。そもそもベトナムは 2007 年のＷＴＯ加盟から短期間で本格的な市場経済を導入した国であり，未だ未成熟であることは十分に認識しておく必要がある。特にトップダウンで海外展開が決定する中小企業の場合，綿密な市場調査に基づく事業戦略や投資戦略を怠らないことである。

5）　事例研究

【事例1】ベトナムに進出した日系物流会社「N社」の教訓と今後の課題[(2)]

【同社概要】

N社は90年代前半に香港やタイなどに進出後，距離的に近い東南アジア内で次の有望市場を調査していたところ，ドイモイ政策以降，熱心に外資誘致を図っていたベトナムに着目。人口も多く経済発展が見込まれる魅力的な市場であると判断し，他社に先んじて投資決定。

90年代半ばに進出した当初，同業日系物流企業の現地法人設立はごく僅かであり，ほとんどの日系大手企業は駐在員事務所のステータスで様子見をするだけであった。また当初日系企業の投資案件は既に工業団地開発が進められていた南部への進出が大多数を占め，北部進出は非常に少なかった。そのような中，1996年以降ベトナム政府の政策により日系大手自動車メーカー・二輪車メーカーが北部に誘致されたことにより，ベトナム北部から南部に大量の自動車と二輪車を輸送する需要が発生する。

【失敗事例】

ところが当時のベトナムで南北長距離輸送をするには数ヶ所のフェリーに乗り降りする手間と時間を要し，雨季には洪水による冠水で不通になり，さらにはトラックの荷台を盗賊に荒らされる等，インドシナの難所ともいわれた区間における様々なトラブルに悩まされ続けた。また，当時のホーチミン発ハノイ向けの貨物は，日系自動車・バイクメーカー向けの部品以外ではベトナム地場企業同士で取引されていた雑貨，日用品，縫製原材料しかなかった。地場企業との取引は過積載や帳票なしの違法な輸送サービスを求められ，外資物流業者としては戻り便の荷物探しに大変苦労させられた。

その後2002年以降になって，北部へ進出した日系2輪メーカーの増産と共にハノイの日系工業団地に進出した大手プリンターメーカーをはじめとする南部進出日系企業からの調達とベトナム北部の購買力上昇によって，南部から北部には自動車・オートバイ部品だけでなく，プリンターメーカー調達部品と日系家電メーカーの製品が大量に運ばれることとなり，ようやくリーマンショック後の2013年頃まで事業拡大期に入る。

同社が陸送を事業の中心に選択する理由は，スケジュール確定が容易であること，大量在庫保管をしなくて済むこと，また国内輸送ではディーラーは製造会社へ送金，入金確認後，VAT（付加価値税）INVOICEと共に即配送という実質的には前払い条件となっていたこと，などが要因となっている。キャッシュオンデリバリーに唯一当てはまっていたのも陸送なのである。しかしながら，昨今，内航船や鉄道などによるサービス利用が増加傾向にある。以前はスケジュールが不確定で，適格なリードタイムを求める貨物向けに利用するまでには至らなかったが，現在は週3〜4便（内航船）が就航し，鉄道も予定が経ち易くなったことからモーダルシフト化（トラックから内航船や鉄道輸送にシフトする）されている。また近年陸送の需要自体は近隣及び市内量販店や小売店への引き合いが増加しているが，走行規制（時間帯，駐停車許認可）などの問題もあり，効率的な配送の妨げとなる傾向がある。同時にベトナム南部に進出していた日系企業が北部での需要に応えるために進出したことにより，南部から北部への陸送の需要は減る一方で，相次ぐ同業他社の進出に伴う価格競争により料金や条件が厳しくなってきている。

そうした環境の中，南北間の輸送金額が年々落ち込んでおり，同時に同業他社との価格・条件競争や人件費，倉庫費用や燃料費等の上昇を受け，進出当初とは質の異なる厳しい環境に置かれているのが実情で，本質的には事前の事業目論見と大きな相違が発生していることが要因である。

【失敗の原因及びあるべき対応】

上述の通り，同社では厳しい事業環境の中，事業ロスコスト削減が利益率向上の大きな要素であることから様々な手を打っており，その中で保険対応のトラブル事例を紹介する。

該社では車両や倉庫（貨物），第3者保険などあらゆる種類の保険を購入しているが，実際に保険でカバーできるものは少ないということを認識しておく必要がある。

■車両保険の場合

新車で購入した車両が中南部省の山道を走行中，反対側車線を走行していたコンテナが過積載により荷崩れが発生，該社車両も巻き添えとなった。（納車後3日目）

過積載を行っていたコンテナは保険へ加入しておらず，該社が付保している保険も対向車による事故であるため，保険でのカバーが拒否された。そうした中，警察に介入を依頼し，相手方へ民事裁判を試みるも，外資系はお金がありベトナム地場企業は零細であるとの理由から責任能力を追及せずに敗訴。車両の修理代，その修理期間の賠償は全額負担せねばならなかった。保険会社は求償権を請求できない相手であると保険賠償支払いを拒むケースが多い。

■火災保険

外部協力会社にて倉庫で失火。同敷地内では靴を製造し，ソールの貼付で接着剤を使用していたが，漏電によりその接着剤へ引火し火災が発生。火災発生時，敷地内の貯水池および消防施設に不備があり，なかなか鎮火せずに全焼の被害となった。保管していた貨物では，EPE（Export Processing Enterprises，輸出加工企業）企業の材料保管も行っていたが，税関への許認可が得られておらず保険での支払いが不可となった。更に税関総局より原材料を外部へ保管していたことにより罰金刑を受ける。火災元は地元警察を抱え込んで責任転換を行い，支払い義務がないと主張。保険会社も賠償請求ができない恐れがあることから，第三者検査機関に依頼し，被害状況のレポートを作成して対抗するも，その結果の正誤性も認めず，再鑑定をせねばならなかった。

8年間の裁判期間中，地方裁判所，高等裁判所の差し戻しが2回，裁判官の変更が複数回（裁判官が妊娠，裁判官の異動など）で訴訟に時間を要す。1回目の地方裁判では勝訴し，火災元への支払いを言い渡されたが，高等裁判では逆転敗訴。全面的に外資系には不利な判決が下される結果となる。損害賠償として，8,000万円と消失した資産で1億円の負担を強いられた。

製造業各社はグローバルで付保しているが，ベトナムでは特殊な事例が多く発生するため，ベトナム国内で適用範囲の漏れがない保険条件で購入することが肝要。ベトナム国内の保険であればどんな事例でも確認し付保するかどうかを決められること，更にサービスプロバイダーの保険も最低限しか付保していないケースがあり，輸送および保管する金額と比較してもカバーしきれないため，損害補償をするためには別途保険の加入をお勧めする。

該社は早くからリスクをとって有望新興市場に進出し，経済の発展と共に事業拡大を図ってきた。そういう意味では進出成功事例であるが，その後の環境変化と予期せぬトラブルに見舞われ，様々な苦労をされている。今回の教訓から，進出にあたってはフィジビリティスタディをする際には，上述のような様々な予測不可能なトラブルに巻き込まれることを想定し，十分な資金と人材はもとより，コスト計算にリスク費用を織り込んでおくことが必要であった。また進出検討時に有望市場であったとしても，競合他社参入による競争激化や法規制・環境変化が新興市場では想定以上に早く，日本国内の常識にとらわれることなく，常に自社競争力を磨いていく必要がある。

【事例 2】ベトナムでの反中デモ暴徒化と日系企業への飛び火

2014 年 5 月 13 日，ベトナム南部ビンズオン省のベトナム・シンガポール工業団地（ＶＳＩＰ）で反中デモを行っていた労働者の一部が暴徒化し，標的となった中国系企業などに押し入り看板や門などを破壊，負傷者も発生する事態が発生。同時に同じ漢字を使う日系企業の一部が窓ガラスや蛍光灯が割られるなどの被害が発生した。デモ隊は，中国系企業が多く操業するビンズオン省タンウエンの日韓合弁企業にも侵入した。同社の日本人社長によれば，午後 1 時半ごろ，ベトナム国旗や木枝を持ったデモ隊がバイク 200 台以上で工場敷地に乱入。ベトナム人従業員から外国人は危険と助言を受け，社長は 2 階に隠れたという。デモ隊は同社建屋内でもバイクを乗り回し，蛍光灯が数本割れるなどの被害が発生。混乱に乗じて一部商品などの略奪が起きた。更に従業員 400 人のうち，300 人ほどがデモに加勢，操業にも支障が出た。周囲の中国系企業には，デモ隊が殺到し，中国人が暴行を受けたとの情報が流れた(3)。

中越戦争や模造品被害などもあって従来から嫌中感情が根強いとされたベトナムだが，比較的安定している社会情勢とされた同国で，中国による石油掘削の強行という南シナ海領有権問題の緊迫化が大規模な破壊活動に発展したことは日系企業に大きな衝撃を与えた。

写真Ⅱ-2-2　2015年5月14日反中感情の高まりで焼き討ちにあった台湾系企業

【詳細事例】

日系企業の間では，ベトナムは親日国であり，かつ勤勉で優秀な人材が多く，政治や治安が比較的安定している国と思われてきた。それゆえに地理的な近さもあり，海外進出先として真っ先に選定する中小企業も多いと聞く。しかしながら，ベトナムの過去の歴史や国民感情，通常オペレーション時や表面上では測り切れない鬱積した嫌中感情などが爆発した時，上記のように治安が急激に悪化する。特に漢字を使って同じ顔立ちの日本人が巻き込まれるケースがあるという事実をしっかりと認識した上で危機管理体制を構築していた企業は少なかったのではないだろうか。一連の事件では中国人が暴徒に襲われて死者も出ており，実際に当時，筆者もハノイ市街でベトナム人に中国語で話しかけられた際には恐怖を覚えた。

【あるべき対応】

中小企業に共通する課題の一つが，駐在員の過剰負担である。少人数，場合によっては一人で当局との折衝などをこなさなければならず，多忙を極めて余裕がなく，このため日頃のリスク管理が疎かになりがちである。

本社は，駐在員の業務量や適性判断の定点観測，精神面を含むケア，現地情報の収集，地域社会との連携，現地従業員との対話を重視する体制の構築を支援する必要がある。

第3節　インドネシア

1)　民族，宗教の多様性

インドネシアの国是は「多様性の中の統一」である。イスラム教徒が国民の87%以上を占め，世界一イスラム教徒が多い国ではあるがイスラムは国教ではなく，信仰の自由が認められている（ただし基本的には一神教に限定される）。国語であるインドネシア語も最大多数のジャワ人が使うジャワ語ではなく，古くから交易用語として使われていたマレー語（ムラユ語）がベースとなっている。

国土の東西が5,100キロに及び，約300の民族が存在し，イスラム以外の宗教が多数を占める地域もあるなど，インドネシアは多様性に富んでおり，戦後はじめて独立国家としてその統一と復興を図るにあたりマイノリティを尊重する政策が採られたのである。2010年の人口調査によると，主要民族の構成比は，ジャワ人40.2%，スンダ人15.5%，スラウェシ原住諸族3.2%，マドラ人3.0%，ブギス人2.7%，等となっており，中国人は1.2%である。

インドネシア人の祖先はアジア大陸の出身で，はじめ中国南部の雲南地方に住んでいたが，その後，ベトナム方面へ大挙して移住した。紀元前1500年から500年までの間に，彼らは断続的に移住を続け，南方の島々に広く分布するに至る。西はマダガスカル島，東はイースター島，北は台湾，そして南はニュージーランドを含む，太平洋中南部の諸島をオーストロネシアと呼び，その住民をオーストロネシア民族と呼ぶ。現在のインドネシアの領域に渡来したオーストロネシア民族はマレー人で彼らがインドネシア人の直系の祖先である(4)。

インドネシアに最初に伝来した宗教は仏教とヒンドゥー教で，紀元前2世紀以降に交易と共にインド方面から伝えられたものと考えられている。

ヒンドゥー教・仏教文化の伝来以前から，インドネシア人は相当に進歩した文化を有していたが，それら外来の異文化との接触によって生じた文化変容はインドネシア人の社会生活に広範囲にわたって影響をもたらした。アニミズムとダイナミズムを基盤としたインドネシア土着の信仰は，その祖先崇拝や心霊崇拝といった基本的な性格を失うことなく，伝来してきたヒンドゥー教・仏教との文化的融合を果たした(5)。

その後イスラム教が伝来されることになるが，すでに7世紀には交易に伴い，沿岸部からインドネシアへの伝来が始まったと考えられている。13世紀にはスマトラ島北部に最初のイスラム王国が出現した。イスラムの伝搬は交易に始まり，その後ムスリム外国商人との婚姻，王族の改宗，教育活動，ワリ・ソンゴ（9聖人）の布教活動と歌や演劇といった芸術活動を通してその影響を深め，15世紀にはジャワ島で初めてのイスラム王国であるドゥマック王国が誕生している。イスラム教はインドネシアで最大の宗教となっていくが，その伝搬は平和的なものであったとされ，それ以前に定着していたヒンドゥー教，仏教，そして土着信仰と融合されていった。また，階級差別のないその教えはヒンドゥー教，仏教の下で下位階級として扱われていた人々に受け入れやすいものであったと考えられている。

カトリックについては16世紀にポルトガルによってモルッカ諸島近辺が植民地化されたことに伴ってもたらされた。イエズス会の宣教師が布教活動を行っており，フランシスコ・ザビエルもマラッカ王国とモルッカ諸島のアンボンを往復していたとされている。その後17世紀初頭にオランダの東インド会社がジャワ島に進出するとプロテスタントの教えがもたらされた。特定地域ではイスラム以外の宗教が多数を占めており，バリ島ではヒンドゥー教が，スラウェシ島北部ではキリスト教（カトリック）が，東部諸島およびニューギニア島西部ではキリスト教（プロテスタント，その他）が優位にある。

インドネシアは世界最大のムスリム国で，2010年の人口調査ではその数は207.2百万に達する。しかし既述の通り多様性の国インドネシアにあっては，ムスリムにも所属する民族による違いが存在する。また，都市部と農村部，生活レベルによる差もあり，インドネシアのムスリムをひとくくりにしてその文化価値を論じることは不可能である。

2)　外資規制（投資ネガティブリスト）

インドネシアではスハルト体制への移行後，1967 年に外国投資法が制定され外資の誘致が開始された。その後，1994 年には外資 100％出資が認められたが，同時にネガティブリストによって特定業種については 100％出資が規制されることとなった。ネガティブリストはその後の改訂を経て，2007 年 3 月にそれまでの外国投資法，内国投資法などを統合する形で新投資法が制定された後，2007 年 7 月に“新ネガティブリスト”として新たに発行された。新ネガティブリストは 2007 年 12 月，2010 年 6 月，2014 年 4 月の 3 回の改訂を経て，2016 年 5 月に第四回目の改訂があり現在の最新版となっている。

投資ネガティブリストは，国内外の企業がインドネシアで活動するに当たって，投資が閉ざされている分野や条件付きで投資を認める事業分野を指定したリストで，民間企業が法人の新規設立や事業拡張などを行うに際して順守すべき原則となっている。リストには事業分野に該当する標準産業分類コード（KBLI）が記載されており，該当する KBLI は，ネガティブリストの規定に従うことが必要となる。

3)　事例研究

【事例 1】贈収賄

【同社概要】

大阪に本社を置く製造企業（東証二部，大証二部上場）のインドネシア現地法人

【失敗事例】

同社インドネシア現地法人が，2012 年に贈賄容疑で汚職撲滅委員会（以下，KPK）に検挙された。当時同社は，経営再建の一環として前年に実施した人員整理で解雇した元従業員から提訴され，裁判で争っていた。KPK は，同社の人事部長（インドネシア人）が裁判を有利に運ぶため裁判官に対し賄賂を支

払っていたことを突き止め，この人事部長と裁判官を逮捕した。贈賄を行った人事部長には禁固４年，収賄した裁判官には禁固６年の判決が言い渡された。事態はその後の捜査で更に深刻化し，2012年５月には同社の日本人社長が贈賄に関与していたとしてKPKに逮捕されるに至り，同年12月に禁固３年及び罰金２億ルピア（当時の換算で約170万円）の実刑判決を言い渡された。

【失敗の原因とあるべき対策】

この事例は，裁判の解決を急ぐあまりコンプライアンスを重視せず，インドネシアで賄賂は当たり前，といった考えが優先されてしまったため発生した。この考えは禁物であり，経営者自身はもとより，自社の従業員に対しても法令順守を徹底させる必要がある。贈収賄が日本以上に起こりやすい国では，教育の徹底と同時に，牽制機能を働かせるために経理を複数名おいてダブルチェックをしたり，定期的に人事ローテーションを行うなど，不正を起こさせない仕組み作り・運用が不可欠である。

【事例２】ヤマハ発動機インドネシア女性社員殺害事件について

【同社概要】

ヤマハ発動機㈱は，モーターサイクルおよび楽器製造のために進出しており，同国内に10社の現地法人を抱えており，2015年７月時点で72名の日本人(6)が駐在している。

【失敗事例】

2015年９月10日，ヤマハ発動機の現地法人に勤務する西村良美さん（当時28歳）が，アパートの自宅で遺体となって発見された。犯人（Motif Mursalim Habisi Wanita Jepang, 25歳）は，西村さんのマンションの警備員だった。犯人は同月11日，逃亡先のスマトラ島ランプン州で逮捕された。

西村さんは同月４日23時頃に自宅マンション帰宅。エレベーターで自室のある10階に向かったが，すぐにロビーに戻ってきて，「ドアのカギが壊れている」と，警備員に助けを求めた。犯人は西村さんと部屋に向かい，ドアを開けたあと，西村さんの自室に入り犯行に及んだ。犯人の供述では，「金品を奪おうとして部屋に入ったが，抵抗されたので首を絞めた。一人暮らしを狙った。」と供述している[7]。

西村さんは2014年9月にインドネシアに渡り，翌2015年からヤマハ発動機の現地法人に勤務を始たばかり。西村さんが住んでいたマンションは，ジャカルタ市内の南部の主要道路（カサブランカ通り）に面し，大型ショッピングモールに隣接する大型マンションだった。ジャカルタでは，主要なマンション，ショッピングセンター，ホテル，空港などは入り口に金属探知機を据え，警備員が入室者の安全確認を行うが，このマンションも同様の警備がされていた。犯人は犯行の当日，予め紙を鍵穴に詰め，キーが入らないようにしておき，西村さんが助けを求めてくるのを待っていた。犯人は現金と西村さんの携帯電話を奪い，故郷であるスマトラ島に逃走した。西村さんの遺体は事件発生翌日の9月10日，部屋を捜索に来た運転手とマンション関係者により発見された。

マンションの住人（日本企業の駐在員）によると，西村さんの遺体は下着姿で布団にくるまれた状態で発見されたという。また，事件後マンション側は警備員をすべて入れ替えたが，警備の質は依然と変わらないため，話を聞いた当人も別のマンションに引っ越したとのことだった。

【失敗の原因及びあるべき対応】

この事件から学ぶべきことは，住民の安全を守るはずの警備員ですら信用はできないということである。日本では考えられないことではあるが，インドネシアでは警備員の質は日本の警備会社とは比べ物にならないほど低いことが多い。警察ですら，違反もしていない自動車を停止させ，金銭を要求することも多い。

この事件の被害者は，現地採用社員であるが，現地採用，派遣社員のいかんにかかわらず，社員の安全を確保することは企業の最重要課題の一つである。この事件は，勤務時間外のプライベートな時間帯で発生しているが，派遣社員の家族にも何時でも起きうる事例と言える。

インドネシアは87%がイスラム教徒であり，人々は概ね穏やかな印象を受ける。また，親日の気質も強く，日本人は敬意を払われていることを感じるこ

写真Ⅱ-2-3　事件が起きた Casa Grande Residence（左奥の建設中のビルの手前の 10 階が犯行現場）

とが多くあるが，そのことがかえって「インドネシアは安全」という錯覚を招いていないか？ 2018 年のインドネシアの人口 10 万人当たりの殺人事件の発生率は，日本の約２倍（インドネシア 0.5：日本 0.28）近くであることを認識する必要がある[(8)]。

・インドネシア労働省によると，2019 年のジャカルタ特別州の最低賃金は，394 万 972 ルピア（約２万 9,163 円，１ルピア＝約 0.0074 円）である。マンションの警備員の給料は最低賃金に多少の上乗せをされた程度であることを考えれば，家賃が最低賃金の 10 倍近いマンションに住んでいる日本人は大金持ちに思えることを忘れてはならない。

・駐在員（特に女子社員や駐在員の家族）には，派遣前の事前教育は勿論のこと，定期的に海外で実際の発生した事件（例え悲惨な事件であっても）を配信し，常に安全に意識を持たせる。

・企業の人事部や人事担当は，常に社員の事件や事故に最新の注意を払った施策を行う。社員を海外に出した後，本人任せにしない。

第4節　マレーシア

1）マレーシアの（複合民族）社会的要素，文化価値体系，民族性

図表Ⅱ-4-1によると，マレーシアは，1957年8月31日，イギリスから独立したマラヤ連邦が母体となり，1963年9月16日のシンガポール，サバ，サワラク加盟とその後の1965年8月7日のシンガポール分離を経て建国した連邦国家である。現在人口は3,239万人（2018年，出所：マレーシア統計局）[9]であり，人種構成はマレー人他先住種族（総称してブミプトラ）約69%，中国系約23%，インド系約7%，その他となっている[10]。言語は，マレー語，中国語，タミール語を使用している。

宗教はイスラム教が圧倒的に多く，ものの考え方，生活そのものもイスラム教の教えに律されている面が多いが，他にヒンドゥー教と仏教・道教がある。

中国人が中国本土（主として福建省，広東，客家，潮州，海南）から大量に移住したのは20世紀に入ってからである。当初は大多数の者がゴム農園，錫鉱山の労働者として流入し，蓄財の後本土に錦を飾ることを考えていたようで

図表Ⅱ-4-1　現代マレーシアの複合民族社会の特徴

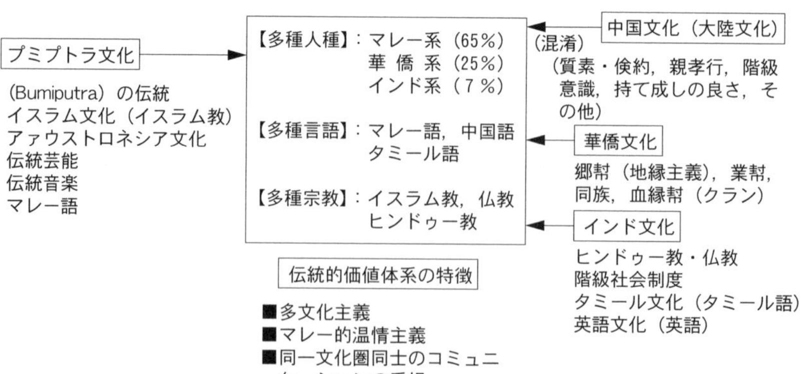

出所：大泉常長，グローバル経営リスク管理論 p.146。

あるが，次第に定住し，小売商，金融業などを営むようになり，全国に中国人街を形成した。大半は労働者階級に属しているが，成功者も多く，弁護士，会計士，医師，技術者等知識階級での活躍が目立つ。

現代マレーシア社会に多大な影響を及ぼした中国文化（大陸文化）の伝統的価値体系の特徴として，質素・倹約，親孝行，持て成しの良さ，階級意識などがある。また華僑文化には，郷幇（地縁主義），業幇（同業組合），同族，血縁幇（クラン）がある。これらのうち「クラン的集団志向」の特色として次の点があげられる。

① はっきりとした実体としての集団に適用される。行動の明示的な規則を持つ，明確な組織。

② 承認された頭首としての一人の個人の手に委ねられた権威あるリーダーシップ，もしくはそのリーダーシップを行使する会議を形成している集団。

③ 成員たちの尊敬に値するとともに彼らの行為に対して統制力を発揮するリーダーシップ。

④ 成員資格についての正確で明白な基準と，その成員に関する記録。

⑤ 内部的な緊張と仲間割れによる分裂の欠如。

⑥ 成員資格を持つことの誇り，その成員間の団結心。

⑦ その成員間の緊密な社会的，経済的，あるいは儀礼的関係。

歴史的に見て漢民族の伝統文化は自治的村落共同体に根ざしている。一般民衆が支えたこの村落共同体は，数々の外敵や権力者から自分たちの身とクランの閉鎖性を守るため，戦うことなく門戸を開いて妥協を図り，積極的にクラン社会の維持に努めた。華僑にとり最も頼りになる「実体」はこのクラン共同体であり，国家も政府も軍隊・警察も企業もすべて虚構フィクションに過ぎないと断言している。

このクラン型集団主義は職場における集団志向を考える際，とりわけ重要な意味を持っている。日本人にとっての規範的準拠集団の存在が中国人にとっては「クラン」であり，組織職場はこのクランのメンバーがいる場合には規範的準拠集団になり得る。

一方，インド人は中国人の場合と同じく，英国の植民地時代にゴム農園の労働者として移住してきたものが大多数である。出身地は主としてインド南部各州であり，この関係からタミール語を話すものが多い。このほかにヒンドゥー語，マラヤラム語，パンジャビ語などを話す人々もいる。

単一民族国家で，均質化された労働力を持ち，高い勤労意欲と企業への帰属意識，集団主義的行動様式に特徴がある日本と，マレーシアのような多種人種・複合社会を特色とし，エリート層と一般大衆等階層間の格差も大きく，また統一された価値体系も掲載されがたいマレーシアとでは，経営方式を受け入れる社会的背景としてかなり差があるのは当然なことである。

2）マレーシアにおける日系進出企業の経営上の課題

マレーシアで労働争議が発生した場合，労使間で解決が望めないときには労使いずれかが斡旋を申請する。社会的影響が大きいと判断して労使関係当局が職権で斡旋に乗り出すこともある。斡旋が成功しなければ，人的資源大臣が労働裁判所に付託する。紛争は連邦政府の直接所管する事項となっている。このように労使紛争に政府が介入する度合いが非常に高い。人的資源省が労働者の立場をかなり守っているので，労働側は不安が抑えられている。

一般的にマレーシアの企業では誉め言葉そのものは動機づけとして強い意味は持たず，処遇面での向上が伴って初めて真の動機づけと理解される傾向がある。

ムスリム系の従業員は1日5回サラート（祈禱）をするが，その時間差を給与に反映されることはない。特に，金曜日の礼拝は，昼から2時間〜2時間半程度，近くのモスク（礼拝堂）で行われる。その間ムスリムの男性以外の従業員は仕事している。

3）現地従業員の管理方法

(1)「YES」「NO」の使い方

マレーシアの行動ルール（規則・決まり）の中には，英国の植民地時代の「英国人（統治者）対マレーシア人（被統治者）」という社会システムが色濃く反映したものがある。その一つに「上意下達方式」の上下関係がある。上司からの的確な指示がなければ「動かない」「動けない」「動く必要がない」というものである。マレーシア人ははっきりと「NO」と言ったり，自己の権利を主張することを避ける傾向が強いことから，日本人と似ている。しかしながら，日本人の間でよく用いられる「考えておく」「検討しておく」といった曖昧な言い回しはマレーシア人には理解できないようである。本当に検討したい場合には，「いついつまでに回答する」と明確に表現することが大事である。多くの日系企業において現地従業員からの要求に対し，日本人出向者は，「わかった，YES, OK」を連発して，結局のところ「きちんと対応してくれない」「曖昧に終始する」という不満が出ている。これは「申し出の趣旨は分かったが，しかしそうするとは限らないよ！」という程度の気持ちで処理する日本の「事なかれ主義」がマレーシアでは通用しないことを意味している。

いずれにせよ，マレーシア人部下に仕事を指示する際に注意すべきことは，彼らの多くが指示内容を十分理解しない，あるいはできないことでも「YES」と言って仕事を引き受けてしまう点である。これはマレーシア人と日本人の間の行動ルールの違いが影響しているのである。マレーシア人従業員にとって，上司からの指示を正確に理解したかどうかということよりも，上司との人間関係をうまくやっていくということのほうが重要だからである。マレーシアでは，「人前で上司に反対することは禁物」であり，「自分の面子を重んじる」傾向が強いため，理解できないことに対して「YES」と言ってしまうのである。またマレーシア人部下への仕事の内容の指示の仕方で重要なのは，マレーシアでは1人ひとりの従業員の職務／職責範囲が明確に決められているため，日本人上司が概略だけ説明して「適当にやっておいてくれ」というような仕事の指示の仕方は通用しないのである。ちなみに，マレーシア人従業員に仕事を指示する際に心得ておくべき事柄は，① 何のための仕事か，② 具体的にどういう結論を引き出すのか，③ どのようなステップで進めるのか，④ 資料は何を使うのか，などである。

(2)　日本人出向者のリーダーシップの取り方

マレーシアにおけるリーダーシップ行動は，上意下達スタイルが一般的であり，権力を維持するために部下の自発的工夫や下意上達的提案を「上司の命令に従わない部下」とみなす上司は多いようである。

(3)　現地従業員の人事考課

マレーシアでは従業員を評価する場合，明確な判断基準を提示する必要がある。また，どんな仕事やどんな役割・責任が評価されるのか明示する必要がある。また，自分の考課がなぜ悪いのかと苦情を言ってくる従業員が多いので，その場合は客観的なデータを示して，具体的にどのような努力が必要なのかを説明する必要がある。なお，マレーシアでは仕事がうまくいった場合には上司から何らかのご褒美をもらえると期待する。

4)　事例研究　電子機器業Ａ社のケース

【同社概要】

家電製品及びオフィス機器用モーター製造

【失敗事例】

同社は保税・免税措置への対応の一環として，鉄スクラップの売却額・サービス内容を数社に見積要請し，他の業者への切り替えを前提に税関へ申請を行った。しかし，税関許可がおりないため，税関に責任者が出向き交渉を行ったが業者変更は許可されなかった。

これにより，従来の回収業者との取引を継続せざるをえなくなった。一方で切り替え予定先の業者とは事前に取引契約を結んでいたため，破棄せざるを得なくなり，同社は訴えられることとなった。

【失敗の原因とあるべき対応】

Ａ社のケースでは，本件の様に，具体的な金品の要求証拠は無かったが，地域の税関局長が普段からそれを匂わせていた。特別な理由もなく業者の切り替えを許可しないとなると，スクラップ取引業者からの賄賂の上納があったと推察できる。

今後は，税関局と良好な関係を維持しつつも，打ち合わせ内容の書面での記録・録音含め，企業からは正当な理由で切り替えることを証拠として残し，有事が起きても税関を告訴できるだけの証拠を事前に準備しておくことが重要である。

なお，2018年10月1日に，汚職（腐敗）防止委員会法（Malaysian-Anti-Corruption Commision（Amendment）Act2018：以下「MACC改正法」）が施行され，責任範囲が個人から会社（官民問わず）に拡大された。適切な汚職防止措置を取ったことについての反証が無い限り，従業員だけでなく会社にも責任が負わされる両罰規定となっているため，これまで以上に注意が必要である。

第5節　フィリピン

1)　フィリピン社会の成り立ち

フィリピンは16世紀よりスペインの領有下となった。当時のフィリピンは外敵からの脅威，乏しい天然資源で放棄も止む無き状況にあったが，スペインは「キリスト教世界の建設」という理想のため，多大な犠牲を払いながらフィリピンを植民地として維持してきた。

これは，ローマンカトリック80%，その他キリスト教10%といわれるキリスト教国家の礎となっており，現在のフィリピン人というものの一端を作っていると言えるのである。

その後フィリピン革命を経て，アメリカの植民地となったが，アメリカ人の入植者数は極めて少なかった。そのため，都市部ではアメリカ化が進んだが，その他の地域においては，十分に植民地化は浸透せず，フィリピン社会の深部まで到達することもなかった。

この期間には教育を受ける機会のある人は英語を話す中間層を形成したため，英語を使えない人には社会上昇の機会の障害となった。これらの層の間には深い溝を作ることをとなった。またアメリカ植民地主義は，フィリピン人に自治を行わせる政治体制を確立していった。

これらの2つの植民地時代を経て，スペイン時代にはキリスト教，アメリカ時代には英語，そしてフィリピン人自治を行わせる政治体制の確立といった現在のフィリピンの礎を築いたといってもよい。

フィリピンは，ASEANでは唯一のキリスト教国である。スペイン，アメリカとフィリピン国有の文化が混在した独自の文化が存在している。フィリピン人の価値観を理解するには4つのFを理解するべきといわれる。Family（家族），Faith（信仰），Face（面子），Fiesta（お祭り）の4つである。

まず，最初のFamilyであるが，フィリピン人にとって一番大切なものである。家族は個人（自分自身）より優先するという考え方で家族のために貢献するという考え方が重視される。それが端的に表れているのが，フィリピン人の海外出稼ぎ労働者（Overseas Filipino Workers）[11]の存在である。2017年のOFWによる本国への送金額は，約280億ドルにも上っている。これはフィリピン全体のGDPの10%程度とも言われ，フィリピンの外貨獲得に大きく貢献し，個人消費を支えることでフィリピン経済成長に貢献している。このOFWの存在が家族主義というものを端的に示しているといえる。そのため，仕事が家族よりより優先されることはほとんどなく，家族を大切にする経営者が尊敬されるのである。

2つ目のFaith（信仰）であるが，古くよりスペインがこの地域のキリスト教布教の拠点としてきた影響で敬虔なカトリック教徒が多い。その為，たとえ貧しくてもキリスト教の教えもありモラル自体は非常に高いのである。キリスト教にかかわる行事は，大変重要視される。クリスマスの他，復活祭前後1週間は家族で祝うことが伝統であり，この期間は帰省期間となり，業務そのものも停止する。

3つ目のFace（面子）であるが，これは中国や他の国々でも共通して言えることだが面子を大切にする国民である。その為，人前で叱責，罵倒することはもっての外である。そういった場合，個室に呼び出し，個々に対応するなどの気を配ることが肝要である。

4つ目のFiesta（お祭り）であるが，フィリピン人は人生を楽しむことを「よし」とする。フィリピンには全国津々浦々にたくさんのお祭りがある。

フィリピン人にとってお祭りの存在は欠かせないものであり，そのお祭りを心から楽しむことはフィリピン人にとって人生を楽しむことになる。

2)　フィリピン社会の特徴

フィリピンでは植民地時代の影響もあり初等教育が普及している。その為，識字率が高く，英語に巧みな人が多い。失業率が高いので高等教育を受け，高い技術者を有する専門職の人たちは海外へと活路を見出してきている。最近では，日本でも看護師・介護士などの受け入れで知られるところとなったが，海外出稼ぎ労働者のうち1/3が北米への永住者といわれている。そのうち医師，会計士など高給の職種の割合が大きい。本国で英語による専門教育を受け，専門知識を有しているため出稼ぎ先の国でも容易に浸透していくことができる。最近では新規にサウジアラビア，アラブ首長国連邦など中東諸国からの需要が大きくなってきている。当地では，建設作業員，家事労働者として派遣される人が多く，従事する業務にも高度な専門職から一般的な業務にまでその範囲が広がってきた。世界中に広がるネットワークにおいて，本国フィリピンでも海外の出稼ぎ労働者をサポートする動きを見せている。1991年フィリピン外交サービス法ではフィリピン外務省の外交三本柱の定義の1つとして，海外のフィリピン人労働者の権利，福祉，利益の保護をうたっている。時の政権は，外交における現実認識として8点のうち1つとして，「フィリピンの経済及び社会の安定の観点から，海外在住のフィリピン人が重要な役割を果たすものと引き続き認識する」，としている。政府自らが海外出稼ぎ労働者の存在をフィリピンの経済活動の1つとして公式に認め，それを支援していく点があるのは非常に興味深いといえる。

3)　フィリピン社会の制度

先進国入りを目指しているフィリピンに対し，依然として法律は未整備で，縁戚やコネ，裏金で有力者とのつながりを持てば何とかなる，というひと昔前の姿を先入観として持つのはご法度である。

フィリピンは植民地時代から会計制度や法律はすべて英語がベースとなっている。当然ながら，裁判所の判例等も英語で記載されている。他のASEANの国では自国の言語で会計法体制が制定されていることと比較しても，外国企業，外国人にとってわかりやすい法の運営が行われている。英語が理解できれば外国人でも現在の法体制を把握できる。

国際財務報告基準（IFRS）との融合を着実に進めている日米に先駆け，フィリピンでは2005年からIFRSをベースにしたPFRS（フィリピン財務報告基準）を導入している。中小企業についても2010年1月1日に開始している。

法曹の世界では，米国のように弁護士が会社法，税法，労働法といった法律ごとにそれぞれ細分化されているだけでなく，金融やITといた分野別の専門家がいる。たとえば，物流分野では，海運業と航空分野それぞれで専門特化した弁護士が存在するのである。また訴訟になれば専門の弁護士がいる現状は，米国と状況が酷似している。

4)　宗教上の留意点および国民性

国民の大多数がキリスト教徒であり，クリスマスなどのキリスト教にまつわる祝日前後は家族全体で祝福するため，従業員に対してはまとまった休暇を与えるのが普通である。この期間は，緊急でない限り勤務をさせることを避けるべきである。

また，ミンダナオ島をはじめフィリピン南部にはムスリム[(12)]も共存している。労働争議，テロ・ゲリラなどの温床になり得るリスクを考えると彼らへの配慮も必要である。ロドリゴ・ドゥテルテ大統領が過去に犯罪を取り締まったことが大きいが，それでもイスラム原理主義過激派と連携している組織などがまだ身近にあることを意識しなければならない。

フィリピン人の特徴は，仕事は真面目だが，指示されたこと以外は中々やりたがらない傾向もある。この背景には歴史的にスペインやアメリカの植民地下にあり，常に外国の支配下にあったことに由来し，国民が常に権力に従属してきた歴史が，彼らの能動的に考え，自ら行動するという思考を奪っているとも考えられる。その一方で仕事に対する「楽しさ」や「生きがい」を見出して高い勤勉性を持つ国民性であるという評価もある。現場のライン従業員の多くは単純作業の中に，自己成長や目標の達成，効率性の追求に仕事へのやりがいを見出し，その結果に成果や達成感を得ることができている。そうした傾向が企業全体の労働意欲の水準あるいは生産効率，品質の向上に結び付いているケースもある。

注

(1) The Daily NNA ベトナム版（2018年5月14日付）pp.1-2。
(2) ベトナムに進出した日系物流会社「N社」ヒアリング結果。
(3) The Daily NNA ベトナム版（2018年5月14日付）pp.1-2。
(4) イ・ワヤン・パドリカ（著），石井和子（監・訳）(2008)『インドネシアの歴史』明石書房，pp.14-15。
(5) 同，pp.20-22。
(6) ヤマハ発動機㈱『はい，ヤマハ発動機広報です #117』2017年7月（2019年5月11日閲覧）
(7) ジャカルタ新聞　2015年9月10日，『遺体は西村良美さん 来イの家族が確認』，2015年9月11日，『警備員の身柄確保 西村さん殺害事件』，2015年9月12日，『強盗殺人容疑で逮捕 警備員が計画的犯行』(2019年5月11日閲覧)
(8) United Nations Office on drugs and Crime Division for Policy Analysis and Public Affairs Seventh United Nations Survey of Crime Trends and Operations of Criminal Justice Systems, (2016)（2019年5月11日閲覧）
(9) JETRO WEB各国・地域データ比較結果。https://www.jetro.go.jp/world/search/result?countryId%5B%5D=15&displayItemId%5B%5D=1&nendo=2018&money=1（2019年9月28日閲覧）
(10) 外務省 WEB マレーシア基礎データ。https://www.mofa.go.jp/mofaj/area/malaysia/data.html（2019年9月28日閲覧）
(11) フィリピン人の海外出稼ぎ労働者（Overseas Filipino Workers）　国内の産業が未熟なため職を求め，後継ぎ以外の兄弟は家族を養うため北米，欧州など域外の先進国に出稼ぎをしている。かつては単純労働に従事していたが，最近は高度な知識を持つ専門職も海外に流出し，国内に専門な知識，経験，ノウハウなどが蓄積せず，国内産業が育たないという，悪循環になる可能性がある。
(12) ムスリム　フィリピン南部ミンダナオ島を中心に昔よりイスラム教が居住。モロイスラム解放戦線，アブサヤフといった過激派が存在。中東のイスラム系組織との連携がうわさされる。テロのリスクがなくなったわけではない。

参考文献

石川昭・田中浩二（2006）『風土の経営論―本とタイの風土が育む企業経営』近代文芸社，p.54。
一般財団法人海外職業訓練協会：http://www.ovta.or.jp/info/asia/thailand/tha_170901_1.html（2019年5月1日閲覧）
大野拓司・鈴木伸隆・日下渉（2016）『フィリピンを知るための64章』明石書房。
大泉常長（2012）『グローバル経営リスク管理論』創成社，pp.145-150。
小川忠（2016）『インドネシア　イスラーム大国の変貌』新潮選書，pp.16-23。
国際協力銀行　フィリピンの投資環境（2013年6月）p.133，154，pp.172-177。
財団法人海外職業訓練協会（2008）『ベトナムの日系企業が直面した問題と対処事例』。
ジェトロセンサー，2013年12月号。

週刊 Vetter　NO.394,（2018 年 8 月 8 日発行）p.24。
末廣昭（1993）『タイ　開発と民主主義』, 岩波新書, pp.22-23。
全日本金属産業労働組合協議会　ホームページ　http://jcmetal.jp/shiryou/public/news/imf/2011/201107_03.html（2018 年 8 月 18 日閲覧）
遠野はるひ・金子文夫（2008）『トヨタ・イン・フィリピン：グローバル時代の国際連帯』社会評論社。
独立行政法人－労働政策研究・研修機構（2019）JILTP 海外労働情報『ベトナムの労働を取り巻く現状』。
日本経済新聞：https://www.nikkei.com/article/DGKKZO12698930Y7A200C1FFE000/（2019 年 8 月 24 日閲覧）
日本貿易振興機構（JETRO）ホーチミン事務所（2018）『アジア・ベトナム投資環境比較セミナー』pp.11-14, 16-20, 28-30。
日本貿易振興機構（JETRO）ホーチミン事務所（2018）『ベトナム概況』pp.39-43, 51-57。
認定特定非営利活動法人　FoE Japan ホームページ　http://www/foejapan.org.aid/land/isabela/20120129.html（2018 年 8 月 18 日閲覧）
野村総合研究所『知的資産創造』（2001 年 11 月号）pp.4-5。
平川彰（2011）『インド仏教史』春秋社, pp.143-147, pp.326-333。
水元達也（2006）『インドネシア』中公新書, pp.27-64。
三菱 UFJ リサーチ＆コンサルティング『季刊　政策・経営研究』2014vol.2, pp.165-169。
http://oneasia.legal/wp-content/themes/standard_black_cmspro/img/8960b6cf87c84de442003b6207e6902d.pdf（2018 年 8 月 18 日閲覧）
Inquirer.net, 2014 年 5 月 6 日付（2019 年 9 月 26 日閲覧）
JETRO　https://www.jetro.go.jp/biznews/2018/03/31ffe445b701a6fa.html（2018 年 8 月 18 日閲覧）
JILAF（2017）フィリピンの労働事情　http://www.jilaf.or.jp/rodojijyo/asia/southeast_asia/philippines2018.html（2018 年 8 月 17 日閲覧）
JILAF（2018）フィリピンの労働事情　http://www.jilaf.or.jp/rodojijyo/asia/southeast_asia/philippines2018.html（2018 年 8 月 20 日閲覧）
MHPS ホームページ　https://www.mhps.com/jp/news/20180720.html（2019 年 8 月 24 日閲覧）
Republic of the Philippines PHILIPPINE STATICS AUTHORITY, 2019 Philippine Statistical Year book, pp.1-21, 7-3, 16-7.
SMBC Vietnam Newsletter, Vol.430（2018 年 8 月 10 日付）。
The Daily NNA ベトナム版（2018 年 5 月 11 日付）pp.12。
The Manila Times, 2014 年 5 月 6 日付。（2018 年 8 月 18 日閲覧）
The Nation Thailand Nov 182017　https://www.nationthailand.com/national/30331972（2019 年 5 月 1 日閲覧）

第3章
インドの経営風土の特色および現地従業員の文化価値体系

第1節　一般概況

図表Ⅱ-3-1は「世界とインド人口の内訳」を示したものである。これによると，インドは，2018年名目GDPは2兆7,189億ドル，世界7位，GDP成長率6.8%，人口は13億2,400万人，世界2位，2030年には中国を抜き世界1位になる見通しである。また，1人当りのGDPは1,723ドル，世界145位であり，6億人の貧困層を抱えているが，4億人の新中間層の台頭により自動車，家電，携帯電話など耐久消費財市場が活況を呈している。

このような巨大成長市場であるため，世界の有望市場と注目を浴びており，多数の国の企業がインドへ進出し，増加しているが，文化的差異により企業の優勝劣敗が鮮明になっている。インドの経営環境，経営風土，従業員の文化価値体系を的確に把握し，対処していかなければならない。

図表Ⅱ-3-1　世界とインド人口の内訳

国名	人口（億人）
1. 中国	14.0
2. インド	13.2
3. 米国	3.2
4. インドネシア	2.6
5. ブラジル	2.1

貧困者人口	2.6億人
農業者人口	60.1%
GDPに占める農業割合	20%

出所：世界保健機関統計2018年版。

1）インド人の気質，職業意識

インドは五千年の歴史を有する広大な南アジアの国でヒマラヤ山脈からインド洋の海岸線まで多様な地理，多様な文化を有している。インダス河文明から発祥し，統一と分割の繰り返し，英国統治を経て，独立時の分割（インド，パキスタン，バングラデシュ）に至っている。分割の過程で多種多様な文化，言語に分かれ，旧国家が州に繋がっているため，世界最大の民主主義国家として，州権力が強大である。言語が多いため，英語が共通語としても使用されている。人種は，北部にアーリア人，南部にドラビダ人が中心となっている（図表Ⅱ-3-3 参照）。

文化・習慣の根幹を成すものが，宗教であり，8割方を占めるヒンドゥー教の影響が強い。ヒンドゥー教の階層がカースト制度であり，現存している。その他の宗教としてムガール帝国時，広まったイスラム教があり，パキスタン，バングラデシュ分離独立後も約2億人，第2位のイスラム教徒をかかえる国でもある（図表Ⅱ-3-4 参照）。

図表Ⅱ-3-2　インドの歴史

BC4000年	インダス文明発祥
BC1500年	アーリア人侵入→カースト制
BC800年	バラモン教（原始ヒンズー教）広まる
BC550年	仏教，ジャイナ教広まる
BC268年	アショカ王が略インド統一→以後，分裂国家
15世紀	ポルトガル，イギリス侵攻
1526年	ムガール帝国，インド統一
1858年	ムガール滅亡，イギリス支配
1947年	インド，パキスタン分離独立
1947～1990年	ネルー，インディラ，ラジブガンジー政権 計画経済→閉鎖性，緑の革命等農業重視
1991年以降	ラオ政権：経済開放政策 バジパイ政権：ヒンドゥー至上主義 シン政権：経済開放政策再開 モディ政権：メイクイン，クリーン，デジタル・インディア

出所：外務省インド情報，2017。

図表Ⅱ-3-3　インドの民族

アーリア系	72%
ドラビタ系	25%
モンゴロイド系	3%

出所：国際労働財団，2017。

図表Ⅱ-3-4　インドの宗教

ヒンドゥー教	80.5%
イスラム教	13.4%
キリスト教	2.3%
シーク教	1.9%

出所：国際労働財団，2017。

図表Ⅱ-3-5　インドの言語

ヒンドゥー	39.9%
ベンガル	8.3%
テルグ	7.8%
マラティ	7.4%
タミル	6.3%

出所：国際労働財団，2017。

対日感情は，良好ともいえるが，英国植民地時代も含め，欧米とのつながりが強く，反面独立心も強い。中印戦争も経験し，昨今の中国の脅威を感じている国の一つとして，米国，日本との関係も重視している。

職業意識としては，現存するカースト制度[(1)]，多種多様な文化構造から，一般的に部下は上司に対して服従心が強いが，上司の指示しかやらず，自分で考えず仕事を行なわない。上司は部下に指示だけでフォローしない。

日本ではあまり知られていないが，インドで一番盛んなスポーツは英国植民地時代から広まったクリケットである。1975年から4年毎に開催されているワールドカップでは，2回優勝している。特に敵対国パキスタン戦は国中が盛り上がる。大試合或は地元チームの試合時は観戦で欠勤する従業員が多くなるため，予め欠勤率を高めに設定し，能力計算を行っている企業もある。

第2節　インドにおける経営環境

首相は2014年からナレンドラ・モディであり，所属はインド人民党，グジャラート州前首相である。インドは独立以降，インド国民会議派が一党優位性を維持したが，1970年代からインディラ・ガンジーの強権政治に対抗したジャナタ党（後のインド人民党）が勃興し，現在は二大勢力として政権交代している。モディはグジャラート州首相時代はヒンドゥー至上主義でイスラム勢力に対抗していたが，総選挙大勝以降，国重視でイスラムにも配慮した政治を行なっている。また，外交ではパキスタンとの関係は悪化しており，中国の一帯一路政策の対抗として「アクト・イースト」[(2)]政策でASEAN諸国とのつながりを強化する等，隣国との関係も不安定な状況である。

税制は非常に複雑であり，州毎に異なる物品税や所得税があり，その税率，税金の内容が異なり，州間の取り引きでも税金がかかっていた。2017 年 7 月 GST 中央，地方政府の課す VAT（付加価値税）を統合した間接税の制度が施行された。基本関税は 0～10％であるが，国内物品税との整合性を図るための相殺関税（大半は 12％），一律課される特別追加関税は 4％，国内製造品に組込まれる部材は控除と複雑である。

法制度は歴史的沿革から英国による植民地支配を受けていたため，英米法のコモンローの法体系を採用しており，法整備状況は良いといえる。英米式の契約社会であり，全てのビジネスは契約に基づいて行われ，契約には履行されるべき事項や契約不履行の場合の対応等が詳細に規定されている。インド人は訴訟好きの国民性といわれている。また，政府と企業との癒着も多く，賄賂，汚職も絶えない。

治安リスクは高く，特に，宗教間対立はヒンドゥー教とイスラム教の対立が一番激しい。現首相がグジャラート首相時代　ヒンドゥー至上主義を掲げていたため，激化の恐れもある。パキスタン紛争地帯，対立が激しい寺院は勿論のこと，ヒンドゥー教の集まり，お祭り，人の多く集まる場所はテロのリスクは高い。インド殺人件数は 2017 年 3.21 件 /10 万人であるが，人口が多い分件数は多く，盗難等一般犯罪も多い。また，水が良質ではない事から，大腸菌等による細菌性胃腸炎が多い。

営業面では国土が広く，大都市が多いため，全国に営業網を網羅するのは投資も時間もかかり，並大抵ではない。インドは国家分裂時代が長かかったため，州毎が国のように自立しており，営業の拠点としても，デリー等北部，グジャラート，ムンバイ等西部，チェンナイ，バンガロール等南部，コルカタ等東部がある。

生産は工場建設を要するので，進出先を決めるのは，極めて大きな投資となる。生産拠点としてデリー等北部，グジャラート，ムンバイ等西部，チェンナイ，バンガロール等南部，コルカタ等東部のいずれかの地域に進出すべきである。

商習慣として，「インド商人」と呼ばれるように商品価格に敏感であり，短期的な利益追求に走ることが多い。取引相手としては非常に難しく，価格交渉に相当な時間を要する。

その一方，長期的な視点に立つ経営計画の立案は苦手である。金勘定に関係し，低価格，コスト優先であるため，品質の見極めも困難である。日本のように根回し，大詰めにトップ会談を行わず，トップ会談後，方針決定後に具体的な詰めの作業に入る。また，ロジック優先であり，ロジックを理解する迄，物事が進まない傾向にあり，時間管理にルーズであることも相俟って納期に遅れてしまうことが多い。また，歴史的に欧米のブランドの知名度が行き渡っており，日本のブランドが通用しない。

現地人の採用は，失業率は2.7％と低いが，若年層の人口は多く，適材にこだわらなければ，採用困難な状況ではない。

インド数学がブームとなったが，インド数学はインダス文明期の紀元前1200年頃から19世紀頃までインド亜大陸において行われた幾何学，代数学等数学全般を指す。また，インド式計算は2桁の掛け算，割り算，足し算，引き算が驚くほど簡単に速く計算できる計算法である。一定水準の教育を受けているインド人は理論的であり，計算が速い。また，IT大国とも言われている通り，粗末な家でもコンピューターを持っている等，ネット環境は非常に普及している。

インドへ進出する際に最初にやらなければならないのが市場調査である。巨大市場且つ世界トップレベルの成長を継続しており，日本企業進出は急増しているが，どこまで成長するかを予測するかが重要である。また，インド内でどの地域に競合，仕入先がいて，その地域がどこまで成長するかマクロ的，ミクロ的両面からの市場調査が必要である。

パートナー選びと投資許可手続きに時間を要する。パートナーとの紛争もよくあり，1991年経済自由化により単独進出も可能となったが，複雑なインド事情も分からず，単独進出するのは事業失敗のリスクも高い。カースト制度が現存する中，全員参加のボトムアップはインド人管理者から歓迎されない。たとえばインドでは，全員参加の考えで掃除をさせることは下層階級の仕事を奪うことになってしまうという考え方がある。

政治的不安定な状況が企業経営にも影響するので，その影響は最小限に抑えなければならない。近年のルピーの変動に対しては，得意先 / 仕入先は数社に絞らず，多数の取引，為替リスク回避のため，ルピー建てではなく，ドル建てにすべきである。中国経済停滞リスクも懸念され，インドと ASEAN 諸国が密接な関係を推進しているため，ASEAN 諸国の拠点との活用或は部材輸入，製品輸出等活用すべきである。

税制は 2017 年 GST 中央，地方政府の課す VAT（付加価値税）を統合した間接税の制度が施行されたため，この制度に精通した経理担当者の採用あるいは公認会計士等コンサルタントの活用が重要となる。また，輸入関税の特別関税はインド国内製造品に組み込まれる輸入部品，材料は控除される等，関税に精通した調達担当者や輸入業者，商社等の活用もすべきである。輸入については「アクト・イースト」政策で ASEAN 諸国とのつながりを強化しているため，インド国内で調達できない部品，材料は，ASEAN 隣国からの輸入も検討すべきである。

法制度は英米式の契約社会であるため，契約に精通した法務担当者の採用あるいは弁護士等法律事務所の活用が重要となる。また，法律，コンプライアンス遵守の従業員教育も行なう必要がある。

治安リスクが高いインドでは，ヒンドゥー教とイスラム教の宗教間対立が激しいため，パキスタン紛争地帯，対立が激しい寺院周辺，ヒンドゥー教の集まり，お祭り，人の多く集まる場所には近寄らないことである。盗難，一般犯罪に対しては，家のロックは二重鍵をする必要がある。交通事情も悪いため，出向者は運転手付の車を使用すべきである。

インド人の商習慣を理解して対応すべきである。商品価格に敏感であり，短期的な利益追求に走るため，インド人に伍するようなロジックを準備し，長期的な視野を持ち，交渉していかなければならない。また，カースト制度が残存しているので，ボトムアップは通用せず，トップダウンに心掛ける。納期を守らせるためにも最初にトップ会談を設定し，方針を決め，現地トップから指示する方が得策である。

営業面では，顧客，仕入先状況を踏まえて，デリー等北部，グジャラート，ムンバイ等西部，チェンナイ，バンガロール等南部，コルカタ等東部のいずれかの地域に進出し，その地域から営業網を構築すべきである。

生産は，顧客，仕入先状況に加えて，その土地での技術者，スタッフの採用し易さ，デリー等北部，グジャラート，ムンバイ等西部，チェンナイ，バンガロール等南部，コルカタ等東部のいずれかの地域に進出すべきである。

現地人の採用は，共通言語である英語可否，宗教，家柄，労働組合運動経歴等を調査の上，採用すべきである。また，福利厚生面で社員食堂を設置することになるが，設置する際は，ヒンドゥー教徒には牛肉を出さない，イスラム教徒には豚肉を出さない，ベジタリアン料理の提供等配慮が必要である。

数学，理系，コンピューター操作等優秀な人材が多いため，コンピュータープログラム，製品のCATIA設計等開発部門，経理部門での活用を図るべきである。特にインドへの進出企業は現地に合った設計をしなければ競争に打ち勝つ事ができないため，その優秀な人材を活用して現地設計，開発を推進していくべきである。

第３節　事例研究

1)　スズキ株式会社のケース

【同社概要】

マルチ社はスズキとインド政府系企業の合弁会社から始まり，このプロジェクトは安価な小型国民車生産の実現と同時に日本の自動車生産技術，日本型経営の導入により，インドの自動車産業を育成するという目的があった。しかし，日本型経営の導入には文化差異により障害があった。スズキは合弁当初より社内におけるコミュニケーションを重視した。

【成功事例】

身分制度により同じ会社に働いていても仕事も食事も別々の部屋でするのが慣習である。それではコミュニケーションに支障を来すと考え，繰り返し説明して，大部屋制に加えて同じ食堂での全員食事を採用した。また，新車投入も日本，世界と同時に販売する等，現地のニーズと世界のトレンドを考慮した販売戦略をとっている。今では，単独企業となりインド最大の自動車メーカーであり，スズキ関係会社で最大の企業となっている。

【成功の原因及び提言】

現地の慣習を尊重しつつ，必要な理由を説明し，社員たちに十分に理解させている。全員参加の考え方も当初よりQCサークル活動と提案制度を通じて理解させるようにした。

世界共通の活動については，説明を繰り返し，その会社の方針，文化迄浸透させるべきである。

2)　株式会社牧野フライス製作所のケース

【同社概要】

進出国：インド

資本金：211億4,200万円

売上高：連結2,047億円（2019年3月31日現在）

従業員：連結4,805名（2019年3月31日現在）

事業内容：工作機械（マシニングセンタ，NC放電加工機，NCフライス盤等）の製造及び販売

【成功事例】

同社は，独資にて，2001年にMakino India Private Limited社をインドのバンガロールに設立。ローカル・マネージメントによるオペレーションの下，同国内のプネー，デリー，コインバトール，チェンナイにテクニカルセンタを展開し，インド国内で高い工作機械販売のシェアを確保している。2006年にCSR活動の一環として，バンガロールにMakino Technical Training Centerを設立し，インド全国から50名前後の選抜された苦学生に対して，1年間の職業トレーニングを無償提供して，社会に人財を送り出し続けている。

【人財育成学校の概要】

選抜対象：18歳から21歳までの工業高校卒業資格のある地方都市出身の学生で，優秀な人材であるが経済的な理由で進学が難しい者をインド全土より均等に選抜。

選抜方法：筆記試験及び面接。(倍率は50倍程度)

ビジョン：インドの製造業の将来の発展を担う若いエンジニアの育成

ミッション：OJTを通して，産業界が求める知識，技量，マナーを身につけさせせる

教育内容：NCプログラミング，CAD/CAM，機械の操作（汎用機，放電加工機，マシニングセンタ等），加工プロセス，ツーリング，5S・改善など前半6か月は座学中心で，後半6か月は実技中心

負担：全て無償（トレーニング費用，宿泊費用，食費など）及び毎月の小遣いの支給

【成功の要因及び提言】

高い能力と学習意欲を持ちながら，経済的な理由で進学が困難な学生をインド全土の2級，3級都市のポリテック・スクールに出向いて選抜し，1年間かけて，製造業の現場で求められる実践的な基礎知識と技能及びマナーを身につけさせて社会に送り出している。人財育成学校は男子学生限定の全寮制であり，ひとたび入学したら1年に1回のフェスティバルを除き帰省は認められていない。また，週末のプライベートの外出も制限されており，出身（母語）が異なる者が3名1室をシェアして切磋琢磨して，お互いの文化の理解や共通言語である英語のスキルを深める。

校長は，空軍所属の元軍人で，多感な時期の学生を規律正しく挫折者が出ないように厳しくも優しく指導し，卒業前には青田買いで全ての学生が一流の製造業へと就職が決まっている。

2007年に第一期の卒業生を送り出して以来，毎年45名から60名の卒業生を産業界に即戦力人財として提供している。2018年末時点で合計618名の卒業生がおり，内523名が大手製造業に，56名がMakino Indiaに，22名は日本を含むインド国外の製造業へ就職して活躍している。製造業においては優秀な

人材の確保が年々困難になっているが，卒業生の評判が非常に高いため引く手あまたな状況が続いている。そのため，1社5名までの人数枠を設けて制限しているほど，卒業生の需要は高い。

インドでは伝統的に，成功したら，その一部を社会に還元する文化・価値観が根強くある。企業も規模の大小や中身を問わず，何らかの社会貢献活動の実施を検討すべきである。

注

(1) カースト制度　インドに特有の社会制度で，人間はヴァルナという4つの基本の種姓に分けられる。4つの基本ヴァルナとは：

・バラモン：バラモン教の司祭階級。宗教的な支配者階級。

・クシャトリヤ：武士または貴族とされる，政治的，軍事的支配階級。

・ヴァイシャ：農耕牧畜，手工業に当たる生産者，庶民階級。以上三カーストが上位カースト。

・シュードラ：本来は隷属民とされた被支配者階級。下位カースト。

世界史の窓 HP　https://www.y-history.net/appendix/wh0201-025.html（2020年4月26日閲覧）

(2) アクト・イースト　2014年に発足したインドのナレンドラ＝モディ政権が推進する外交政策。東アジアとの関係を強化し，経済連携を図るというもの。

コトバンク　デジタル大辞泉の解説　https://kotobank.jp/word/%E3%82%A2%E3%82%AF%E3%83%88%E3%82%A4%E3%83%BC%E3%82%B9%E3%83%88-1738497（2020年4月26日閲覧）

参考文献

長島直樹（2012）『インド進出企業の事例研究から得られる示唆』富士通総研経済研究所，pp.18-22。
平林博（2017）『最後の超大国インド』日経BP社，pp.52-56，72-76。
広瀬崇子（2007）『現代インドをしるための60章』明石書店，pp.136-140。
プレム・モトワトニ，坂田修次（2008）『インド・ビジネス』日刊工業新聞社，pp.12-19。
APJアブドゥル・カラム（2007）『インド2020』日本経済新聞社，pp.179-191。
RCバルガバ，島田卓（訳）（2007）『スズキのインド戦略』中経出版，pp.160-164。

第Ⅲ部

実践編

業種別の海外経営に関する事例研究

第1章
グローバル市場における中小企業の海外戦略
—中小企業が永続企業になるためのノウハウ—

企業はグローバル市場のどこに存在しても永続的な存在でなければならない。これを実現するにはどうすべきか，以下の第1節から第11節を提言したい。

第1節　企業の経営理念の重要性と経営者の役割

企業の経営理念は海外拠点で雇用された現地社員にとっては非常に重要な存在である。なぜなら，彼らには日本本社の創業者の精神は創業当時から今日に至るまで脈々と受け継がれたDNAのようなものであり，企業にとっては憲法の前文のような役割を担うのである。経営理念は，創業者にとって事業を起こした時の起業家精神，創業者の固い信念の凝縮である。海外拠点の現地社員は自分がどのような会社に勤務しているのかを経営理念によって理解することができる。また尊敬できる企業の経営理念から安心感と共感を抱くのである。海外拠点の経営者は本社の経営理念，創業者の創業者精神を，企業の確固たるアイデンティティーとして海外拠点社員に自信を持って自分の言葉で解説できなければならない。

第２節　海外拠点責任者（社長）の資質

日本企業の場合，規模の大きさに関係なく，企業の最初の海外拠点には通常日本本社から優秀な社員を責任者として派遣する。現地化のひとつのプロセスとしては，経験と実績を積んだ現地採用の社員に，業務をバトンタッチすることである。問題は日本の本社機能というよりも，海外で企業経営することである。このとき海外で企業経営する経営者の資質は何かということを明確にしなければならない。特に中小企業のように経営資源に限界のある企業はこの点を明確にしないと，海外拠点の経営は成り行き管理になってしまう。海外拠点で必要な経営者の基本的役割，機能は以下の４項目である。

①　グループ経営戦略を正確に理解し，自分の言葉で部下に説明できること
②　現地事業に対する知識，経験が豊富であること
③　日本本社はもとより，他のグローバル拠点とコミュニケートできること
④　自分の担当している事業と，グループ全体の利益の最大化を前提とすること

自分のビジネス領域だけに限定するのではなく，本社のみならず各海外拠点とも円滑なコミュニケーションができなければならない。自己の利益とグループ全体の利益の最大化を念頭に置いて事業展開をすることである。そのためには単に外国語ができるということではなく，お互いの真意が伝わるコミュニケーションができなければならない。グループの中で援助を必要としているところがあれば，物的，人的サポートでグループ全体を好転させなければならない。2018年アメリカはトランプ大統領の号令のもとに，アメリカに輸入される鉄鋼の輸入関税を25％に引き上げた。それまで自動車の鉄鋼は2.5％であったのが一気に10倍となったのである。アライアンスのパートナーがアメリカで国内調達していればその枠組みに参加させてもらう，あるいは現在アメリカが高率関税を適用していない国や地域から迂回搬入するなど，高関税を回避できる対応策がある。要は目の前の限定された範囲の中での選択，判断ではなく，グローバルな視野で可能性を追求することは海外拠点経営者の責務で

ある。

第3節　日本本社と海外拠点のシームレス（継ぎ目なし）な関係

海外拠点が増加するにつれ本社と海外拠点の意思疎通，グループ全体の意思統一が重要となる。日本語だけでのコミュニケーションはグローバル組織内では不完全となる。日本本社と海外拠点のコミュニケーションは日本語，英語の両言語を併用すべきである。本社は海外拠点の出資者であり，グループの頂点として，海外拠点の売上，利益のみならず，拠点ごとの人事，労務管理の現状を掌握する必要がある。製造業ならば生産管理，製品の品質管理，ライバルの動向，得意先の状況，新規ビジネスの開拓状況などを把握する必要がある。売上，利益は重要な指標であるが，それはある一時期の状態である。ビジネス環境は常に変動している。

企業経営にとって重要なことは次に何が起きるのか，近未来を察知することである。日本本社よりも海外拠点の方が敏感である場合もある。日本本社は海外拠点が察知したいかなる情報も十分に精査しなければならない。レポートはフォーマットを標準化し，見出しに要旨を述べて，結論から始める要点重視の1ページ報告形式を提案したい。

グローバルビジネス戦略会議で，一旦決めた事項が時間の経過やビジネス環境の変化により，日本本社と各海外拠点との間に戦略にズレが生じることがある。海外における顧客のビジネス戦略の変動はしばしば起こる。顧客のビジネス戦略が実態と乖離し，見通しの甘さ，経済変動，顧客の計画そのものが間違っている場合もある。顧客のビジネス戦略の転換を察知した場合，サプライヤーはいち早く立て直しを図らなければならない。中小企業が海外進出で致命的な失敗を回避するには常に現状と未来に敏感でなければならない。日本本社は単に海外拠点の売上，利益のみを注視するのではなく，その拠点市場で起きていること，それが将来のビジネスにどう関係してくるかを海外拠点とともに察知し，次の行動の準備をしなければならない。

第４節　日本本社・海外拠点双方におけるHPを用いたビジネス戦略アピール

各社各様のHP（ホームページ）があるが一般的には会社紹介から始まり経営者のメッセージ，前年度の事業結果が掲載されている。IR（Investor Relations）は投資家に対して，経営状況，財務状況，業績を公開することにより，企業の公正なイメージを与える使命がある。一方で株を公開していない同族企業のHPはその企業の詳細な財務活動，ビジネス戦略を必要最小限な紹介に限定している。その企業グループが目指している方向性を定期的にHPの中で公開することはグローバル社員のモチベーションとなる。

海外拠点は，各拠点のビジネス戦略をHPで既存，未来の顧客にアピールしなければならない。また拠点の社員に対しても拠点経営者の現状報告，今後の予測，未来への期待などは拠点社員のモチベーション向上に効果的である。

企業がゴーイング・コンサーン（継続企業）として永続的にその地で存続，繁栄するためには，ビジネス戦略の中で，日本本社では理解できない地域の特殊性を付加しなければならない。たとえば，企業と社会のつながりが密接な地域では企業のボランティア活動は重要である。海外拠点の責任者はその地域に密着した経営管理を行い，HPにはこのためのメッセージや諸活動を掲載して顧客，地域に対して十分なアピールをすべきである。

第５節　日本本社と海外拠点の定期的摺り合わせ

日本本社と海外拠点との間では定期的にビジネス戦略を確認することである。数ヶ月，数週間ごとに会議室に集合するよりも１週間に１回は対面式で行う。インターネット会議は容易で，安価であり，瞬時に連結できるが問題は参加者の選択である。現地採用のローカル幹部社員が参加する場合，会議で使用する言語は英語にすべきである。日本本社は日本人駐在員責任者からの情報だけでなく，できるだけ多様な意見にも耳を傾けるべきである。

日本人駐在員責任者の中には，起業家精神が旺盛で，リーダーシップを発揮してローカル幹部社員を活性化する者がいるが，反面何かにつけて日本本社ばかりを気にしている者もいる。そのような拠点責任者は，拠点の特殊事情を日本本社に説明できず，むしろ拠点幹部社員に，「本社の意向に従うしかない」と，事なかれ主義を決め込む傾向にある。海外拠点責任者が日本本社の指示に従うばかりならば現地人従業員からは，「自分達のことを自分達で解決しようとしない」責任者として見なされ，その消極的態度は組織全体に蔓延し，モチベーションは低下し帰属意識も希薄になる。さらに欠勤率，離職率は上昇し，人材の流失を招来することになる。日本本社は拠点責任者の言動，態度，方針，リーダーシップを定期的に評価しなければならない。日本本社と海外拠点のシームレスな摺り合わせの関係がビジネスの現状を正確に把握することを可能にする。

第６節　日本本社の役割：ものづくりマザー工場，コア技術開発センター，知的財産集中管理センター

ビジネスがグローバル規模になると，グローバル市場での包括的な決定事項が多くなる。日本本社と海外拠点は双方向で定期的に相手の顔を見ながらコミュニケートすることは前述したが，日本本社が資本家として高圧的態度でグローバル拠点を統治するのではなく，本社の機能的役割を明確にすることが重要である。製造業であれば，日本本社は生産技術，生産方式，生産設備などの研究開発，教育のセンターでありたい。ものづくりはまずは日本本社でトライ＆エラーを繰り返し，完璧な生産ラインをめざす。日本本社でどの拠点にでも流用できる標準生産方式を確立する。確立した生産方式はどの海外拠点においてもそのまま移植できる。技術開発においては，日本本社は現行の商品，未来の商品開発を含め，将来の高い専門技術を開発し，海外拠点への技術指導を可能とする。日本本社は技術センターとして技術開発の歴史，経緯，開発者，製品開発に特別な設備，機械を集中管理する。そこで発生する知的財産は国際特

許申請，登録も含めて日本本社の知的財産管理とする。

第7節　海外拠点の役割

海外拠点は日本本社とビジネス戦略で決められた売上，利益を達成することを最大の目標とするが，同時にその拠点の“市場分析”や“商品開発”も行う。市場分析としては既存顧客の現状把握と将来の動向を調査，分析する。QCD（品質・コスト・供給）ごとに既存顧客の満足度を分析して自社の実力判定をする。さらに，顧客のモデル変更，生産調整などの動向をいち早く情報収集して次期の受注に向けた活動を開始する。商品開発は，その地域の市場と顧客の動向や特殊性を調査することにより，新規のニーズを感知して自社の商品開発の手がかりとする。日本では知り得ない貴重な開発情報を海外拠点で入手することがある。競合よりもいち早く先取りして，新規受注体制に備えるように社内コンセンサスを作ることである。海外拠点は新商品開発の必要性を日本本社に認識させ，日本本社と新商品プロジェクトチームを構成して商品開発を進める。

第8節　“プライス＆コストコミッティー”の設立

日本本社と海外拠点との間に，日本を含めた全拠点のプライスとコストをグローバルで管理することを目的とした“プライス＆コスト　コミッティー（委員会）”の設置を提案する。グローバル市場に拡散した海外拠点はそれぞれ自主性を発揮しながら目標達成に向かうが，同じ製品を異なる市場でどのような価格で販売するかである。短期的利益を求めようとしてある海外拠点が売価を独自で上げようとすると，顧客は自己のネットワークを通じて，高騰した価格を知ることになり，そのサプライヤーは信用を失うこととなる。グローバルで販売される同一，類似製品については日本本社が主導で海外各拠点の特質を加味した論理的な価格構成を管理する必要がある。

さらに，グローバルでのコスト管理は大変重要である。海外拠点でのそれぞれの異なった仕入れコスト，製造コスト，販売及び一般管理費のコスト分析を標準フォーマットで説明できなければならない。これにより，ある地域での突発な事故，政情不安などで急激なコスト上昇になった場合，リスク回避のために調達変更，生産応援あるいは生産移管などが臨機応変に可能となる。“プライス＆コスト　コミッティー”は，日本本社と海外拠点がプライスとコストをグローバルで整合し，急激なコスト上昇などの緊急事態にも対応するタスクフォースとなる。

第９節　経済，政治，産業，社会の構造変化に注目

昨今のビジネス環境はめまぐるしく変化しており，たとえば，自国の産業保護のために関税を引き上げる保護貿易が主流になるのかなど先行きは不透明である。保護貿易対フリートレードといった国家間の対立がビジネスにどのようなインパクトを及ぼすか，また，従来のビジネススタイルが今後も通用するのか，注視しなければならない。日本本社と海外拠点は経済，政治，産業，それを取り巻く社会の構造変化に敏感になり，情報を共有し，自社にとって最適なビジネス戦略を構築しなければならない。

第10節　専門家（弁護士，会計士）の有効活用

近年，製造品質問題に限らず，様々な問題が発生し，海外においては弁護士や会計士に協力やアドバイスを求めるケースが日本以上に発生している。たとえば，日本の自動車部品メーカー（以下，自部品メーカー）の談合（Collusion）がアメリカで摘発され民事，刑事で責任を問われることになった際，弁護士の役割が重要となる。法律や商習慣の違う環境で，日本人経営者の知識，経験，判断だけでは対応に不十分なことがある。また，日本人経営者の事情説明がロジカルでなく，浅薄な言い訳としか取られない場合はむしろその企業イメージ

を下げて問題を深刻化することになる。重要なのは能力ある弁護士と契約することであるが，それと同時に自部品メーカーの経営者，上級幹部は弁護士と一心同体で問題解決に対処するかどうかである。すべての情報を共有して，情報，データを弁護士に公開することが鍵になる。事実を曲げたような情報や資料の開示，説明では弁護士は100％の能力を発揮することはできない。

また税金と関係のある移転価格の問題は日本本社と海外拠点双方が調査対象になるが，定期的に両国の公認会計士の指導に従い，売値，買値が適正かどうかを社内会計監査の一環として確認することを提案する。

弁護士，会計士とは問題があった時に援助を求めるのではなく，日ごろからグローバル経済，社会，産業で何が起きているか意見交換することが重要である。弁護士事務所，会計事務所が開催するセミナーなどに積極的に参加することは当然ながら　日常から人的関係を構築しておくことが望ましい。

第11節　20世紀型企業から21世紀のグローバル企業への転換

21世紀型企業というのは具体的に何をめざすべきなのだろうか。

第1に，北米，EU，日本などの成熟市場と中国，インドといった新興市場を合わせた包括的市場戦略と，世界各地域の多極化市場戦略の両面戦略を構築しなければならない。

また，メガテクノロジーといわれる人口知能（AI），5G（第5世代移動通信システム），クラウドの進展が見込まれる中，企業側優先の“プロダクトアウト”から市場のニーズ優先の“マーケットイン”に転換し，厳格なコスト感覚を磨く必要がある。

第2に，ITやAIを活用して遠距離のグローバル市場にアクセスして，素早く，機敏にビジネス展開をすることである。

これまで海外出張などで時間とコストを必要とした仕事がインターネットによる業務に転換されるであろう。

第3に，日本的経営の一部である年功序列型賃金をあらため，実力，成果にもとづいた賃金体系にしなければならない。個人のパフォーマンスが賃金に直結しない日本型賃金体系はグローバルでは評価されない。真の実力評価とは与えられた職務の業績評価によって給与，賃金が決定されるということである。

第４に，企業は売上，利益を出していれば良いのではない。慈善主義が社会的通念として根付いている海外の地域では，社会の健全な発展に無頓着な企業は社会的存在として受け入れられない。企業市民として地域社会に浸透することが重要である。

第５に，企業経営の中で特に重要なのは，日本本社の経営者，管理者自らが海外拠点に直接，間接にコンタクトするということである。

インターネット会議を活用し，相手の顔を見ながらの会議を定期的に行い，また出張によって直接意思疎通を図ることで，事業経営に一体感が醸成されることになる。自ら発言せず，部下まかせの本社経営幹部や管理者は，自身の海外拠点との信頼関係は表面的なものでしかなく，グローバル経営が進められないことを強く認識すべきである。

第2章

中国・東南アジアに進出している自動車部品会社の経営課題

第1節　ASEAN域内の自動車部品の相互補完政策

ASEANの域内経済協力政策の中で，自動車部品の補完計画はとりわけ重要な位置を占めてきた。他の域内経済協力に比べても，最も早くから着実に実践されてきた域内経済協力であるからである。また自動車産業は，ASEAN各国にとっても極めて重要な戦略産業と位置付けられている。ASEAN自動車産業において日系自動車メーカーの占める位置は大きく，ASEANは日本の自動車産業にとっても世界の最重要な生産・販売拠点の一つである。1988年からのBBCスキーム（ブランド別自動車部品相互補完流通計画）は，日系を中心とした自動車メーカーのASEANでの部品の集中生産と域内補完を大きく前進させた。その後のAICO（アセアン産業協力スキーム），AFTA（アセアン自由貿易地域）も，一貫して日系自動車メーカーのASEAN域内での部品の集中生産と域内補完を支援し，日系自動車メーカーの自動車生産ネットワークの構築を支えてきた(1)。

BBCスキーム，その後のAICOにおいては特定ブランドの指定部品に限定されたり，現地資本規制があったりと，ASEANの自動車生産国であるタイ，インドネシア，マレーシア，フィリピンに多拠点展開するカーメーカーや一部の大手自動車部品メーカーがその活用主体となっていた。1993年からはAFTAがスタートし，域内関税の低減，撤廃が進み，2002年までには現加盟6か国におけるCEPT（共通有効特恵関税）の最終関税率（0～5%）が実施された。その後も関税率低減，撤廃の動きが進み，自動車部品メーカーはASEAN各国の原産地証明によって域内での部品輸出を加速することができるようになった。ASEAN数ヵ国に生産拠点を持ち，多品種の自動車部品を扱っているような大手メーカーにとっては，部品ごとに最適地での集中生産を行い，それらをASEAN域内の拠点同士で輸出入し合い，収益の最大化を図ることが可能となっているのである。一方では，ASEAN域内に一つの拠点しか持たない部品メーカーにとっては，その国の自動車生産会社のみに販売を頼るのでなく，域内各国の生産会社に販路を拡大するチャンスが生まれている。

第２節　自動車グローバル競争における中小企業の課題

自動車はハードウェアの集合体からソフトウェアの集積に主役が移行する。自部品メーカーは常にこの動向に関する情報を可能な限り入手しなければならない。完成車メーカーによるEV自動車の予測の中で，ハイブリッド車が当分の間は主力となるとの見込みがあった。それを，純粋なEV車はこの20－30年間は主力にならないと短絡に判断する自部品メーカーはやがてその会社の存続に致命的なインパクトを受けることになる可能性がある。

1)　自動車産業における不正行為と中小企業の対応

昨今，自部品メーカーの談合の問題において，日本の商習慣が大きく非難されることになった。日本自動車産業は完成車メーカーの下に１次，２次，３次とピラミッド的な構成になっている。完成車メーカーは，自部品メーカーに見積もり競争をさせる。日本では，完成車メーカーが開催するサプライヤー会議や新年の季節の集会などで競合関係のある自部品メーカーが知り合う機会がある。本来ビジネスと個人の関係をきっぱりと区別すべき社交の場であるが，お互いの見積もり情報を交換するとか，得意先の原価低減要求に対する相談が行なわれるようになった。自分たちに有利な事態をつくろうとすることは，完成車メーカーのみならず自動車を購入する一般消費者の利益にも反する。日本には敵味方も最後は一緒という特有な感情がある。アメリカは，2010年ごろから談合と疑いのあるビジネス慣行に注目し，日本の自部品メーカーを連続して摘発するようになった。談合による取引はアメリカが嫌うビジネス慣行として，アメリカ司法省（United States Department of Justice）は徹底して不審な日本の自部品メーカーを調査し始めた。この摘発は，日本の自部品メーカーにとって恐怖になり，日本的商習慣をグローバルスタンダードに方向転換せざるを得なくなった。その結果“呉越同舟”的な中途半端な言動はビジネスでは許されず，自部品メーカーは社内にコンプライアンス，CSR といった新部門を設立し，監視体制を強化している(2)。中小の自部品メーカーは，人間関係に基づいた馴れ合い的商習慣から脱却し，公正取引に主軸を置き，法令遵守（コンプライアンス）に沿ったビジネスを徹底しなければならない。

2)　海外進出は自己責任―ビジネス戦略の重要性

海外進出先の完成車メーカーの部品調達基準は，進出初期段階では日本での取引実績を重視していても，時間の経過とともに現地でのコスト，品質基準で最適自部品メーカーを合理的な方法で選定する。この段階になると，自部品メーカーは，完成車メーカーにとってコスト，品質などにおいて最適な部品提供ができなければ淘汰されてしまうのである。中小の自部品メーカーは海外市場で生き残るには，自らのビジネス戦略の是非によって決定されるという厳しい現実に直面することになる。

第３節　中小自動車部品企業の海外リスク管理

中小企業が海外で事業をすることは日本とはまったく異なるリスクに直面することを想定しなければならない。日本では競合といっても同じ土俵での日本のメーカーということもあり，相手の手の内をある程度予想できる。海外では日本から進出した競合のほかに多国籍メーカーとも競合しなければならない。海外に進出した自部品メーカーが冒しやすい失敗例と対応策を考察したい。

1)　談合リスクと日本人固有の欠陥

完成車メーカーは新たな自部品メーカーを発掘することは時間とコストがかかることを覚悟しなければならない。したがって，日本で取引の実績のある自部品メーカーと海外進出先でも取引したいのが本音である。

完成車メーカーは自部品メーカーをある程度選定してから見積競争させるのが通常である。しかし選定されたのが日本の自部品メーカーだった場合，談合の疑いをもたれないようにすることである。日本では2018年リニアモーター建設で建設ゼネコンの談合が摘発された。自動車産業では2010年頃からいくつかの談合摘発が始まった。談合とは外部の参入を排除して一部で権益を保持しようとする行為である。しかも，ここで決定された価格は得意先や消費者にとって最適価格ではなく，談合参加者にとって都合の良い価格である。日本の自部品メーカーも最近までアメリカ司法省によって10数社が摘発をうけた。この談合行為は，日本人固有の商取引に関係している。“昨日の敵は今日の友”，“敵に塩を譲る”，“人間死んでしまえば皆同じ”というように敵との妥協点を見つけて話をまとめる方が賢いという暗黙の了解である。この考え方は狭小の日本列島の中ではお互いに角を付き合わせて戦い抜くよりも，ある時点で譲り合うのがお互いの為といった一種の不文律である。これが談合に導く一つの原因と思われる。しかし，日本人の中には相手を出し抜く者もいることも事実である。談合で決めたことの裏をかくやり方である。これは表向きは協力，協調の姿勢を見せながら，その裏で，約束ごとを無視して自分の利益を優先するという両面性である。談合行為そのものは違法であるが，これをまた覆すということは日本人の節操のなさ，低いモラルの一面ではないだろうか。いずれにしても美徳を重んじると言われる日本人としては，グローバル競争の中でのこの両面性は日本人独特の致命的欠陥であると言わざるをえない。

また海外拠点にとって注意しなければならないのは，会社第一主義，集団的協調主義の押し付けである。生産が遅れ気味で残業が必要となるとか，週末に出勤して遅れをカバーするには現地社員にいかに協力を求め，どのように挽回するかである。現地社員にしてみれば，「遅延になる兆候，原因は事前にわかっていたことであり，直前になって週末出勤せよ，残業も納得できない」となる。日本人経営者は「会社が緊急事態の時には多少犠牲になっても会社のために休日を返上することは社員として当たり前」といった押し付けをするとコンフリクトの原因となる。要するに，ハイブリッド経営とは現地の状況を理解して，いくつかの事情を臨機応変に取り入れることである。また会社状況をタイムリーに社内発信し，現地社員の意見に傾聴し，意見を吸い上げるという双方向のコミュニケーションが重要である。

2)　グローバル市場で有効なアライアンス戦略

第1章でも述べたように海外に進出するときには100%独資で子会社を立ち上げるのか，それとも現地のパートナーと組んで合弁（JV=Joint Venture）会社を設立するのかという選択肢がある。独資は誰からも干渉されないという利点はある。一方合弁会社はパートナーとビジネス戦略はお互い確認，合意をしながら進めなければならない。どちらもメリット，デメリットがあるが各企業の状況によってどちらの効率が良いか考えてみたい。独資の単独進出にはそれなりの理由がある。それは進出する前にすでに勝算が保証されたビジネスがあるということである。たとえば，自部品メーカーが日本ですでに価格，品質，サービスなどで信頼ある供給関係を顧客と成立し，完成車メーカーに合わせて一緒に進出するパターンである。しかし日本では良好な取引関係であったのが海外になると必ずしも日本と同じ関係を維持できない場合もある。海外で自部品メーカーの品質不具合の問題解決に時間がかかること，顧客が期待する希望価格に適応する競争力がないこと，また現地にあるローカルメーカーが，コスト，品質で日本自部品メーカーを圧倒していることなどで顧客が徐々に新しいサプライヤー開拓を始めた時は既存の自部品メーカーにとって大きな危機となる。

また自部品メーカーから見て完成車メーカーが常に万全かというと必ずしもそうではない。完成車メーカーの大まかな海外進出ビジネスプランが，これが実際その通りにならないことがある。進出先の経済的，政治的変動によって顧客そのものがビジネス戦略を改定せざるを得なく，好転するまで当分の間，忍耐の時間を過ごすことになる。単一完成車メーカーのための自部品メーカーの海外進出のリスクはここにある。そこで考えるのはアライアンス戦略である。アライアンス（企業どうしの提携やそのグループ）は先に出た合弁企業（JV）のような資本による会社同士が合体するばかりでなく，ソフトなアライアンスがある。技術援助契約とは相手側に技術ノウハウを提供して対価を得る契約であるが，日本で生産している原材料，部品などを販売すれば，技術援助先が成長していけば原材料収益が期待できる。日本から技術供与先にサポート要員として派遣して，市場，顧客情報を習得し，将来の独自進出の準備ができる。

またライセンス契約がある。現地パートナーに特許またはノウハウ，著作権，ブランド使用量，営業機密とノウハウ，技術設計の使用を許諾して必要最低限の人員を必要に応じて日本から派遣する安全な進出の仕方である。ただし，相手側のライセンシーに排他的な使用権を与えた場合は，ライセンサーとしてはこの製品やサービス分野での進出はできないという制限がある。ライセンス契約の利点はパートナーのランセンシーが生産，販売促進すれば，ライセンサーとしても相手の使用量に応じてロイヤリティー収入が見込める。

複数の会社で構成する共同購買も有効なアライアンス戦略の一つである。1社単独では有益な仕入先情報の入手は限界がある。特に海外進出の場合，あらたな地域でサプライヤーを開拓することは非常に労力を必要とする。進出先でパートナーがいれば調達先の情報はとりやすい。パートナーは必ずしも同業者である必要はない。商社，コンサルティングなどあらゆる可能性がある。パートナーから情報提供を期待するだけでなく，こちらからも何か情報を与えることができる“Win-Win”の関係になればお互い調達先情報が活発になる。

以上のアライアンスの手法は，単独では限りある人的資源，資金力，海外ビジネス経験の浅い中小企業の海外進出には有効である。ところで，このアライアンスを推進，維持することで一番重要なことは両社のスポークスパーソンである。スポークスパーソンはそれぞれの会社組織を代表してアライアンスが最大効果を生み出すようにそれぞれの会社をコントールしなければならない。それは，日本本社の意向を会社の代表として自らの発言で，相手スポークスパーソンと交渉するということである。このことにより双方の信頼関係が確立されコミュニケーションをスムーズにする。アライアンスが成功するか否かはスポークスパーソンのリーダーシップであると言っても過言ではない。

第４節　事例研究

1)　自動車部品メーカー「A 社」の事業撤退事例

A 社の海外におけるワイヤーハーネス事業はすでに50年以上の歳月が経過している。現地従業員の賃金体系は，経験・スキルに応じ資格等級を定め，それに見合うようにしている。また，アセアン各国の最低賃金も上昇の一途をたどっており，生産拠点によっては同一事業の継続が困難な状況になっている。

過去にワイヤーハーネスの生産がコスト競争力の確保を理由に日本国内から海外へシフトした歴史がある。空洞化した国内生産事業は，雇用維持のために事業転換を余儀なくされたのである。同様の事象が海外でも発生し始めており，事業の転換や撤退を検討する時期に入っている。特に，海外の生産拠点は，規模も大きく5,000 人以上の従業員を抱えている事業所が多く，事業の撤退となると現地社会に与える影響が大きいので，CSR を十分考慮した上での経営判断が必要となる。

次に，海外でのワイヤーハーネス事業の撤退には，現地従業員の解雇の問題が伴うのである。これには得意先，現地政府機関との親密な協力関係が不可欠である。

過去に某国において，自動車メーカーの工場閉鎖が，その１年以上前に，現地国内に生産拠点を持つ部品会社に公表された。工場がある自治体の首長に対しては，撤退の意思表示と，従業員の再雇用計画を説明して協力を要請した。工場を閉鎖するまで１年間の時間の余裕があったため，大半の従業員の再就職先は確保され，自治体の首長や得意先から表彰状や感謝状を授与されたケースがある。

進出先からの撤退は日本と比べるとリスクが非常に多いことから，撤退に向けたさまざまな対策をあらかじめ打っておく必要がある。同社は，得意先や現地政府機関と良好な協力関係を築けていたからこそ大きな問題になることを回避できたと考えるべきである。

2) 海外における現地社員の育成に関する失敗事例

A社では，開発エンジニアとして採用した高学歴の現地社員に対して，入社後1年弱の日本語研修を毎日午前中実施。その後日本語能力試験にてレベルN3を取得させ，日本での実務研修2−3年で経験を積ませ，帰国後得意先へ出向エンジニアとして派遣する教育システムを確立・運用している。現地社員に日本語を習得させる理由は，得意先カーメーカーが自社内の業務効率改善を目的に，社用語を日本語と定めたためである。A社が育成するエンジニアの目標は，「得意先へ出向し業務を遂行できること」としているため日本語による日本での業務運営に重点を置いている。しかし，帰国後にキャリアアップ目的での退職希望者が出ている問題がある。当初の雇用契約書で日本語習得後の勤務期間の縛りについて合意しているが，所定の期間終了後に退職というケースが発生しているのである。これによって退職者の多くは，現職よりも給与をアップさせた形での就職が可能になっているケースが多い。この事象を1件でも減らすためのより有効なアメ（インセンティブ）とムチ（契約での縛り）の検討が必要である。

注

(1) 清水一史（2011），『ASEAN域内経済協力と自動車部品補完―BBC・AICO・AFTAとIMVプロジェクトを中心に―』産業学会研究年報，第26号，p.1-6。

(2) アメリカ合衆国司法省（U.S. Department of Justice）の反トラスト部門（Antitrust Division）ホームページには受注での談合（collusion）を避け，談合があったのかをチェックするシンプルな分析方法（2015年6月25日）を紹介している。それは，4つのMAPSという分析方法である。これに該当すると，談合の疑いの対象（RED FLAGS OF COLLUSION）になる。

M＝Market（市場）：Who is in the market for this award?（この受注の市場には誰が存在するのか？）少数の限られた納入業者，ある特定の強力な納入業者が市場をコントロールしていないか？

A＝Applications（申し出）：Are there similarities between vendor applications or proposals?（納入業者からの申し出や提案に類似性はないか？）納入業者間のやりとりがあったとみられる手書き，タイプ，計算方法，直前の変更はないか，またある特定の納入業者の指示によって編集された書類はないか？

P＝Patterns（受注パターン）：Have patterns developed among competing vendors?（受注パターンが競合同士の中で展開されてはいないか？）納入業者の受注のたらい回し，競争のルーティン化，常にある特定業者の受注，ある受注した業者は次の受注から手を引く，少数の業者しか現在の受注競争に参加しないといったことがパターン（定例）化していないか？

S＝Suspicious Behavior（不可解な行動）：Have vendors demonstrated behavior that suggests that they worked together on the award?（納入業者同士が受注に向けて共同で行動しているような態度を示してはいないか？）ある納入業者が製造やサービス提供が不可能であるにもかかわらず見積もりを出してはいないか？　ある納入業者は複数の提案と複数の見積もりを提出していないか？　ある納入業者は電話，Eメールなどで競合の価格や受注できる事前情報を入手していないか？

参考文献

清水一史（2011）『ASEAN域内経済協力と自動車部品補完―BBC・AICO・AFTAとIMVプロジェクトを中心に―』産業学会研究年報，第26号，pp.1-6。

第3章

中国・東南アジアに進出している半導体製造会社の経営課題

IoT（Internet of Things，モノのインターネット）化やAI技術の進化を支える半導体産業は，先進国のみならず新興国に於いてもその需要と重要性は益々高まってきている。2016年ソフトバンクによる英国半導体設計大手のARM社の買収は，その買収規模（日系企業の買収案件として最大規模の3.3兆円）のみならず，IoTがもたらす社会変革を先導する新たな動きとして世界中に大きな衝撃を与えた。また，中国政府が2014年に「国家IC産業発展推進要綱」を制定し，更に「国家集積回路産業投資ファンド」を設立すると共に，これまで3,000億人民元（日本円換算で約5兆円）もの巨額投資を行い自国の半導体産業育成を急ピッチで進めている。今後，こうした動きは益々活発化し，グローバル規模でのM&A及び業界再編の動きに拍車がかかることが予想される。

第1節　日系半導体業界を取り巻く状況の変遷

図表Ⅲ-3-1は，日系半導体業界を取り巻く状況の変遷を示したものである。これによると，日系半導体製造会社は，汎用商品や一部の特殊半導体分野を除き，その多くが大手電機メーカーの企業内事業部門として，自社で設計・開発，製造，販売に関わる機能を有する「垂直統合型」での事業を進めてきた。また，日本政府支援による「超LSI技術研究組合」の成果である超微細加工技術の進展とDRAM分野への集中投資により1980年代には当該分野で過半を越えるシェアを占めるなど黄金時代を築いた。しかし乍ら，90年代以降現

図表Ⅲ-3-1　日系半導体業界を取り巻く状況の変遷

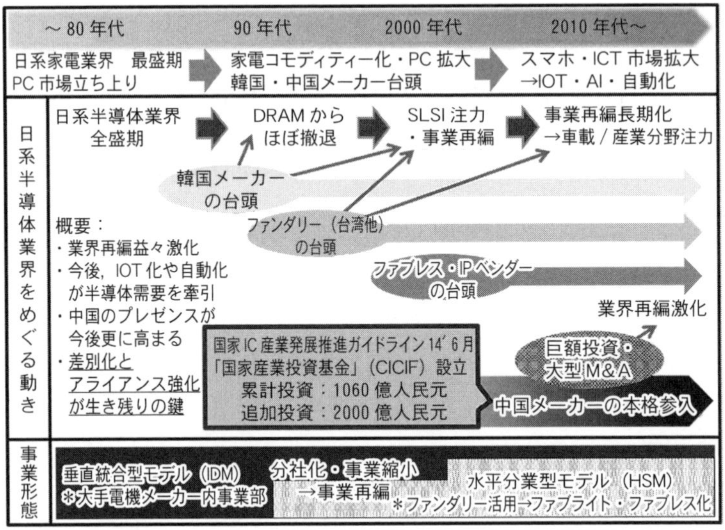

～80年代　90年代　2000年代　2010年代～

日系家電業界　最盛期
PC市場立ち上り
家電コモディティー化・PC拡大
韓国・中国メーカー台頭
スマホ・ICT市場拡大
→IOT・AI・自動化

日系半導体業界をめぐる動き

日系半導体業界
全盛期
DRAMから
ほぼ撤退
SLSI注力
・事業再編
事業再編長期化
→車載／産業分野注力

韓国メーカー
の台頭
ファンダリー（台湾他）
の台頭
ファブレス・IPベンダー
の台頭

概要：
・業界再編益々激化
・今後，IOT化や自動化が半導体需要を牽引
・中国のプレゼンスが今後更に高まる
・差別化とアライアンス強化が生き残りの鍵

国家IC産業発展推進ガイドライン14' 6月
「国家産業投資基金」（CICIF）設立
累計投資：1060億人民元
追加投資：2000億人民元

業界再編激化
巨額投資・
大型M&A
中国メーカーの本格参入

事業形態

垂直統合型モデル（IDM）
＊大手電機メーカー内事業部
分社化・事業縮小
→事業再編
水平分業型モデル（HSM）
＊ファンダリー活用→ファブライト・ファブレス化

出所：実務経験に基づき筆者作成。

在まで，長期に亘る停滞・低迷に喘いでいる。それは，家電製品のデジタル化やコモディティー化の進展と韓国及び中国・台湾企業の台頭に伴い，その競争力を失っていった親会社同様の状況であるといえる。各国政府の産業政策や通商政策，あるいは半導体が搭載される機器の変遷や海外半導体メーカー各社の台頭・成長への対応・対抗が求められているが，厳しい事業運営が続いているのが現状である。

各社は，「民生機器用半導体→車載・産業用半導体への転換」といった事業再編・再生の動きを急ピッチで進めている。具体的には，依然強みを有する技術及び商品（各種センサーやマイコン，パワーデバイスなど）で差別化を図り，かつ日本が競争力を持つ「産業・車載」分野の日系企業を顧客として販売・事業基盤を確保するというものである。そして，更に高付加価値及び強い競争力を持った製品の開発に注力していく形での取り組みが進んでいくものと思われる。

また，設備産業である半導体産業は，大規模且つ複雑多岐に亘る製造工程を必要とするため，これまで日系企業ではモノ作りに於いても「自前かつ国内主体の垂直統合型」での事業を行ってきた。具体的には，「前工程（拡散）」の殆どを日本国内で行ない，海外では主に，「後工程（組立・加工・検査）」のみ進出するという形でのオペレーションである。DRAM 全盛期及び商品群が限定された時期に於いては，効率的な生産システムとして機能してきたが，事業再編を進める現在，自社の生産能力の増強・更新への巨額投資を継続できない状況である。他方，ファウンドリ(1)およびOSAT(2)専業企業がグローバル規模で急激台頭してきており，「速くて軽いモノ作り」への転換が，事業再編に於いても有効である。一部の大手企業を除き，今後更に「ファブライト化」(3)への動きが加速していくと思われる。

「後工程」中心の工場進出をベースとする日系半導体製造会社の海外経営は，上述の様な業界動向の影響を受け，大きな岐路に立っている。具体的には，親会社の半導体事業の再建・整理への対応と，グルーバル規模での生産体制再編の動きの中で自らのポジションを確保しなければならないという二つの大きな課題に対し，「強み・独自性」を如何に確立していけるかが，海外会社各社に問われているのである。

第 2 節　日系半導体企業の海外経営の特徴

まず，ここでは日系半導体製造会社の海外経営の特徴について，「進出国」，「進出形態」，及び「親会社との関係」の 3 つの観点から概観してみる。

日系半導体製造会社の海外進出は，主に日系家電メーカーの海外工場展開に追随する形で進められてきた。具体的には，1980 年代後半から 90 年代にかけて，東南アジア地域及び中国へと，家電製品を中心とする民生機器の現地生産を補完する「デバイス供給拠点」という位置付けやメモリー生産工場の誘致に対応する形での進出である。その後，親会社の事業再編に伴い，売却・譲渡及び拠点の統廃合を経て，現在では大手・中堅を問わず，各半導体メーカーの海外製造会社は，それほど多くないといえる。

図表Ⅲ-3-2 は，最新情報に基づく日系半導体メーカーの進出状況を示したものである。これによると，2017 年時点でわずか 16 社 37 拠点に留まってい

図表Ⅲ-3-2　日系半導体メーカーの進出状況

進出国	進出企業数（拠点数）	進出形態		
		後工程	一貫	研究開発
中国	12	9	1	2
タイ	5	5	0	0
フィリピン	6	4	1	1
マレーシア	7	6	0	1
シンガポール	4	3	0	1
インドネシア	2	2	0	0
ベトナム	1	0	0	1
合計	37	29	2	6

出所：海外企業進出要覧 2017 他に基づき筆者集計・作成。

るのが現状である。「進出国」別では，中国が最多の 12 拠点となっているが，華北（北京），華中（長江エリア）及び華南（珠江エリア）に分散しており，疎らという状況である。他の東南アジア諸国に於いても突出して拠点数の多い国は無く，一部のメーカーを除けば，海外拠点が辛うじて残っているといっても過言ではない。図表Ⅲ-3-2 の作成のベースとなるデータ調査の過程で改めて認識したが，一部のメーカーを除き，事業再編に伴う拠点統廃合の影響から脱し切れていない深刻な状況が続いているといえる。同じアジアの国としての地の利を活かし，各国から外資誘致に応じる形で多くの企業が複数の国に進出していた 2000 年代初めと比べ，拠点数減少以上に各進出国でのプレゼンスの低下を如実に表している。

「進出形態」については，当章の冒頭でも述べている通り，「後工程」主体での進出及び運営を行っている企業が殆どである。欧米企業が，早くから「前工程」や「開発拠点」での進出を進め，最適地生産や開発人員の獲得・活用に注力してきた経緯からも真逆な対応といえる。これは，親会社を含む日系企業を安定的な大口顧客として持ち，日本国内での取引関係をそのまま海外へも展開してきたことが大きな要因と考えられる。しかし，産業の高度化・成熟化に伴い，より付加価値の高い商品の生産や技術開発拠点の誘致に重点が移るなか，今後はワーカー人材の確保が困難になってくることが予想されるため，「後工程」中心の進出形態の維持が大きな課題となることはいうまでも無い。その様な中で，一点特筆すべきは，ベトナムへの拠点進出の事例である。進出状況はわずか1社であり，しかも生産拠点ではなく，ソフトウェア開発拠点としての進出だが，日本国内でもベトナム政府による技術者の海外研修プログラムを活用した研修生受け入れの動きが始まっていることと考え合わせれば，今後の進出へのヒントになり得るといえる。たとえ「後工程」であっても，工場進出には巨額の費用が必要になる中，モノ作りベースでの進出ではなく，開発力強化・開発人員確保を目的とした「開発拠点」としての進出が増えていくものと思われる。こうした対応は，リソース確保に留まらず，グローバル市場へのアクセスの面からも，有効だといえる。従来からアジア市場への浸透やアジア人材の確保を重視してきた欧米企業は，近年，所謂「チャイナプラスワン」の観点から，更に活発に活動を行っている。東南アジア拠点を単に中国市場のリスクヘッジ機能として活用するのではなく，（言葉のハンディの少ない）東南アジアの中国系人材を活用し，中国市場への進出を加速させるという動きを活発化させている。両者の経営方針の違いは，依然大きいが，豊富な人材を活用する取り組みの観点からも，進出形態が変化していくと思われる。

次に，「生産品目」については，日系企業は，依然家電製品の生産に欠かせない汎用品やマイコンなどの商品が中心である。以前強みを発揮してきた垂直統合型モノ作りの構図から依然抜け出せておらず，国内工場で成熟したあるいは型落ちした商品を順次海外展開するというサイクルを残している。数年来，ようやく中国を含むアジア市場の地場系顧客向け輸出拠点として再編を進めると同時に，「車載半導体」へのシフトが加速しつつある。しかし，BCP対応は，同一商品を複数工場で生産する体制構築が求められ，付加価値の少ない商品構成にBCP対応に伴う設備投資が重なり，却って収益面で課題を抱えているといえる。さらに，FAE(4)体制の構築・強化も大きな課題である。親会社ですら「車載半導体人材」の育成・確保に苦慮している状況の中，海外製造会社での人材の確保は容易ではなく，現時点では日本からの出張者のサポートに多くを頼っているのが現状である。他方，欧米企業は地場での開発商品を含む多岐に亘る商品を手掛けており，進出先の市場特性や事業方針に基づき，柔軟な商品展開を行っている。さらに，長年に亘り開発活動を行っていることから，現地でのサポート人材も充実しているといえる。また，上述の通り，アジア系

OSAT 企業も，取り扱い品目を拡大させており，日系企業との競合が益々激化しつつある。今後，中国のみならず東南アジアでも，産業の高度化の進展に伴い最新の半導体技術や商品の需要が拡大することが想定されるが，この点に於いても，欧米企業及びアジア系 OSAT 企業の優位性が高まる中，製造戦略の見直しを余儀なくされる状況であるといえる。

また，「親会社との関係性」については，「日本的経営とグローバル経営とのギャップ」ともいうべき，大きな差異が見られる。日系企業は，「海外製造子会社」として親会社から様々な支援を受ける形で経営を行ってきた。現在では，海外製造会社の裁量権・決定権も増えているが，商品企画や生産計画を親会社に依存する構図は厳然と残っている。親会社からの「前工程」商品（半導体チップ）の供給及びサポート無くしては，海外製造会社の経営・運営が成り立たないため，長年に亘り親会社へ過度に依存する関係性から抜け出せていないといえる。一方，欧米企業では，拠点施策に基づき，各海外拠点が権限と共に明確な役割を持ち運営されている。シンガポールを中心にアジア地域の統括会社を以前から設置し，名実共に市場責任を果たすべく活動している。更に近年では，中国市場更にはインド市場を睨んだオペレーションも活発化している。日系企業にも地域統括会社を設置するケースが有るが，半導体事業としての観点では地域統括機能は乏しく，欧米企業との比較に於いては，その差は歴然としている。

以上，日系半導体製造会社の海外経営の特徴について考察したが，要約すると「日本的経営の縮図」であるといえる。親会社のみならず日系家電メーカーが優位であった時期には効果的な運営形態であったが，競争劣位に陥り，親会社自体が事業構造改革に追われる状況に於いては，海外製造会社の多くは変革から取り残された状況に陥っている。

そして，これまで述べてきた様な，ファブレス企業の台頭，ファウンドリ及び OSAT 企業のグローバル規模でのビジネスの拡大，中国企業の躍進などの動きが加速するなど，益々競争環境が大きく変化する中で，今後より厳しい道程を歩んでいかざるを得ない。海外製造会社の多くがその存続を親会社に委ねざるを得ない依存関係の中から抜け出せずにいる現状に於いて，如何に「稼ぐ力」を養い，自主・自立していけるかが，問われているのである。

第3節　事例研究

次に，事例を基に，海外製造会社の経営課題への分析を行う。東芝やSonyといった一部を除き，日系半導体製造会社は，その規模や位置づけに於いて，グローバルメジャーではなく，所謂「ニッチトップ」を実現することで，生き残りを図っていく必要が有る。特異性や差別化能力を磨き，市場から必要とされる存在になることが，安定的且つ長期的な事業を実現していく上で不可欠である。したがい，本項では，中規模半導体メーカーの事例を取り上げ，今後の参考と成り得るヒントを掴むべく，考察を進める。

【事例】 富士電機の事例

【同社概要】

日系半導体製造会社の中で中堅企業の1社に挙げられる同社は，パワー半導体に特化した事業を進めており，特にIGBT(5)では大手の1社である。リーマンショック直後から後続改革に着手する早めの対応が寄与し，2013年には黒字転換を果たし，それ以降は堅調な業績を維持している。とりわけ2017年度の電子デバイス部門の販売は前年比107％，営業利益は171％の伸びを示し，産業分野向けパワー半導体の増販が，事業部門全体の好業績を牽引している。(図表Ⅲ-3-3) の示す通り，2016年度から進めている中期計画も堅調に推移し，2018年度も販売・利益共に着実に成長させている。

【成功事例】

自社の販売を搭載したパワーエレクトロニクス機器も産業分野を中心に販売を伸ばしており，同社の成長性を左右する基幹部品に位置づけられている。こうしたF社の取り組みは，強みを有する分野への半導体事業の集中特化による競争力の維持・拡大が，自社の機器の競争力強化にも繋がるという相乗効果を生んでおり，安定した事業基盤を確立しているといえる。

さらに，同社は，国内外で積極的に生産能力増強を進めているが，自社の別

図表Ⅲ-3-3　富士電機電子デバイス部門の業績推移

	2010年	2011年	2012年	2013年	2014年	2015年	2016年	2017年
販売	1,259	1,122	1,136	1,230	1,372	1,020	1,185	1,269
営業利益	−20	−2	−14	65	81	98	80	137

出所：同社IR資料に基づき筆者作成。

事業での建屋の有効活用や買収を組み合わせるなど，投資額を抑制すると共に，立ち上げ期間を短縮している。さらに継続した商品開発と，それに伴う生産品目の更新により，海外工場を含め生産ラインの刷新が計画的に進められている。たとえば，1996年設立のフィリピン工場は，業界でも珍しい前工程を備えたパワー半導体の一貫工場である。1995年設立の中国深圳工場及び1997年設立のマレーシア工場は同社のパワーデバイス事業部門の別の商品の生産工場として設立されたが，現在は拠点強化によりIGBT等の生産を行っている。この様に，同社では長年に亘り，グローバル生産拠点整備を進め，最適地生産と共にBCP対応体制強化を進めている。こうした対応を可能にしているのが，長期視点での経営戦略であり，市況や業績に応じ柔軟に投資をコントロールすることで，長期に亘り安定した事業運営を実現しているのである。

【成功の要因及び提言】

この同社の事例は，強みを有する分野へ集中特化し，徒に規模を追わずとも着実に事業推進することで，堅実経営を実現できる事を示している。さらに，各拠点をうまく活用することで，中規模メーカーであってもグローバル最適地生産を実現し，グローバル規模でのビジネスを展開できることを表している。

多角化や業容拡大を急ぐのではなく，自社の強みを磨き，差別化能力を養っていくことが，変化の激しいグルーバル市場に於いて，自社の地位を確保することに繋がる事例である。

第４節　進出企業の経営課題

前に述べたように，日系半導体製造会社の最重要課題は，「自ら稼ぐ力」（収益力）をつけることである。自ら事業再編や経営立て直しに追われる親会社からの支援をあてにせず，自主・自立し，地域特性・立地・自社の特徴・強みを活かし「独自性」を発揮していくことが重要である。

ここでは，海外経営の特徴や成功・失敗事例の分析を踏まえ，進出企業の経営課題について考察していくが，まずその前提として海外製造会社の「あるべき姿」について考察を進め，その上で主要課題にフォーカスし，更なる深堀りを進める。

筆者のこれまでの海外勤務経験や他の海外勤務経験者との会話を通じ，企業の国籍を問わず海外進出企業として成功（長期に渡り持続的・安定的経営を行っている）している会社にはいくつかの共通点が有るといえる。それは，「人材の組み合わせの良さ」，「強みとなる明確な差別化ポイント」，「親会社との適度な距離感」である。

「人材の組み合わせの良さ」とは，日本人に偏重した経営でなく，ローカル人材が夫々の階層・職能で活躍し，巧みに経営が行われていることを指す。さらに，いずれの会社でも経営の現地化が着実に進められていることはいうまでも無いことである。

また，「強みとなる明確な差別化ポイント」とは，「競合企業に無い差別化ポイントを強みとして持ち，事業を行っている」ことを指す。

そして「親会社との適度な距離感」とは，親会社に過度に依存せず，又時には親会社への逆提案・要請を行うなど，緊張感を持った事業運営を行っていることを指す。

こうした共通点を持った海外製造会社は，親会社から有力な海外会社として認知されていることのみならず，全社への業績貢献もしっかり果たしている。さらに，この様な海外会社を数多く擁する企業グループは，グローバル市場で着実に業績を残しているといえる。「親会社－子会社」の関係を越え，「自立した企業の集合体」ともいうべき関係を構築していくことが肝要である。こうした海外製造会社は，一海外子会社というより，「独立企業」に近い存在だといえる。

海外製造会社にとって，この様な「自立した企業≒独立企業」に変革を遂げていく事は，単に生き残りを図ることのみならず，長期的・安定的な企業存続に必要な事だといえる。そのための課題と言うべき必要要件は，「人材確保・人材育成」，「品質向上・QA 体制の再構築」，「グローバルオペレーション力強化」の3点である。これらの要件を満たしつつ，「独自性・特徴」を備えた企業への発展に向け取り組んでいくことが重要である。以降，各要件について詳述する。

まず，事業推進の要となる「人材確保・人材育成」については，継続的に強化していくべき重要課題である。これまでの生産活動を通じ，工場オペレーションに必要な人材については，ローカル人材の育成が進められてきたが，今後，「車載半導体」へのシフトや品質向上に向けたより高度なスキルを持った技術人材が不可欠である。具体的には，海外製造会社のプレゼンス向上に不可欠な「開発・設計・品質」といった領域での競争力強化を担うエンジニアを充実させていくことである。加えて，広く業界動向を俯瞰し，グローバル視点で事業戦略を立案・推進する事業企画人材の獲得が，益々重要である。さらに，これらの人材を親会社に頼るだけでなく，発掘していくことも肝要である。

また，「品質向上・QA 体制の再構築」については，上述の人材強化と連動して進めていくべき課題である。親会社を上回る品質を確保し，海外での QA 対応を自立して実施できれば，自社だけでなく将来的に外部案件を受託する事も含め安定的に受注を獲得する大きな競争力源泉に成り得る。

そして，「グローバルオペレーション力強化」については，上記の二つの課題解決を進めつつ実現すべき最重要課題である。親会社から自立し，長期的・安定的な経営を実現していく上で，欠かせない要件だといえる。日系企業は，半導体業界のみならず，多くの業界が現在でも日本国内市場に重心を置いた事業運営を行っている。このため，国内市場が成熟する一方で，グローバル経済が急速に拡大する中，その対応の遅さ（スピードの欠如）が益々大きなハンディになりつつあるのが現状である。市場変化の最前線に在る海外製造会社は，その変化を捉え，あるいは変化に対応し，スピーディー，柔軟かつ強力に事業を推進する「事業主体」としての新たな役割が期待される。「子会社」という意識を変革し，「事業主体者」としての自覚と共に事業そのものを刷新・創出していくことが求められているのである。

第5節　課題に対する提言

これまで，海外製造会社の「自主・自立した企業への転換」の必要性と共に，そのための課題の大きさ・深刻さについて述べてきた。本節では，これら課題への解決に向けた取り組みについての提言を行う。具体的には，グローバルベースの「産学連携や人材交流の実施」，「車載品質経営の実践」，「アライアンス強化」という3点について詳述していく。いずれの取り組みも，「事業主体者」として海外から企業グループに向け積極的に発信することはいうに及ばず，「双方向あるいは多方向での活動」に発展させていくことで，グローバル経営活動の中心としての役割を担い，グループへの経営貢献を果たしていくことを目指すというものである。

まず，「産学連携及び人材交流」について，進出国内の大学及び研究機関との交流を活発に進めていくことが有効である。特に東南アジア各国は，産業高度化への政策を強化しており，これまで以上に先端技術の開発や導入を積極的進めており，産学連携での開発プロジェクトなど様々な政策を打ち出している。たとえば，シンガポールでは経済開発庁（EDB）が受け皿となり，海外企業の研究・開発機関の誘致を精力的に進めると共に，シンガポール国内での先端技術・商品開発活動を奨励する助成金制度を充実させている。同様の制度は他の東南アジア諸国でも制定されており，活用を検討すべきである。こうした制度を活用しつつ，日本と海外との相互の人材交流に繋げていくことは，特に若手研究者の底上げや海外人材のレベルアップ，ひいては，開発活動の高位平準化に有効だといえる。この人材交流の活発化を通じ，開発人材のみならず，グローバル人材の発掘・育成に繋げていくことで，親会社などグループ全体の経営スピードアップ（グローバル市場動向へのキャッチアップ）を図っていくことができるのである。

次に，「車載品質経営の実践」については，「(車載のみならず）より高度な品質を実現する経営を通じ，競争力の強化及びビジネスチャンスを積極的に拡大していく活動」といい換えることができる。民生レベルの品質や経営は，地場企業含め実現しており，もはや，「日系企業＝高品質」という構図は成立しなくなっている。また，差別化要素も少ない状況では若干の品質優位を価値（価格）に転化できず，収益向上にも繋がらないのが現状である。したがい，品質向上の取り組みを従来の延長戦上で進めるのではなく，「日本以上の品質の実現」あるいは「域内最高レベルの品質」といった目標と共に，全従業員を巻き込んだ「経営品質向上の取り組み」として長期的且つ着実に進めていく必要が有る。日本とは異なる視点での取り組みや多種多様な発想を吸収し，参考にしていくことで，より多くの効果が期待できる。勿論，コスト負担への対応も不可欠であるが，上記の産学連携や助成金の活用などと組み合わせる事で合理化・抑制していくことも可能だと考える。中国・東南市場には数多くのヒントが溢れているはずである。こうした取り組みをグループ全体に展開する事で，「品質強化」のみならず，「経営品質そのものの向上」を目指していくことが重要である（図表Ⅲ-3-4 を参照)。

また，「アライアンス強化」は，グローバル化・分業化が進む半導体業界での生き残りには不可欠な取り組みといえる。国内外企業との連携やグローバル生産体制の有効活用を進める上で，「橋渡し役」は欠かせぬ存在であり，その役割を海外製造会社が積極的・戦略的に進めていくことが求められているのである。従来の「自前主義」，「垂直統合型モノ作り」が経営の足枷になっていることは既述の通りだが，海外製造会社から親会社及びグループに対し，国内外企業との「補完関係のグローバル規模での構築」を提案し，推進を牽引していく事で，その役割を果たしていくことが可能となる。東南アジア及び中国では，地場系企業のみならず欧米企業も多数進出し，工場建設，開発拠点設置・

図表Ⅲ-3-4　車載品質経営のコンセプト

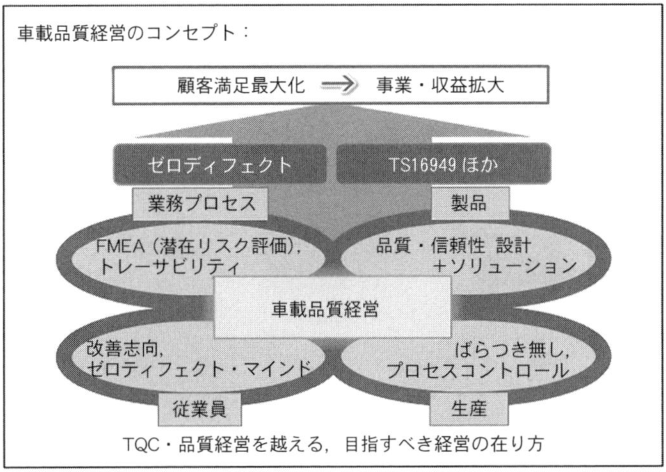

出所：社内資料に基づき筆者作成。

拡充を含め活発に事業展開を行っている。同時に，日系企業の有するノウハウや技術を求める企業も多く，様々な形で連携・提携していく可能性が広がってきているといえる。また，近年デザインハウスやソフトウェア開発会社などが続々と起業され，また，急成長しており，半導体産業の裾野も着実に広がってきている。いい換えれば，設計・開発作業を安価かつ短期間で外注化できる環境も整ってきているということである。生産のみならず，設計・開発活動のグローバル分業を進めることで，コストダウンを図りつつ事業のスピードアップに繋げていくことが可能となる。こうした状況を，新たなビジネスチャンスとして活かしていく上で，「地の利」の有る海外製造会社は益々重要なのである。

これまでの提言・考察を総括すると，図表Ⅲ-3-5に示したように，海外製造会社は，今後「事業推進センター」としての役割を果たすべく，その機能を拡充していかなければならないといえる。半導体業界の変化の中心は日本ではなく，中国・東南アジアを含む海外である。その変化の最前線に位置する海外製造会社は，生産面のみならず，親会社及びグループのグローバル経営を牽引する存在として新たな役割を担うべき立場にあるといえる。

激しく急速な市場及び環境の変化は，リスクであると同時に大きなビジネス

図表Ⅲ-3-5　目指す姿

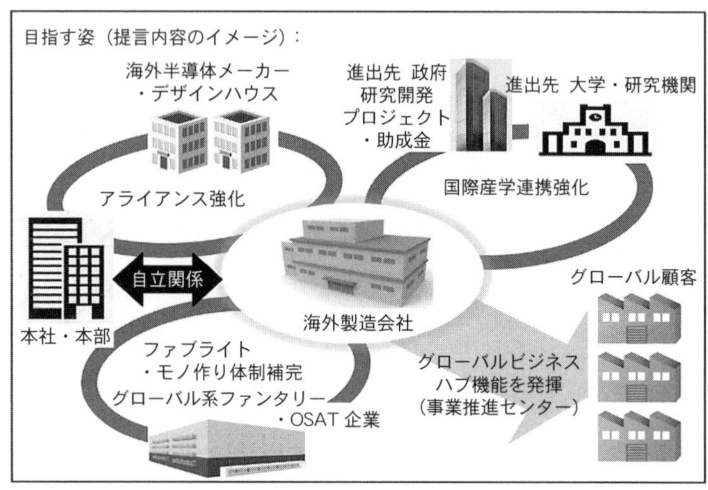

出所：提言内容を筆者が整理して作成。

チャンスである。日々変化する市場動向を最前線で捉え，現場から発信・提言を行うだけでなく，自ら活動を牽引していくことは，海外製造会社にとって「受動から能動への新たな・大きな一歩」である。海外製造会社が「事業推進センター」としてその役割を発揮し，親会社を含むグループの経営革新への力強い原動力と成る事で，日系半導体企業及び日系電機メーカーが新たな競争力を獲得し，そのプレゼンスを向上させ，経営安定化を実現することを大いに期待したい。

注

(1) ファウンドリ（Foundry）　一般的には，半導体デバイス（半導体チップ）を生産する工場のことを指す。ファブ（Fab）と呼ばれることも有る。本節では，ファウンドリ・サービスという半導体製造のみを専門に行う事業者という意味で使用。

(2) OSAT　Outsourced Semiconductor Assembly and Test の略称。半導体製造に於ける組立・検査といった後工程を請け負う製造業者のこと。

(3) ファブライト化　開発・設計のみを自社で行い，製造を外部に100％委託するファブレスに対し，自社で最小限の製造規模を維持しながら，製造を外部へ委託すること。モノシリ HP　https://www.ipros.jp/monosiri/term/%E3%83%95%E3%82%A1%E3%83%96%E3%83%A9%E3%82%A4%E3%83%88（2020 年 4 月 26 日閲覧）

(4) FAE　フィールド・アプリケーション・エンジニア（応用設計技術者）。

(5) IGBT　Insulated Gate Bipolar Transistor の略称。半導体素子の一つで，MOSFET をベース部

に組み込んだバイポーラトランジスタ。電力制御用途で使用される。所謂パワー半導体の一つ。

参考文献

犬塚正智（2017）『半導体企業の組織構造，知財戦略および競争力』同文館，pp.89-91，195-210。
大手半導体メーカー各社のIR資料。
岸本千佳司（2017）『台湾半導体企業の競争戦略』日本評論社，pp.176-189。
佐藤文昭（2016）『半導体工場ハンドブック2017』産業タイムズ社。
佐藤文昭（2016）『半導体産業計画総覧2016-2017年度版』産業タイムズ社。
佐藤文昭（2017）『日本の電機産業失敗の教訓』朝日新聞社，pp.27-34，209-223。
佐藤文昭（2017）『日本の電機産業失敗の教訓』朝日新聞社，pp.61-68，65-68。
佐藤文昭（2018）『海外進出企業総覧2018 会社別編』東洋経済新報社。
佐藤文昭（2018）『会社進出企業総覧2018 国別編』東洋経済新報社。
富士電機株式会社IR資料。

第4章
中国・東南アジアに進出している電子部品会社の経営課題

第1節　電子部品業界の海外経営の特徴

1)　電子部品業界の特性

電子部品製造業は，部品の種類が受動部品，接続部品，変換部品，その他電子部品に分けられ多岐に渡るため，いわゆる「総合電子部品企業」が存在せず，企業によって注力分野が異なっている。

この分野における日本企業の2017年度の世界シェアは38%であり，国際的な競争力が維持できているといえる。顧客であるセットメーカーは，過去には日系電機機器製造業者が主要顧客として位置づけられていた。しかし，通信機器のデジタル化やネットワークビジネスの勃興，自動車搭載部品市場での電装製品の採用の拡大から欧米韓中企業へと主要顧客が変化し，スマートフォン市場と自動車市場で需要の60%以上を占めるに至っている。特にスマートフォン市場は需給環境の変化が激しく，技術革新のスピードが速い業界である。技術革新や中国・韓国部品製造業者との競争によって常に価格低下圧力に曝されている。

また，このスマートフォン市場ではグローバルな市場で大口の顧客が限定されており，先端技術の独占的供給の制約，需要変動に対応した供給責任から企業の社会的責任（CSR）活動への対応にいたるまで，非常に従属的な契約が結ばれている。

電子部品事業の継続的な発展の観点から，新規技術領域の開拓，設備投資の大型化，物量確保のための先行手配等に備え，相当の資金量をもつことや顧客要求に基づくCSR活動への対応（コンプライアンスコストの増大）等がビジネスフローを成立させるための必要条件となっている。

現在，多くの日系電子部品企業はより安定的な成長を求め，より参入障壁の高い，自動車，医療，産業系の市場を開拓領域として志向している。

2)　事業の推進とその抑止力・管理力（セットメーカーへの部品供給ビジネス：B2B）

電子部品事業では，勝ち馬（市場を支配する顧客）に乗ることが事業の盛衰を決定する。また，良質な原材料業者から適切に定められた品質，需要変動に対応した数量の供給を受けて電子部品として，製品は完成する。このことから顧客（セットメーカー），原材料供給業者の選定，育成も事業推進の生命線である。

B2Bではビジネスの確保のため，顧客・供給業者との契約締結は必須事項である。契約条項に潜むリスクを分析・評価し，特定した上でリスクに応じた対策を取らなければ，状況により収益よりもさらに大きな損失を招くことがある。

日本国内事業取引においては，従来，業界の慣習的な運用から取引における“曖昧さ”が許容される環境（「事案の発生時には双方誠意をもって対応する」としたような条項が盛り込まれ，事案の発生時の責任の所在が，事業者間の立場，資力・これまでの取引関係等から決着する）が存在している。しかし，海外事業の展開にあたっては，契約を軽視した「なんとかなる」は致命傷となることと認識しておかなければならない。必要に応じて契約条項の見直し交渉を行うことは必須である。しかし，顧客との契約事項の改定交渉は独占的な地位（競合他社に比べ，圧倒的な技術力もしくは，圧倒的な量産能力）を確保した製造事業者にならない限り非常に困難であることも事実である。また，事業の推進に前のめりになる事業推進部門に対しての抑止力，冷静な目を持った管理能力（コールド・アイ・レビュー）が問われる。

但し，ビジネスの拡大のために，経営判断としてリスクを取って契約内容を受諾せざるを得ない状況は発生する。その場合，締結した契約内容やそのリス

図表Ⅲ-4-1　電子部品業界のビジネスフロー

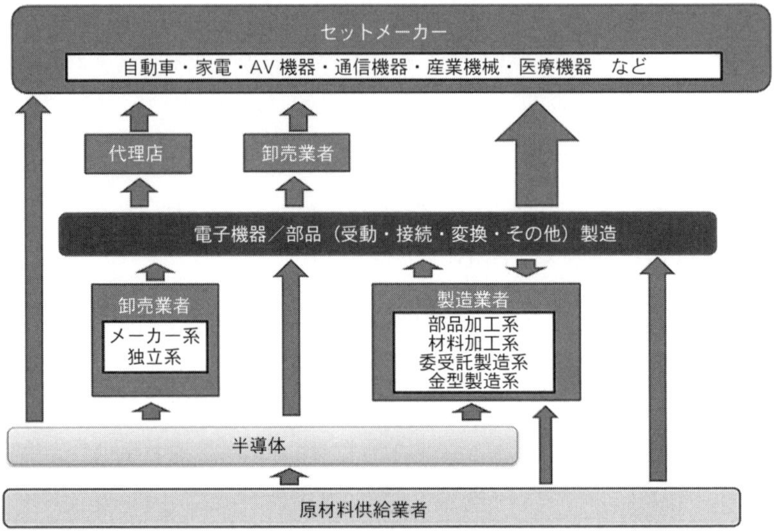

出所：筆者作成。

ク等について社内の関係当事者に対して，周知徹底し，全社として理解し，現場へ落とし込むことが必要である。組織としてリスクに対応したシナリオを準備し，訓練しておくことは，企業の大小にかかわらず，企業の継続的な成長のための原則である。契約は締結で完了するものではなく，履行して成り立つものである。契約を履行するのは法務部門やコンサルティング会社の仕事ではない。また，契約により甚大な被害をこうむってもコンサルティング会社はつぶれない。つぶれるのは自分の会社である。

第2節　事例研究

中国・東南アジアに進出しているA社がビジネスパートナーとして中国電子部品メーカーB社を選定した後に発生した管理・運用上の課題に焦点を当てる。

【A 社の事例：進出先ビジネスパートナーの管理・運用失敗による事業撤退】

中国・東南アジアに製造拠点を持つ電子部品製造販売会社で進出先の中国において，現地の会社の製品を A 社の商流で自社製品として販売していた。

(1)　事例の概要

図表Ⅲ-4-2はサプライチェーンを示したものである。これによると，A 社が Y 製品を中国の電子部品製造業者 B 社に委託し，ビジネス開始当初から数年は問題なく安定的に供給を受けていた。しかし，B 社も認識しないまま，B 社が材料調達を受けている部品材料業者 C 社が製品の添加物原料を変更していた。仕様として取交されていないものが B 社で委託製造され，Y 製品は A 社に納入され，A 社は自社ブランド・商流でセットメーカーに納入されていた。セットメーカーは最終製品に Y 製品を搭載し市場に出荷された。A 社の製品は様々な電子機器の通信機能用途として多岐に渡って採用されていた。Y 商品が採用された製品は使用環境により数年を経て品質異常が発生した。最終セットとしての不良が発生し，セットメーカーではエンドユーザーからのク

図表Ⅲ-4-2　紹介事例のサプライチェーン

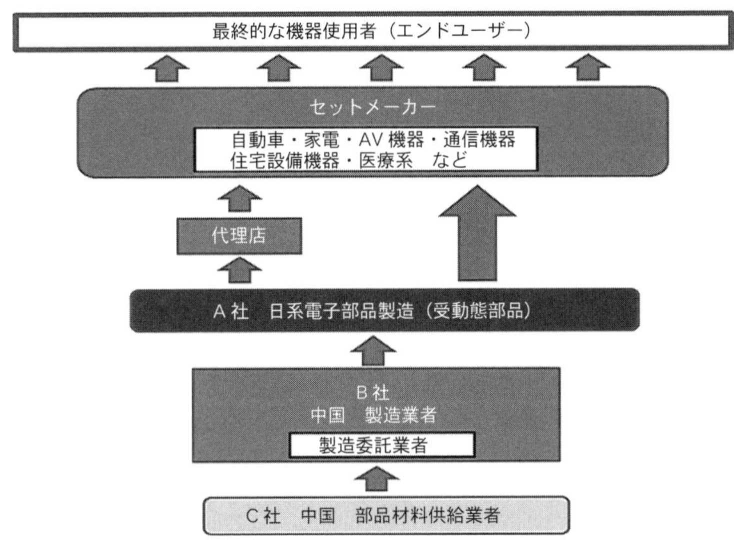

出所：筆者作成。

レームを受け，製品の交換，修理を実施。セットメーカーからA社に対しては品質不良に対する補償問題へ展開した。結果，A社では品質クレーム対応と顧客への補償費用等の決算に影響する相当額の費用が発生した。しかしながら，取引の状況，契約の内容等から製造受託先からの費用補償を得られず，当該事業から撤退を余儀なくされた。

(2)　一連の経緯（事実の確認）

フェーズ1／代理店契約の締結

1990年代中頃：A社は受動部品を手掛けており，特定の製品群では高いシェアを保持していた。しかし，主要製品群から外れるX商品群については，製品としての競争力に乏しく，収支状況も悪く，事業の再構築が課題となっていた。問題となったY商品はX商品群の中に含まれていた。

A社は中国の受動部品製造メーカーB社と代理店契約を締結。A社にとっては自社ブランドで安価に市場に供給できるものとして製品ラインナップの拡充が可能となり，B社にとっては安定的に生産量が拡大することから販売代理店契約が締結された。契約の対象はX商品群に対してのものであり，Y製品（A社開発製品のB社への製造委託製品）の取り扱いについては，対象として含まれていなかった。契約書の内容は代理販売に限定され，非常に簡素なものであり，製造委託契約としては，不完全なものであった。さらに事業推進，決裁は現地事業所の責任者に任されており，日本本社の目が届いていなかった。

フェーズ2／製造委託の開始

2000年初期：A社では，当時，中国の自社工場で生産しているY製品の収益の改善策が経営からの指示事項となっていた。当時の商品事業関係者らが，中国企業のB社から製品供給を受けている経緯からY製品の製造委託することを決定し，B社でのY製品の製造委託が開始された。

また，A社の社則では外注先との取引では，社内決裁のルールが未整備であり，グレーゾーンが存在していた。

さらに，A社ではX商品群は主力製品ではないことから，X商品群専用の管理部門は設けられておらず，主力の商品群の事業組織内の管理部門が兼務する形となっており，当該案件に対する管理が行われていなかった。製造委託による製品供給を受け，管理する仕組みが未整備のまま事業が推進されていたのである。

中国企業への委託製品であったにもかかわらず，クレーム発生時に費用補償等の大きな損害を蒙る可能性のある市場に対して特段の制限，販売管理は行われていなかった。委託開始当初は，大規模な品質クレームの発生はなく，順調な供給を受けていた。なお，当事業を推進した当事者らはクレーム事案の発生前に退職しており，引き継ぎがないまま当初の事情を知らない担当者に代わっていた。

フェーズ 3／品質異常の発生と要因の追求

2000 年代後期初旬：A 社が Y 商品を納めているセットメーカーから Y 商品の不具合発生による市場クレームが頻発し始めた。

X 商品群を担当する事業部門の小規模な人員体制で不良品の解析を行ったが，頻発するクレーム対応に忙殺され，品質不良の真因の特定に至らず，根本的な対策が打たれるまで，数ヶ月を要した。

さらに，不良発生要因が使用環境による経年変化に由来するものであり，不良の再現確認に時間を要した。関係者の誰もが，B 社が調達している部品材料業者 C 社（中国の部品材料供給業者）が製品の添加物原料を変更していることを想定していなかった。

C 社としては，これまで使用していた原料が環境負荷物質であったことから，最終部品の製品の信頼性を考慮することなく，C 社の独自判断で勝手に材料を変更していた。品質管理の原則である 4M(1)変更発生時の報告，連絡体制は整えられていなかった。また，C 社にはその認識もなかった。

B 社も A 社も製品の受入時点で製品の定期的な信頼性確認の検査を実施しておらず，いわゆる「隠れたる瑕疵」製品となっており，運用上，見過ごされて当然であったと言わざるを得なかった。

フェーズ 4／不良発生予測の誤り，発生費用補償交渉の行き詰まり

2000 年代後期中旬以降：X 商品を取り扱っている事業部門は，品質異常の

真因はB社が採用している部品材料に含まれる原料であることを確定した。製造履歴，セットメーカーへの納入実績と当初の品質不良の出現率から品質不良の発生率予測を行い，A社経営陣への報告を行っていた。しかし，予測値は実際の発生確率よりもはるかに低い値で報告されていた。

この間，委託製造業者B社との情報交換が十分に行われておらず，B社から製造履歴等に関する正しいデータが提出されていたかどうかも確認できていなかった。また，品質不良発生前後でも定期的な情報交換の場がもたれていなかった。費用補償等の交渉においても，契約書上の取交しもなく，A社としての交渉カードをもっていなかった。B社も不良原因は部材料供給メーカーのC社によるものとして，費用補償等への誠意をもった回答を行わなかった。これらの経緯により当該製品は最終的には，数年後市場から撤退を余儀なくされた。

第3節　事例を通した課題の抽出と検討

前述した「一連の経緯」のフェーズ1から4の段階毎の事実をもとに，人的のみならず資金的，時間的にも制約のある中小企業の海外事業展開における課題を整理する。

1)　事業推進に関わるモニタリングの不備

当該事業部門は，事業収支の改善が喫緊の優先課題であった。このため，同様の製品を製造する中国のB社に製造委託を行い，コストを抑えつつ事業継続を図るという選択は，適切な判断であったと考えられる。

但し，製造委託に関する取り決めが不十分であり，且つ委託先のコントロールなど運用の仕組みや監視体制が脆弱であった。事業推進部門が収支改善という目標達成に向け「前のめり」に取り組むことに対し，常に製造委託モデル全体を検証し，状況を見極め，必要に応じ牽制機能を果たす仕組みを設けることは重要である。特に中小企業の場合，一旦事業が進み始めると抑止できない状況に陥りがちである。冷静な目で事業リスクや状況を把握し，課題については即トップへ進言できる人材の確保と仕組みの整備は不可欠である。

2)　契約内容の審査と適正条件での契約締結

製造委託事業を推進するにあたり，委託側として契約内容を審査し，適正条件への見直しを行い，締結に向けた交渉を行うことは極めて重要である。しかし，A社では明確な社内ルールが存在せず，事業推進者が既存の契約書をそのまま転用し，また見直しも行われなかった。製造委託に限らず，新たな契約の締結の際には，事前にリスクの洗い出しを行うとともに，予めリスク選好(2)に基づく判断基準を明確にした上で交渉に臨む必要がある。中小企業においては，契約書の検討には現地の弁護士やコンサルティング会社に頼るケースが多いが，気になる事項（リスク）を丹念に洗い出し，確認・相談することが重要である。また，セカンドオピニオンを取ることも有効である。

3)　事業推進部門の責任所在の曖昧さ

A社事例では，当該事案発生時に事業部門トップが当事者としての自覚を欠いており，責任所在が曖昧であった。その背景として，製造委託事業の責任者の交代に際し，十分な引継ぎがなされてこなかったことが考えられる。人のつながりが重視される中国での製造委託において，引継ぎや相手先幹部との関係構築が行われてこなかったことは大きな課題である。中国，東南アジアの地場の製造事業者はオーナー経営者が多く，現地会社への出向者トップ及び親会社の事業部門トップは，こうした現地での人間関係構築に努めなければならない。

4)　受入製品の品質確保の対応不備

更にA社の場合，基本ともいえる受入製品品質確認を十分に行っていなかったことに加え，委託先との間での瑕疵担保の線引きが不明確であった。契約書上で全ての責任を委託先に負わせる内容であっても，一旦品質クレーム・被害が拡大した場合，費用補償が膨大な額となり，また風評被害からその後の販売低迷に繋がるリスクにつながりかねない。

こうしたリスクを未然に防ぐには，製品のみならず委託先の製造現場の確認を定期的に実施することが重要である。更に委託先も巻き込み，製品の特性や品質を常時確認できる仕組みを構築し，事業推進のプロセスに組み込んでいくことが望ましい。

委託先を信頼しつつも，検証する体制や仕組みを確立することは，Trust-But-Verify（信じるが確認せよ）の原則を実践することに他ならない。この原則を如何に実践していけるかは，経営者及び事業責任者の手腕にかかっている。

5)　製造委託に関する事業方針の不明確さ

製造委託を行う製品の品質や性能レベルによっては，対象とする市場を絞り込むなどの事業判断が必要である。A 社の場合，リスクを想定せず，予防策もとらず，多岐にわたる市場，顧客（本来，中国の委託先の品質レベルでは販売するべきでない顧客を含め）に販売を行った。本来であれば，無闇に販売先を広げず，管理可能な市場や顧客向けに対応を限定すべきであった。

委託先の品質向上と給力拡大を促し，更に価格トレンドを入手し，自社商品のロードマップに反映させつつ，リスクを抑え込み長期的・持続的な事業方針に落とし込んでいくことが重要である。

6)　品質クレームへの対応及び体制の不備

品質クレームへの対応は，顧客への初期対応，不具合品の確認，真因の究明（再現性確認）のみならず，事業影響の見極めや委託先の確認及び改善・対応指導と検証，更には求償交渉を含む顧客対応など，限られた時間内での判断，処置が求められる。また，親会社や経営陣への報告も必要である。様々な制約の中，的確な判断と適切な対応を行うための体制や仕組みを整えておくことは非常に重要である。

A社の場合，非主力商品部門内の品質管理部門の担当者数名が，兼任する形で品質クレーム対応にあたった。このことが，初期判断において事態を過少評価することにつながり，委託先であるB社への調査不足及びクレーム拡大の見誤りを生じさせた。人的リソースおよびクレーム対応の知見不足が事態を深刻化させたといえる。これにより，A社経営陣は，誤った情報に基づき対応判断を行うこととなったのである。

初期段階で，一時的にでも他部門からリソースを投入し，委託先B社の実態確認を含む全体像の把握とそれに基づく対応を早い段階で実施していれば，後に拡大する市場不良やクレームによる損害額を大幅に抑えることができたと思われる。

中小企業の場合，人的なリソースに制約が有るため，まず初期段階における損害評価に関わる情報収集と分析を行う体制を整える必要がある。収集・分析した情報に基づき，経営陣が適時・適切な判断を下せる仕掛けを準備しておくことが肝要である。

7)　委託先とのコミュニケーション不全

A社の事例の検証を通じ，「組織的なコミュニケーションの不足」は明らかである。A社とB社のいずれの階層間においても，コミュニケーション不全という状況であった。

委託先B社における品質異常の未然防止や，不具合発生時の真因調査への協力を得るには，各階層での人のつながりを含め日頃からの関係作りが重要であったが，A社は十分な対応を行ってこなかった。B社とのコミュニケーションが有効に機能していれば，4M変更の重大さに対する理解が深まり，部材供給業者C社の動きを牽制でき，品質異常の未然防止につながった可能性もある。

委託先を含む現場での“人のつながり”を動機付ける責任は親会社の経営陣や事業部門のトップにある。特に中国・東南アジアでのビジネスにおいては，経営者同士の“つながり”を強固なものにしておくことが，問題発生時の緊急支援体制の一助となる。トップ同士の“つながり”が，現場での“つながり”に発展していくのである。

第4節　提言

以上，電子部品業界の特徴，事業の海外展開にともなう事例の紹介（海外製造委託先の管理と運用）を通じ，その運用上の具体的課題内容について，筆者のこれまでの業務知見や駐在経験を踏まえ述べてきた。前に示した海外事業展開における多種多様な落とし穴に陥らないための重要項目である「海外子会社の運用を支える親会社の役割」について検討を行い，提言としたい。

1)　海外事業展開における親会社と子会社の視点の違い

図表Ⅲ-4-3は，日本の親会社と海外子会社のそれぞれの言い分を示したものである。

中小企業にかかわらず海外事業を展開する親会社の経営者は，海外での事業運営について，① 自身の思いが進出先のトップや従業員に伝わっているか。それが実践できているか。② 海外の事件，事故，災害あるいは様々な社会問題に対して，当社は相応の手当てができているか　という不安を抱えている。これに対し，海外進出先では，「本社は現場を理解していない」/「優秀な現地スタッフは雇えない，日本人駐在員のみ働いている」という思いを持ち，双方の溝が埋まらないまま時間が経過する状況であるといえる。

2)　親会社の役割

事業規模の大小にかかわらず，海外事業展開における親会社と子会社のそれぞれの言い分の差異を解消していくことは非常に難しいといえる。その理由は，親会社と子会社の間で情報と知識の共有ができない状態である「情報の非対称性」[(3)]が常に存在するからである。この状況を少しでも良い方向に転換，

図表Ⅲ-4-3　日本親会社側と海外子会社のそれぞれの言い分

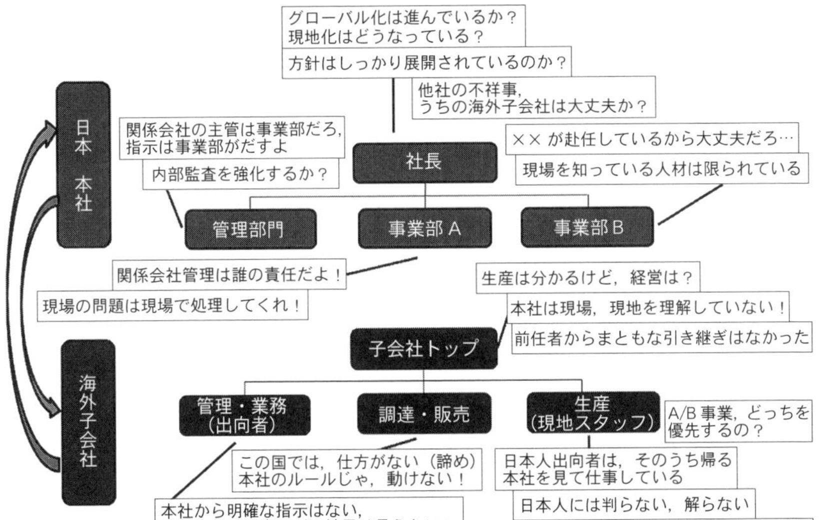

出所：筆者作成。

改善していくには，親会社の対応が重要である。

(1)　提言1
（親会社は海外子会社の存在意義，目的，価値を明確に示すこと）

現場では日々状況が変化しており，その変化に適時，適切に対応することが求められている。日々の対応において出向者は，近視眼的な視点で子会社の個別最適化を志向する傾向が強くなりがちである。特に，中小企業では，継続的，安定的な人的リソースの投入が難しいことから，出向者の駐在期間が長期化しがちであるといえる。これにより，本社視点や全社的な思考から乖離する可能性が拡大する。（最悪の場合，独善的な判断や，権威的な振る舞いを自覚のないままにとることにつながる。）

こうした事態を招かないためには，親会社のトップは常に，子会社の社員に対して，その存在意義（目的）を内外の事業環境の変化に際し，明確に示す必要が有る。同時に，海外事業に関わる親会社の関係者にも周知，共有していくことが重要である。

因みに，筆者の経験から，年に一度の方針発表等での形式的な対応ではあまり効果が上らないと考えている。親会社，経営のトップが，折に触れて常に「海外子会社の存在価値，目的」について発信し続けること，子会社に対して“関心を持ち，見ている姿勢を示すこと”が重要であり，有効だと考える。こうした対応が，出向者の「全社視点での視点」を持つことへの一助となる。さらに，同様の価値観を持つ海外人材，次世代の後継者候補の育成につながるのである。

(2)　提言 2
(親会社内に海外子会社支援組織を設置すること)

海外出向者は孤独である。海外子会社の運営上の諸課題に対処するため日夜奮闘し，悩んでいる。現場での判断が良い結果を生む場合もあれば，事件・事故も発生する。当然，出向者が結果責任を負うことになるが，多くの企業の海外子会社への出向者は，知見や経験が十分ではない。海外出向者に求められる知見やスキルは，事業運営・管理領域ともに親会社勤務時と比べ格段に広がる。この差異を埋めるために，出向者はそれぞれの社内人脈を活用しつつ，また本社関係組織から支援を得ることで対応しているのが現状である。しかし，いずれにしても出向者個人の特性に依存し，組織的対応になっていないといえる。

この現状に対し，親会社において公式的な子会社支援組織を設置し，支援対象領域については親会社の責任で対応していくことが有効だと考える。親会社からの支援や役割を予め明確にしておき，海外子会社の出向者が能力を最大限発揮し，活躍できる環境を整えることが，海外子会社の発展につながると考える。

(3)　提言 3
(海外子会社の運用経験値の蓄積と活用の仕組みを構築すること)

海外子会社の運用・管理における主な課題は，① 現地スタッフの低い定着率と改善施策の無さ，② 業務の標準化の遅れ，③ 業務引継ぎの不備，④ 業務処理におけるグレーゾーンの存在，⑤ 低い現地化比率に伴う高コスト運用体制の常態化が挙げられる。総括すれば，「管理不備・不全の慢性化」であるといえる。

海外子会社の運営は，多くは出向者の頑張り（不断の努力）に支えられている。一見，親会社の期待に応えるという観点から良いことのように受け取られがちである。しかし，裏を返せば子会社の運用が出向者個人の資質，姿勢，努力に大きく依存することとなり，属人化した対応に収斂していくことになる。結果として，ルールは出向者からの口伝えに留まり，仕組みが整備されない状況が続くことになる。そして，現地スタッフは出向者の顔をみて仕事を行い，事業を俯瞰的に管理できる現地人材の育成には至らないことにつながる。管理の仕組みが構築されなければ，「海外子会社管理における不備のサイクル」が成立し，海外事業推進の阻害要因となる。

出向者に対して，「お前に任せた，しっかりやってこい」は放任であり，管理ではない。親会社は海外子会社の価値を定義し，「あるべき姿」を示すことが必要である。その上で，「あるべき姿」に近づく為の仕組み（出向者，現地スタッフ教育や日本からの支援計画）づくりを検討，支援し，モニタリングしていくことが重要である。これにより，海外子会社では仕組みの改善を図りながら，明確なルールに則した運用を行い，成果を上げることに集中して取り組むことができるのである。

また親会社は，「出向者の任期中の様々な事象を経験値として残し，後任者にその経験値を赴任前に伝承する仕組み」を構築することも有効だと考える。「海外子会社管理における不備のサイクル」を絶つことは，親会社の責務である。

海外子会社の事業推進は，「親会社の能力・仕組み・取り組み次第である。」といえる。出向者の努力に多くを頼るのではなく，親会社の役割・機能を明確にし，着実に果たしていくことが重要である。

注

(1) 4M（原料，設備，人員，製造手法）：生産において問題点を分析・発見するための視点となるもの。

(2) リスク選好（Risk Appetite）:「組織が追求する又は保有する意思があるリスクの量及び種類」（出典：ISO GUIDE73 リスクマネジメント）。

(3)「情報の非対称性」: 複数の当事者間で，持っている情報に格差がある状況のこと。

参考文献

JEITA：一般社団法人電子情報技術産業協会（2017）電子部品部会。https://home.jeita.or.jp/ecb/information/info_stati2.html（2018 年 4 月 29 日閲覧）

KPMG コンサルティング株式会社『グローバル経営管理の新潮流』足立桂輔（2014 年 11 月 6 日　セミナー資料）。

一般社団法人 電子情報技術産業協会（2017）『電子情報産業の世界生産見通し』p.4。

一般社団法人 電子情報技術産業協会（2017）『2017－2018 調査統計ガイドブック』p.42。

一般社団法人 電子情報技術産業協会（2017）『電子情報産業の世界生産見通し』pp.10-12。

内閣府（2013）『平成 25 年度年次経済財政報告』第 2 節 1（1）海外進出が企業の業績や収益に与える影響。

内閣府（2013）『平成 25 年度年次経済報告』第 2 章第 2 節第 2-2-2 図。

日本政策金融公庫総合研究所（2014）『中小企業の海外事業再編に関するアンケート』。

日本経済新聞（2017）経済教室『親会社の能力で子会社の優位性に差がでる』子会社管理成功の秘訣は？ 2017 年 12 月 13 日付。

第5章
東南アジアに進出している中小IT（情報技術）企業の経営課題

第1節　日本のIT企業の現状

日本のIT業界は主にNTTデータ，富士通，NEC，パナソニック，ソニー，キャノン，グーグル，通信キャリア企業のソフトバンク，KDDI，楽天等が国内のITインフラ及びSI（システムインテグレータ）が業界を支えてきた。また，世界のIBMがグローバル企業内の基幹システムとその企業インフラシステムを構築してきた。そして上記大手企業が生活に密着した様々な技術改革をリードしてきたのも事実である。さらには，キャッシュレス化，顔認証，偽造防止，ハッカー阻止，環境問題，IoT（モノのインターネット），AI（人工知能），自動運転，電気自動車，5G，RPA[(1)]（ロボティクス・プロセス・オートメーション），AI医療等，を中心に第四次産業革命が進んでいる。

また，世界水準でのIT業界は，米国のIT大手，グーグル，アップル，フェイスブック，アマゾン・ドット・コム，通称「GAFA」が存在しており，その技術力と資金力は日本とは比較にならない巨大プラットフォーマーである。中国においてもテンセントやアリババ集団の伸びが大いに目立つ。日本は特に研究開発の伸びが劣っており，特に，企業別の18年間の世界の研究開発費ランキングで，米アマゾン・ドット・コムが約3兆円で首位。しかしながら，上位10社に日本勢の名前はない。今後の日本の産業競争力を損ないかねないのが現状である。

さらには，2018年後半になると米中貿易戦争が米中覇権戦争に転化しており，2020年以降は日本経済全体の成長や景気鈍化も懸念される。ファーウェイ問題を例にとっても，中国の経済動向が世界経済を左右するといっても過言ではない。

さて，日系IT中小企業の現状は，日本の製造業全般の状況と同じく，大手企業の外注先，下請けとしての位置づけが一般的である。具体的には，システムの核心技術とデザイン全体の開発・設計は大手企業が自社開発を行い，開発費や製品価格を抑えるために，部分的な開発を中小企業に依頼することが日常的である。また，業界全体でIT技術者が不足する中，中小企業は特に技術者不足が顕著であり，海外技術者の獲得を進めていくことが大きな課題となっている。

以上のような現状を踏まえ，日本と中国の中小IT企業における相互進出の取り組みにおける成功とトラブル事例とを比較することで，今後の日本におけるIT関連中小企業の経営課題の考察を行う。

第2節　日本のIT関連企業のASEAN・中国への進出状況

まず，ASEANに進出する日系企業は1万1,328社（帝国データバンク資料2016/05/17，見出しより）に達している。業務内容別では，フィリピン，ベトナム，ミャンマーにおいて，IT関連業務（受託開発ソフトウェア）での進出企業が上位を占めている（表Ⅲ-5-1）。

表Ⅲ-5-1　フィリピン，ベトナム，ミャンマーへの業務別進出社数

フィリピン			ベトナム			ミャンマー		
業種	社数	構成比	業種	社数	構成比	業種	社数	構成比
受託開発ソフトウエア	52	3.9%	受託開発ソフトウエア	125	4.9%	受託開発ソフトウエア	19	6.6%
電機機械器具卸	33	2.5%	電機機械器具卸	60	2.4%	土木建築サービス	14	4.9%
工業用プラスチック製	33	2.5%	投資業	48	1.8%	中古自動車卸売業	11	3.8%
自動車部品製造	24	1.8%	工業用プラスチック製造	43	1.7%	男子服卸売業	11	3.8%
土木建築サービス	19	1.4%	自動車部品製造	35	1.4%	一般土木建築工事	9	

出所：2016年5月帝国データバンクASEAN進出企業実態調査より抜粋。

表Ⅲ-5-2　ASEAN・中国への日系中小企業の業務別進出社数

	調査数	非鉄金属	金属製品	化学医薬	プラスチック	ゴム製品	一般機械	電機電子	自動車部品	精密機械器具	情報通信業	その他業種
ASEAN	375	13	68	4	29	4	14	25	53	9	7	149
中国	384	13	47	7	25	4	33	30	28	10	2	185

出所：2018年11月日本政策金融公庫中小事業本部「取引先海外現地法人の業況調査報告」抜粋。

他方，中小企業の海外進出状況を業界別で見るとASEAN，中国のいずれにおいてもIT関連企業は非常に少なく，金属，電機電子部品組立，自動車部品業界が目立っている（表Ⅲ-5-2）。第1節で言及した海外人材の確保と共に，中小IT企業の海外進出は，非常にハードルが高い状況である。

第3節　事例研究

【事例1】 通信機器用品メーカーA社の海外進出

【同社概要】

通信線接続用品のメーカーとして昭和初期に発足したA社は，そのグループ会社とともに，通信・信号設備の雷防護製品の製造・販売をはじめ，雷害防止のコンサルティング業務，避雷針や接地工事，落雷位置情報提供といった総合雷対策企業集団として，IT社会を支えている。A社は独立系・非上場で，単体の従業員数が250名ほど，国内と海外を合わせたグループ全体では630名ほどである。

①　海外進出の動機と目的

A社は1940年頃にも海外の日本統治地域の需要に応えるため，そこに生産拠点を設けたことがあるが，敗戦により撤退を余儀なくされた。

再びA社が本格的な海外進出に取り組んだ第一段階は1970年代の後半で，最初の地はシンガポールであった。当時，東南・南アジア地区では通信網の整備・拡充が盛んに行われており，最新の電子式電話交換機が導入される等，国によっては日本より進んでいる部分もあるほどだった。通信網の普及・改良に伴う雷害対策の必要性から，A社の製品に対して高まる需要に応えるための進出であるのと同時に，輸出事業拡大の会社方針により，「海外に自社の看板を出す」ことが主な目的だったのである。

第二段階は，バブル崩壊後の長期の景気低迷による収益力の低下によって，抜本的な構造改革を迫られたことによる。今世紀を迎える頃には，製造部門を本体から切離し，国内のグループ会社を海外に移管した。海外での生産は，それまでにも現地企業への技術供与で韓国や台湾で行った経験があったが，その後本格的な製造拠点の移転はこの時が初めてで，インドネシアを皮切りに，現在では中国やベトナム，北米でも生産を行っている。

【成功の要因及び提言】

②−1　初期リスクの低減

シンガポールに進出した当初は，通信・信号分野とは全く関係のない異業種ながら，現地に根ざした日本人経営の個人商店を代理店とした上で自社の社員を駐在させ，現地電話公社の入札案件への応札，地場企業への営業，周辺国の官民案件への対応を行った。当初は自社の看板を掲げられないことへの不満も社内にあったそうだが，過大なリスクを負わずに，最初の橋頭堡を築けたことはA社にとって幸いした。その後，代理店経営者と共同出資して現地法人を設立，最終的にはパートナー側の都合でA社側が全株式を取得することになって，完全に自前の営業拠点となった。なお，A社は現在これをタイのバンコクに移している。

②−2　現地適合による拡販

シンガポールに進出する以前から，既にA社には東南アジアやインドの商社，メーカーから，海外生産の誘いがあった。安くて質の高い労働力や素材は，確かに価格競争力に寄与するものであるが，当該国内にインフラ整備の需要があっても終わりがある訳で，やはりそこからの輸出までを見据えて継続的な運営に資する必要がある。この考えに基づき，A社はライセンス供与の上，国内外に継続需要があるごく一部の製品を製造させる以外は，海外生産を殆ど具体化しなかった。しかしながら，前述のような海外での需要増と国内事情（＝製造部門の切離し）もあり，その後A社は海外生産を本格化させ，さらに海外市場への展開に注力することになった。この時，単に海外生産して日本に送るだけではなく，各国独自の要求仕様を取り込み，規格認定も取得することにより，地場市場への参入も確実に進めている。地元企業や教育機関との共同研究や連携の動きも芽生えているとのことで，それぞれの地に根ざした活動は概ね歓迎されているようである。

【提言】

A社の海外進出においては，完全に失敗だったというものは見当たらないようである。ただ，実際には進出先の治安の良し悪し，自然環境や文化の違い，政治・制度面の特性や制約による面倒な問題は多い。気候や設備，人の熟練度，意識の違いによる品質や納期の問題，能力向上度合いに比例して高まる社員の離職率等は多くの企業で経験することであろう。一晩で交通規則を変えて，翌朝に違反取締りを行うのに似た行為はそれほど珍しいことではないし，日本人駐在員数と現地の雇用者数に条件を義務付けている国では人事・経費の負担が増し，企業の自由度を奪っている。自然的あるいは制度的な人件費の上昇が続く国では，低コスト調達の切り口では進出の魅力が薄れてしまっている。さらに，経済発展による物価上昇は，当然のことながら拠点の経費を押し上げる。これらはA社だけが直面していることではないが，中堅・中小企業にとっては，よほどうまく舵をとらなければならない問題である。拠点コスト削減の観点からは，日本から社員を派遣せず，全てを現地社員に任せる方法もあるが，社員に海外での仕事や生活を経験させることは，会社が事業展開を図るためだけでなく，非常によい人材育成の方法であると言える。個別の業務活動や情報収集はもちろんのこと，カルチャーショックも受けながらも外国人との意思疎通能力が養われ，外から日本という国を客観的に見られるまたとない機会も得られる。また，国際的な視野拡大と日本国の形や日本人の国民性の再認識に役立つ。念のため申し添えるが，ここで言う「再認識」というのは，「よさ」や「先進性」といったものだけではなく，「誤解」や「理解不足」，「幻想」といったものも含む。

ただ，言うまでもないことなのだが，海外に駐在させるには，会社の中期的な事業・人事計画や社員の家庭事情をよく考慮して人選，配置，定期的な入替えをする必要がある。しかし，人材が不足がちな中小企業にとっては，これがなかなか難しい。うまく送り出すことができたとしても，後釜に適任者がいない，仕事が属人的になってしまって「替え」がきかなくなり，十数年にわたって連続で海外駐在している人材を散見する。A社にもそのような事例があり，本人たちはどのように受け止めているのかは定かではないが，会社にとって大切な人材の扱い方としては疑問の余地がありそうである。

【事例2】日本進出中国ソフトハウスメーカ～中軟東京株式会社

【同社概要】

中軟東京株式会社は，中国初のソフトウェアハウスとして創設された中軟（中国軟件与技術服務分有限公司）グループの日本法人である。2003年10月設立され，日本市場開拓拠点として順調に発展している。

現在は，従業員数100名強で，その95%以上が中国籍の技術者である。日本的経営と中国的経営を調和させた企業文化を醸成してきている。また，大連パートナーへの日本進出を支援しながら，全社体制を強化してきている。

【成功の要因及び提言】

設立自体，日本進出といえるわけだが，特に，顧客開拓には力を入れている。

当初日本進出にあたり新規顧客開拓に力を入れた当社は，経営にあたり，個に強い中国式とチーム力に秀でた日本式を融合させることを考えた。

すなわち，「個」の意思を最大限に尊重しながら，合理的な「チーム」を作り上げていく文化，これが即ちこの会社の企業文化であり，最大の強みであるといえる。

つまり，同社には独自の人事評価システムや人材育成システムを構築し，会社と社員が共に成長していこう，という気風や文化がある。総じて，この二つの異文化を融合し，新しい企業文化を作り上げたのである。このことが現在の成功の根幹にあるといえる。

同社は中軟東京株式会社を中国で支援している中国パートナー企業の日本進出を支援した。具体的には，中国パートナー企業の日本の拠点としての支店の開設や支社の設立を支援し，日本拠点での開業時のサポートを行った。このことにより，パートナーシップがより強まり，パートナーを含めた同社の全体受注体制を強化することができた。

唯一困難な出来事は，2011年の大震災による，社員の帰国であった。中国系企業としては，ビジネスより社員の家族を配慮した，人道的な配慮をせざるを得ず，育成した社員の大部分が中国に帰国し，流失してしまった。

震災後の顧客対応に関しては，数々の問題が発生したが幸い顧客理解が得られ，当時問題があった顧客とも，今でも継続的な取引を行っている。

海外進出においては，様々なリスクがある。ローカルの方が経営する時のリスクと，非居住者経営時のリスクを対比させた場合，非居住者経営時のリスクは，進出先での文化習慣の違いによる，つまり，知らないがために起こりうるリスクに限定して，対策を立てることが有効である。

(対策A) 日本進出時

定年退職したOBの活用を有効に行った。退任した大手の管理職者，中小の経営経験者が顧問として経営に参加することにより，その培ってきた幅広い日本の文化習慣に対するノウハウを活用し，異文化である進出先でのリスクを軽減させることができた。

(対策B) 中国進出時

徹底した現地化により，リスク回避を行った。現地の優秀な経営者の登用により，進出先での文化習慣の違いによるリスクを軽減させた。

第4節　生き残りのための留意点

AI/IoTが人間の能力を上回る可能性があり，すべての産業に多大な影響を及ぼすことが想定される。先述しているが，オンラインPF，オフラインPF，パーソナルデバイス（自動運転，ホームエレクトロニクスなど）の領域は「GAFA」（グーグル，アップル，フェイスブック，アマゾン・ドットコム），アリババ，百度，テンセント等巨大ITプラットフォーマーが凌駕している。

当然のことながら，中小IT企業単独での取り組みは投資コスト，人材難の問題等から障壁が高すぎる。

進出先の文化，習慣への理解，人材育成と人材確保など海外進出する中小企業の課題，問題点は中小IT企業特有の問題点ではなく，海外進出企業が当然理解しておかなければならない問題である。

今後，日本企業の高品質，きめの細かいソリューションをAI/IoTなど活用した交通網，工場保守，保安，メンテナンスサービス等，相手国の政策と連携しビジネスモデルの構築を行う事も重要課題である。

最後に，日本のIT中小企業が生き残るためには，大企業の下請けとしての限界はある。将来の生き残り対策としては，以下の点に留意する必要がある。

①　オンリーワンとしての高精度な技術力を海外に売り込む。
②　独自のAIやソリューションを開発する。
③　あくまでも大手IT企業の下請けを貫く
④　IT人材不足を鑑み，退職者の知識・情報・教養・技術力を生かす経営を推進する。
⑤　中国IT企業の資金力を利用し，協業アライアンスに挑戦する。
⑥　ニッチ業界同士（日本に進出している中小企業含む）が協力し，将来に向けたソリューションプランを作り，中国他海外に売り込む。
⑦　目標進出先国の外資に対する規制，社会規範をまとめてマニュアル化する。

注

(1) RPA　Robotic Process Automationの略称。ロボットによる業務自動化。サーバー，PC上のソフトウエア型ロボットが管理者の定型業務を代行，自動化を行うこと。

参考文献

帝国データバンク（2016）『ASEAN進出企業実態調査』pp.2-4。
日本経済新聞 2018. 5. 3 朝刊。
日本経済新聞 2019. 9. 14 朝刊。
日本政策金融公庫（2018）『取引先海外現地法人の業況調査報告』p.45。

あとがき

本書は，中小企業のグローバル経営へのガイドラインを提示すべく，基本知識としての理論解説に加え，既に中国・東南アジア地域に進出している日系企業の経営実態の事例研究を通じた提言をまとめたものである。

本編を通じ訴求したい点は，

1. 地域ごとの特色に見合った経営戦略の立案
2. 国際感覚豊かな日本人社員および優秀なローカル社員の獲得と育成への投資
3. 経営の現地化に向けたローカル社員の幹部育成と登用
4. 日本本社の現法への役割の明確化
5. 社員の安全を第一と考えた安全対策（危機管理）の実施

の５つであり，熾烈な国際競争が繰り広げられるビジネス社会において，企業がグローバル企業に発展していくための不可欠な条件だといえる。

これらの条件を踏まえたグローバル経営戦略と共に，海外子会社の健全なローカル化を進めていくことが，様々なリスクに対しタイムリーかつ柔軟な対応を可能にし，業績向上を繋げていくことができるのである。

ちょうど本書の最終校正段階にあたる昨年末から大きく取り沙汰され，現在も感染拡大が続く新型コロナウイルス感染症に対し，世界中が対応に追われる厳しい状況に置かれている。企業活動においてもその影響がますます長期化・深刻化する中，業績への影響を最小化する取り組みが求められている。本書では，緊急に実施した実態調査や分析に基づき，感染症対策についても言及しており，少しでもお役に立てればと願っている。

令和２年３月27日

執筆者一同

「企業危機管理研究会」執行部メンバー

名誉会長　大泉光一　国際関係学博士
青森中央学院大学大学院教授・元日本大学大学院教授

【執行部メンバー】

会長　澤居　晋　パナソニックセミコンダクターソリューションズ(株)
取締役

会長代行　有田喜一郎　群栄化学工業(株) 代表取締役社長執行役員

副会長　舟窪　登　三機工業(株) プラント設備事業本部統括部長（海外事業統括）(元タイ三機エンジニアリング&コンストラクション(株) 取締役 CEO)

副会長　高村和夫　Shibaura Machine Europe s.r.l. Managing Director
(元東芝機械(株) 取締役，常務執行役員)

副会長　林　嘉一　三菱事務機械(株) OB
(株)電翔 SI 第一カンパニー　カンパニー社長（担当部長）

副会長　山崎　健　国際警備(株) 代表取締役社長（認定企業危機管理士）

学術研究協力者

大泉常長　青森中央学院大学・大学院教授，学長補佐
(認定企業危機管理士)

研究フェロー

後藤知寛　(株)村田製作所 内部監査室内部監査課エキスパート
(元東光(株) 業務監査室室長)

佐藤正則　(株)小糸製作所 OB
日本経営合理化協会会長室

オブザーバー

井原孝延　青森中央学院大学経営法学部特任教授
(元臼井国際産業(株) 専務取締役 現顧問)
(中央大学大学院商学研究科修士課程修了)

宇佐美達夫　元さくら銀行（三井住友銀行）サンパウロ事務所長
(上智大学経済学部卒)

事務局長　中野隆生　日本電産サンキョー(株)
オルゴール事業推進部営業部部長

事務局次長　齊藤　隆　三機工業(株) 三機テクノサポート(株) に出向
IT サービス本部営業部営業課担当課長

編集委員会メンバー：(◎委員長，○副委員長)
◎大泉常長　○澤居　晋　○藤田智行
委員　蒲沼聡，真鍋明宏，八木和也

本書執筆者リスト一覧

第Ⅰ部《基礎知識編》―中小企業における海外経営の基本―

論文題名	執筆者	執筆者所属企業・役職	海外滞在歴
第1章 中小企業のグローバル化に伴う問題点とその対応策 ―単独事業か合弁事業かの選択―	舟窪　登 大泉　常長	三機工業(株) プラント設備事業本部統括部長 青森中央学院大学・大学院 地域マネジメント研究科 教授・学長補佐	オーストリア 7年，タイ2年 欧州5年
第2章 中小企業の経営グローバル化に伴う課題	大泉　光一 大泉　常長	(前出)	(前出)
第3章 中小企業の海外人事管理 ―現地従業員の育成方法および労務管理の要諦―	大泉　常長 古谷　伸之 齊藤　隆	(前出) 三機工業(株) 総務人事本部常任理事統括部長 三機工業(株) 三機テクノサポート(株)に出向 IT サービス本部営業部営業課 担当課長	(前出)
第4章 海外マーケティングと販売戦略	大泉　常長 田中　紀夫 上野　敏男	(前出) 沖電気工業(株) OB 三機工業(株) ウィーン駐在員 事務所長　兼 Aquaconsult Anlagenbau GmbH, Director	(前出) アメリカ1年 マレーシア2年 オーストリア 5年
第5章 国際財務環境の予測と対処	宇佐美達夫 有田喜一郎	元さくら銀行 (現三井住友銀行) サンパウロ駐在員　事務所長 群栄化学工業(株) 代表取締役社長　執行役員	メキシコ2年 パナマ4年 ブラジル4年 スペイン5年 アメリカ3年
第6章 海外生産・技術管理	大石　剛弘	日本電産三協電子（東莞） 有限公司　華南金型センター 副センター長	マレーシア5年 中国6年

	寺口　　徳	株式会社村田製作所（2020/1/1より株式会社埼玉村田製作所より出向）生産本部調達統括部資材調達一部調達3課　マネージャー	香港6年 台湾6年 中国3年
第7章 海外における中小企業の技術供与 —技術供与の方法，技術供与政策，技術自立戦略—	八木　和也	DMG森精機(株) 東京グローバルヘッドクォータ 管理本部輸出管理業務室　部長	
	山下　修司	DMGMORI USA Sales East Region Product Specialist-CO	インドネシア3年 アメリカ13年
第8章 主要国・地域の社会保険制度と海外派遣社員のリスク管理	潮田　　務	沖電気工業(株) OB さとひろ社会保険 労務士事務所 社会保険労務士	
	山崎　　健	国際警備(株) 代表取締役社長	アメリカ4年

第Ⅱ部《応用編》　中国及び東南アジア諸国における経営環境
—国別の経営風土の特色および現地従業員の文化価値体系—

論文題名	執筆者	執筆者所属企業・役職	海外滞在歴
第1章 中国の経営風土の特色及び現地従業員の文化価値体系	藤田　智行	芝浦機械(株) (旧東芝機械(株)) 成形機カンパニー成形機営業部 営業企画課　課長	香港5年
	田中　智之	芝浦機械(株) (旧東芝機械(株)) 成形機カンパニー成形機営業部 第二輸出営業課　課長	中国6年
	福田　益大	三機建築工程（上海） 有限公司営業部　営業課長	中国4年
第2章 東南アジアの国別経営風土の特色および現地従業員の文化価値体系			

第1節　タイ	吉川　仁 中野　隆生 舟窪　登 押切　智大	(株)牧野フライス製作所　国内営業部 東日本セールス2課　課長 日本電産サンキョー(株) オルゴール事業推進部 営業部　部長 (前出) 牧野机床（中国） 有限公司　東莞分公司 マネージャー	タイ8年 シンガポール 3年 タイ3年 (前出) タイ4年 中国2年
第2節　ベトナム	丸川　洋一	Panasonic Vietnam Co., Ltd. General Director	中国・香港7年 ベトナム7年
第3節　インドネシア	菅谷　寿好 山下　修司	PT.Panasonic Gobel Eco Solutions Sales Indonesia Director (前出)	英国6年 アメリカ5年 マレーシア2年 インドネシア 2年 (前出)
第4節　マレーシア	大泉　常長 大石　剛弘	(前出) (前出)	(前出) (前出)
第5節　フィリピン	河野　淳	日本電産サンキョー(株) オルゴール事業推進部，営業部	アメリカ5年
第3章 インドの経営風土の特色および現地従業員の文化価値体系	真鍋　明宏 佐々木　寛	(株)小糸製作所 国際本部北米部 北米課　主事補 (株)牧野フライス製作所 海外営業部　マネージャー	 中国2年

第Ⅲ部《実践編》 ―業種別の海外経営に関する事例研究―

論文題名	執筆者	執筆者所属企業・役職	海外滞在歴
第1章 グローバル市場における中小自動車部品会社の海外戦略	井原　孝延	臼井国際産業(株) 顧問 元専務取締役	アメリカ10年

第2章 中国・東南アジアに進出している自動車部品会社の経営課題	井原　孝延 高山　知之 押尾　隆広	(前出) 古河電気工業(株) 関西支社 AT・機能樹脂 事業部門機能樹脂製品部営業部 担当部長 矢崎総業(株) トヨタビジネスユニット 第3営業部 部長	(前出) タイ3年
第3章 中国・東南アジアに進出している半導体製造会社の経営課題	澤居　晋	パナソニック セミコンダクター ソリューションズ(株) 取締役	台湾7年 香港・中国6年
第4章 中国・東南アジアに進出している電子部品会社の経営課題	後藤　知寛	元 TOKO America, Inc. 元 TOKO Singapore Pte. Ltd. (株)村田製作所 内部監査室内部監査課　エキスパート	アメリカ7年 シンガポール5年
第5章 東南アジアに進出している中小IT（情報技術）企業の経営課題	林　嘉一 桑野　修一	(株)電翔 SI第一カンパニー　カンパニー社長　担当部長 (株)リョーサン 電子機器事業本部 設備機器専売部　リーダー	

紙面の制約上本書に掲載されなかった論文一覧

論文題名	執筆者	執筆者所属企業・役職	海外滞在歴
海外販売戦略 ―海外市場の特殊性，販売促進の方法等―	高村　和夫	Shibaura Machine Europe s.r.l. Managing Director	アメリカ12年 カナダ5年 イタリア1年
中国における人事労務管理戦略	須藤　洋介	元東芝機械(株) 北京事務所代表， 上海事務所首席代表 英創安衆企業管理諮詢(上海) 有限公司 副総経理	中国16年

M＆A戦略	岡　正典	パナソニック ヘルスケア(株)OB	
東南アジアの国別経営風土の特色および現地従業員の文化価値体系 シンガポール	汪波 (中国出身)	元 LIXIL International Pte Ltd (Singapore) International Procurement office Procurement Excecutive	シンガポール 3年
同　メキシコ	佐々木　寛	(前出)	(前出)
同　香港	村上　祐也	東亞合成(株) 本店営業部 接着剤課　主事	香港4年
同　台湾	齊藤　智和	山洋電気(株) 営業第三部第二課　課長	台湾5年
同　ブラジル	真鍋　明宏	(前出)	(前出)
同　カナダ	稲葉一三	元米国矢崎総業 (株)牧野フライス製作所 管理本部業務部	アメリカ5年
米国における経営環境の特色と日系進出企業の動向	高村　和夫 山下　修司	(前出) (前出)	(前出) (前出)
英国における経営環境の特色と日系進出企業の動向	鈴木　通博	元沖電気工業(株) ロンドン支店長 PTW International UK Limited Senior Vice President	オーストラリア 5年 イギリス12年
オーストリアにおける経営環境の特色と日系進出企業の動向	上野　敏男	(前出)	(前出)
フランスにおける経営環境の特色と日系進出企業の動向	矢島　俊二	パナソニック(株) オートモーティブ社 営業本部第二営業統括部 第二営業部営業1課　主幹	フランス1年
東南アジアに進出している警備保障会社の経営課題	山崎　健 石曽根和彦 川口　正雄	(前出) 国際警備(株) 営業部営業課　課長 セコム(株)倉敷支社 営業グループ　主任	(前出)

東南アジアに進出している化学会社の経営課題	有田喜一郎 河村　秀則 亀井　達治	(前出) 東亞合成(株) ポリマー・オリゴマー 事業部建材土木部　主事 東亞合成(株) 東亞テクノガス(株)に出向 管理部　課長代理	(前出)
東南アジアに進出している印刷・グラフィック会社の経営課題	佐藤　正則 栗原　　亨	(株)小糸製作所 OB 日本経営合理化協会会長室 (株)バンダイ OB	 香港3年 スペイン1年 イギリス1年 フランス8年
東南アジアに進出している自動車部品会社の経営課題	三浦　　仁 菅谷　寿好	矢崎総業(株) タイ矢崎　副社長 自動車事業管理室　主査 (前出)	アメリカ6年 タイ1年 (前出)
東南アジアに進出している工作機械会社の経営課題	藤田　智行 田中　智之 塚本　隆司	(前出) (前出) (株)牧野フライス製作所 国内営業部　次長	(前出) (前出)
東南アジアに進出しているホテル・レストラン・コンビニ会社の経営課題	青柳　　治	藤田観光(株) ホテル椿山荘東京 客室サービス課　マネージャー	
東南アジアに進出しているPC用モーター会社の経営課題	中野　隆生	(前出)	(前出)
東南アジアに進出している小売業（スーパーマーケット）会社の経営課題	蒲沼　　聡	三機工業(株) 経理本部　統括部長	

その他

グローバル経営関連資料の渉猟及び編集	後藤　憲二 鈴木　　孝 山口　洋平	(株)東光 OB (株)牧野フライス製作所 OB (株)東光 OB	

企業危機管理研究会の紹介

「企業危機管理研究会」とは，日本大学国際関係学部大泉国際経営研究室（写真①）のOB会を母体に，OB会会員の恩師であり，また，我が国に於ける危機管理学研究のパイオニア（開発者）として知られる大泉光一博士の指導の下で，1988年3月に発足し，1995年10月に企業危機管理学の経営学的な学際研究及び実践的な事例分析研究を行うことを目的にして名称を現在の「企業危機管理研究会」に改変し創設されたわが国最古の研究会である。2016年4月に開設された日本大学危機管理学部とは一切関係の無い研究会であることは言うまでもない。

本研究会では，1995年の創設以来，毎月1回の研究会実施のほか，毎年8月の夏期合宿，毎年年末の納会，毎年3月の総会・シンポジウムの開催を継続的に実施しており，本年3月で創設31周年を迎えた。

静岡県伊豆の国市で毎年欠かさず実施している夏期合宿の主なテーマは，「企業危機管理の理論研究」，「異文化が原因で発生するビジネス上のトラブル」，「リスク分析力の向上について」，「企業のグローバル化と危機管理」，「グローバル人材論」，「中小企業の海外進出の基本」などである。研究テーマは，自然災害から海外ビジネスでのトラブル対応など，企業危機管理におけるその時々のニーズ・社会的要請に関するものを取り上げている。

毎年3月に実施している年次総会（シンポジウム）では，大学教授や民間企業の経営幹部による講演会とディスカッションを通じて企業危機管理への理解を深めている。また，毎月の月例研究会では，主に，会員企業の業務に関連する身近なリスクを取り上げて，それらの分析評価を行うと共に，課題や対応策について意見交換を行っている（写真②）。

当研究会のメンバーの大半は民間企業に於いて，経営職をはじめ企画，総務，法務，財務，監査，営業などの職務に従事する実務家である。大泉光一先生からは研究会創設以前の学部生或いは大学院生時代から，危機管理全般の理論的・実務的なご指導を受け，事例研究を交えて実証的にアプローチする形で研究活動取り組んできた。そして卒業後も研究会活動を通じ，専門知識の向上に努めている。会員の所属企業で“危機”が発生した場合は，それが他山の石ではなく，自社にも起こり得るということを想定しながら議論を重ね，研究に活かすことができるのである。

今後益々グローバル経済が進展する中での企業経営は，これまで以上に様々な危機に直面し得るが，当研究会はそうした危機を予防・回避するための事前対応をどうするべきか，“危機”が発生した場合の緊急対応方法や危機の拡大を防止する方策は，マスコミ対応など含めてどうすべきか，過去に発生した“危機”を教訓にしながら，実務家の目線で検討を行い，その結果を社会に還元することで貢献することを目指している。研究成果の一部として，2015年10月に『日本人リーダーは，なぜ危機管理に失敗するのか』（晃洋書房刊）を上梓した。同書は2017年3月，「日本リスクマネジメント学会」優秀著書賞及び「ソーシャル・リスクマネジメント学会賞」を受賞している。そして，直近では海外事業に於ける様々なトラブルの事例研究を通じ，海外進出及びオペレーションをより円滑に進める上での提言を行うべく，研究活動を進めている。

なお，当研究会の研究内容及び活動について長年にわたりリスクマネジメント及びグローバル企業経営の専門的な観点からご教授頂いている経済学博士（Ph.D）大泉陽一氏（欧州住友商事勤務）に対し，この場をかりてあらためて深く感謝の意を表したい。

2019年12月
企業危機管理研究会
会長　澤居　晋

第 35 回「企業危機管理研究会」年次総会（平成 28 年 3 月 26 日）於　伊豆長岡温泉　小松家八の坊

写真①　第 35 回年次総会の集合写真

毎年 3 月に開催している年次総会には，ゲスト・スピーカーや研究会メンバーの家族も参加し，家族ぐるみで世代を超えた親交を温め，深めている。

㊸ 日本大学・国際関係学部

大泉ゼミ●国際経営論

国際ビジネスマンの育成を目標に、企業の海外経営に挑む新進異色ゼミ。

日本大学国際関係学部は、静岡県三島市にある。キャンパスは緑濃く、屋上からは秀麗な富士の姿も目の当たりにできる。大泉ゼミの研究テーマは国際経営論。日本企業の海外経営に伴う諸問題に、事例研究をまじえて実証的にアプローチする。マナ板にのせるのは、静岡県東部の国際派企業。

「学生は企業に足を運び、ヒアリングを通して問題を把握・分析します。地元企業への取り組みは今年からですが、予想以上に成果があがりました」と大泉光一助教授。

ゼミの目標は〝国際ビジネスに通用する人材の育成〟。それだけに厳しさは学部随一。卒論は3年終了時までに仕上げ、4年生はもっぱら現実的な企業の実態調査と、その分析に集中する。5時限目の演習は7時を回ることも再三。年4回の合宿でも一日10時間以上絞る。しかも、その厳しさは生活面まで及び〝勇気・自制・誠実・忠実〟の「和犬精神」をモットーに、礼儀作法のイロハから叩き込まれる。何しろ異性との交際も就職決定まではご法度、というほど。しかし、ゼミ生の信望は篤い。「教育は教室だけでできるものではない。私は〝大泉塾〟と称して、総勢20名のゼミ生のために24時間自宅を開放しています。」厳しさは教育者としての熱意と学生を想う気持に裏打ちされたものだ。コンパ会場も、もっぱら自宅を提供する。

学部創設わずか5年にして、ゼミ卒業生の就職先は、一流企業の海外セクションが半数以上を占める。まずは、順風満帆の船出である。

（1984年2月）

写真②

「オリエントリース(株)（オリックス）主催の全国の国立・公立・私立大学の主要100ゼミナールの一つに選ばれ，1984年2月号の『日経ビジネス』及び『朝日ジャーナル（廃刊）』に，《企業の海外経営に挑む新進異色ゼミ》」として紹介された。（2期生・3期生合計21名のうち，現在まで残留しているメンバーは，半数以下の10名である。）

索　引

【サ行】

【ラ行】

【ワ行】

監修者紹介

大泉光一（おおいずみ　こういち）

1943年，長野県諏訪市生まれ，宮城県柴田郡大河原町で育つ。
日本大学博士（国際関係）。現在，青森中央学院大学大学院地域マネジメント研究科教授。
メキシコ国立自治大学（UNAM）東洋研究センター研究員，メキシコBANCOMER銀行駐日代表，極東地域担当部長，チリ国立大学客員教授・学術顧問，ペルー国立サン・マルコス大学客員教授，スペイン国立バリャドリード大学客員研究員・客員教授，同大学アジア研究センター上席研究員・顧問，スペイン国立サンティアゴ・デ・コンポステラ大学大学院客員教授などを経て，日本大学国際関係学部，同大学院国際関係研究科教授等を歴任。
わが国における「危機管理学研究」のパイオニア（開発者）として知られている。
2006年度第19回『和辻哲郎文化賞』受賞。

主要著書：
『危機管理学総論』（ミネルヴァ書房）（日本リスクマネジメント学会賞受賞）
『危機管理学研究』（文眞堂）
『クライシスマネジメント』（同文館）
『支倉六右衛門常長『慶長遣欧使節』研究史料集成』全3巻，（雄山閣）など著書多数。

編著者紹介

大泉常長（おおいずみ　つねなが）

青森中央学院大学経営法学部・大学院地域マネジメント研究科教授／学長補佐
1974年メキシコ市生まれ。
スペイン国立サンティアゴ・コンポステーラ大学大学院修士課程修了（国際経済学修士）。
スペイン国立バジャドリード大学大学院経営学研究科博士課程にて所定の単位取得修了（博士候補者）。
東芝機械㈱技術部および輸出営業部勤務を経て，現在，青森中央学院大学大学院教授。
平成26，27年度文部科学省「学校事故対応に関する調査研究」有識者会議委員。

主要著書：
『激動の欧州連合（EU）の移民政策』（単著　晃洋書房）2017年
『グローバル経営リスク管理論』（単著　創成社）2012年
『海外人的資源管理の理論と実際』（単著　文眞堂）2006年　その他。

事例で学ぶグローバル経営入門

―中小企業の海外進出ガイドライン―

2020 年 7 月 31 日　第 1 版第 1 刷発行　　検印省略

監修者　大　泉　光　一

編著者　大　泉　常　長

著　者　企業危機管理研究会

発行者　前　野　　隆

東京都新宿区早稲田鶴巻町 533

発行所　株式会社　文　眞　堂

電　話　03（3202）8480

FAX　03（3203）2638

http://www.bunshin-do.co.jp

郵便番号（162-0041）振替00120-2-96437

製作・モリモト印刷

定価はカバー裏に表示してあります

ISBN978-4-8309-5090-2 C3034